LAS FUENTES
QUE DIERON ORIGEN AL
APOCALIPSIS
de
SAN JUAN

RAÚL ZALDÍVAR

EDITORIAL CLIE
C/ Ferrocarril, 8
08232 VILADECAVALLS
(Barcelona) ESPAÑA
E-mail: clie@clie.es
http://www.clie.es

© 2025 por Raúl Zaldívar.

«*Cualquier forma de reproducción, distribución, comunicación pública o transformación de esta obra solo puede ser realizada con la autorización de sus titulares, salvo excepción prevista por la ley. Diríjase a CEDRO (Centro Español de Derechos Reprográficos) si necesita fotocopiar o escanear algún fragmento de esta obra (www.conlicencia.com; 917 021 970 / 932 720 447)*».

© 2025 por Editorial CLIE. Todos los derechos reservados.

LAS FUENTES QUE DIERON ORIGEN AL APOCALIPSIS DE SAN JUAN
ISBN: 978-84-19779-72-4
Depósito legal: B 8335-2025
Estudio bíblico - Nuevo Testamento / Apocalipsis
REL006870

Impreso en Estados Unidos de América / *Printed in the United States of America*

25 26 27 28 29 30 31 32 33 34 / TRM / 14 13 12 11 10 9 8 7 6 5 4 3 2 1

Datos biográficos

RAÚL ZALDÍVAR es presidente de Alef University, una universidad cristiana en línea con razón social en la ciudad de Chicago. Es actualmente catedrático de teología. Ha sido profesor de derecho en la Universidad de Honduras y profesor visitante en la Universidad Mariano Gálvez de Guatemala. Es miembro del Colegio de Abogados de Honduras. Es autor de una colección numerosa de libros que abarca temas de derecho, liderazgo, Biblia y teología. Ha sido conferenciante en universidades y foros religiosos en más de 45 países sobre temas relacionados con su producción literaria. También sirve como presidente del consejo directivo de la revista *Biblia y Teología Hoy*, producida en España. Para conocer mejor al profesor Zaldívar, visite www.raulzaldivar.com

A mi mentor de la iglesia, 45 años después.

A Enrique Peñalva
Pastor de la Iglesia Central Evangélica de Santidad
Tegucigalpa, Honduras

Un hombre que conocí el 31 de diciembre de 1980 sin imaginarme la gran influencia que iba a tener sobre mi vida. Primero me hizo pagar derecho de piso, como era lógico; el primer ministerio que me dio fue recoger la ofrenda, después me nombraron profesor de niños en la escuela dominical y me dejó predicar en el culto de jóvenes. Varias veces me llamó a su oficina: «Raúl, eso no se dice en el púlpito»... «sí, don Quique, no vuelvo a decirlo». En 1984 me instaló como pastor de una iglesia en un área marginada de la ciudad, donde estuve por cinco años bajo su mentoría. Después de más de nueve años, me dejó predicar en el culto principal de la iglesia central; era el día de mi graduación. Después de un tiempo, me nombró pastor asociado de la iglesia central. Me hizo recorrer un largo camino para llegar a ese lugar. Él ofició mi matrimonio, presentó y consagró a mi única hija al Señor, me examinó y ordenó al ministerio. Fue sin duda una figura central en mi vida. En 1997, salí de la iglesia con su bendición para vivir en los Estados Unidos y ser un evangelista las naciones. Hoy soy un académico por vocación gracias a su mentoría.

Gracias, amado pastor, porque aun muerto vives y vivirás siempre en mí.

Índice

Prólogo 11
Abreviaturas 17
Presentación del libro 19

Introduction 23

1. Primera fuente: El contexto sociopolítico y religioso 33
   1.1. Las siete ciudades del Asia Menor 35
   1.2. El culto al emperador 47
   1.3. Los mártires de la iglesia 50
   1.4. La conexión apocalíptica 53

2. Segunda fuente: Los libros canónicos del Antiguo Testamento 57
   2.1. El libro de Isaías 58
   2.2. El libro de Ezequiel 60
   2.3. El libro de Zacarías 65

3. Tercera fuente: El libro de Daniel 73
   3.1. El *Sitz im Leben* del libro de Daniel 74
   3.2. La creación del género apocalíptico 76
   3.3. El patrón apocalíptico 79
   3.4. Daniel como fuente directa del Apocalipsis de san Juan 82

4. Cuarta fuente: La literatura pseudoepígrafa 91
   4.1. El libro de Enoc etíope 93
   4.2. El Apocalipsis de Abraham 101
   4.3. El Apocalipsis siríaco de Baruc 109

5. **Quinta fuente: El lenguaje simbólico** 115
   5.1. Teoría general del símbolo 116
   5.2. Fuentes veterotestamentarias del simbolismo
        del Apocalipsis 124
   5.3. Fuentes paganas del simbolismo del Apocalipsis 126
   5.4. Descodificando el lenguaje simbólico 128

6. **La desmitologización del Apocalipsis de san Juan** 139
   6.1. La seudonimia del libro 140
   6.2. El éxtasis de san Juan 141
   6.3. La edad intercalada 142
   6.4. La interpretación profética del libro 145
   6.5. Alusiones a la Iglesia católica 148

7. **Hacia una teología del Apocalipsis sin tintes** 153
   7.1. Teología de la dialéctica de la historia aplicada a
        la apocalíptica 155
   7.2. Teología pétrea: La deidad de Jesucristo resaltada 157
   7.3. Teología de la esperanza: El advenimiento de un
        nuevo orden de cosas 160
   7.4. Teología política subversiva 161
   7.5. Teología escatológica 163

Conclusiones de la investigación 167
Anexos 175
   1. Crítica de redacción en el libro de Apocalipsis 175
   2. Análisis histórico-crítico de la marca de la bestia 181
   3. Los caballos del Apocalipsis cabalgan.
      Una interpretación alegórica 199
   4. El Apocalipsis y la ironía del destino 207
Bibliografía 211

Prólogo

El libro de Apocalipsis es uno de los que más interés despierta entre los lectores que consideran que contiene un código acerca de los acontecimientos de los últimos días de la humanidad. A nivel personal es el más consultado y leído en tiempo de crisis social y política. Se puede decir que, aunque sea uno de los libros más leídos por los creyentes, es también uno de los menos entendidos y peor aplicados.

El texto del vidente de Patmos tiene una larga historia de incomprensión dada la dificultad de su contenido. Martín Lutero pensó en un principio que las visiones de Juan no son «ni apostólicas ni proféticas», aunque cambió de opinión con el paso del tiempo. Juan Calvino predicó y escribió sobre casi todos los libros de la Biblia, excepto el Apocalipsis, lo que dio pie a pensar que el reformador ginebrino no escribió al respecto porque no era capaz de captar su mensaje, le costaba entenderlo. La razón verdadera parece ser otra. Según uno de los mejores conocedores de la obra de Calvino, el británico Thomas H. L. Parker, Calvino no escribió sobre el Apocalipsis debido a una razón teológica; miraba el Antiguo Testamento como ocultando a Cristo bajo tipos y figuras, mientras que el Nuevo Testamento lo presenta con total claridad. «Puede haber considerado que la apocalíptica es ajena al Nuevo Testamento dado que involucraba una especie de "volver a poner un velo" al Evangelio claro y sin ambigüedades».[1]

Muchas de las dificultades creadas por la interpretación literal del Apocalipsis se deben a que, hasta hace bien poco, se estudiaba desconectado de sus fuentes y del género apocalíptico al que pertenece como unidad literaria. Fue a comienzos del siglo XX que los exégetas comenzaron a estudiarlo como parte de la literatura apocalíptica judía recientemente descubierta. El más insigne representante de esta corriente de estudios fue Robert Henry Charles (1885–1931), quien encontró en la categoría de "apocalíptica", identificada como un conjunto de escritos de carácter escatológico, nuevos materiales para utilizar y confrontar con la obra de Juan.[2] Esto explicaría el

---

1. Parker, T. H. L. (1993). *Calvin's New Testament Commentaries*, p. 119. Westminster John Knox Press.

2. Charles, R. H. (1920). *A Critical and Exegetical Commentary on the Revelation of St. John*, 2 vols. T. & T. Clark.

hecho de que el vidente de Patmos, aunque inspirado por su fe y objeto de una revelación divina, adapte su lenguaje a las imágenes y concepciones de su entorno inmediato. Charles descubrió también el carácter poético del Apocalipsis, lo cual conviene dejar bien presente, pese a lo largo de la cita:

> Aunque nuestro autor tiene como tema los inevitables conflictos y antagonismos del bien y el mal, de Dios y los poderes de las tinieblas, su libro es enfáticamente un Libro de Cantares. Hay, en verdad, endechas y lamentos; pero estas no son sobre los mártires, los fieles que habían caído, sino que brotan de los labios de los reyes de la tierra, sus príncipes mercaderes, su gente del mar, abrumados por la caída del imperio de este mundo y la destrucción de sus poderosos en quienes habían confiado; o de labios de pecadores ante una perdición real o inminente. Pero sobre la iglesia martirizada, sobre aquellos que habían caído fieles en la lucha, el Vidente no tiene ningún canto de menor nota que cantar que la bienaventuranza pronunciada por el cielo mismo: «Bienaventurados, bienaventurados los muertos que mueren en el Señor». Una fe inconmensurable, un optimismo inexpugnable, un gozo inextinguible presionan para ser expresados y toman forma en himnos de alabanza, alegría y acción de gracias, mientras el Vidente sigue en visión las diversas fortunas de la lucha mundial, hasta que finalmente ve el mal total y finalmente destruido; la justicia establecida para siempre, y todos los fieles, incluso los más débiles de los siervos de Dios entre ellos, disfrutando de la bienaventuranza eterna en la Ciudad eterna de Dios, llevando su nombre en la frente y creciendo cada vez más a su semejanza.[3]

A todos estos elementos hay que añadir la aportación moderna que en la década de los setenta del siglo pasado comenzó a prestar más atención a las fuentes del Antiguo Testamento en relación con el Apocalipsis. Sin olvidar los aspectos escatológicos mediante los que Juan se refiere a sucesos exclusivamente futuros, o referentes al fin del mundo, hoy en día se nota una tendencia a aplicar las visiones del Apocalipsis cada vez más a una escatología realizada, a reducir las alusiones al futuro y a englobar su mensaje en una perspectiva cronológica omnicomprensiva y más general, alejada de la rígida dimensión temporal futurista.[4]

Precisamente al esclarecimiento de todas estas importantes cuestiones para el estudio más apropiado y conforme al sentido original del autor

---

3. Ibid., Vol. I, p. xiv.

4. Álvarez Valdés, A. (2005). "El libro del Apocalipsis. Historia de su interpretación", en *Estudios bíblicos*, 63/2-3, pp. 283-311.

del Apocalipsis viene a contribuir la presente obra del Dr. Zaldívar. Es una obra pionera en el mundo evangélico en relación al Apocalipsis. El autor llama la atención a las *fuentes*, en plural, de este libro, pues conocerlas es la llave y la clave que nos abrirán su sentido y nos ayudarán a esclarecer su significado sin caer en interpretaciones fantasiosas y fuera de lugar. Por decirlo en sentido popular, no es a la prensa ni a los noticieros a los que hay que acudir para entender la *revelación* (griego: *Apokálypsis*, Ἀποκάλυψις) de Juan, sino al contexto bíblico en su totalidad, a la literatura y a la historia de su época. El Dr. Zaldívar ha investigado y conocido *in situ* las ciudades mencionadas en el Apocalipsis, pues es «de capital importancia visitar los lugares mencionados, así que recorrimos sitios como Éfeso, Sardis, Pérgamo, Tiatira, etc. Es importante tocar la tierra, ver las ruinas, visitar los museos, leer literatura especializada que nos abra los horizontes mentales; todo esto nos permite escribir con mayor confianza»; sumada a la observación directa del espacio geográfico, el autor ha estudiado cuidadosamente las fuentes, las ha identificado y seleccionado para ser utilizadas como punto de partida para su trabajo. «Todas las fuentes utilizadas tienen su valor, empero las fuentes pseudoepígrafas representan el mayor desafío de esta investigación pues habrá que penetrar en las profundidades de la literatura apocalíptica del período intertestamentario para descubrir su relación con el Apocalipsis de san Juan».

El autor no es nuevo en este campo, él mismo confiesa su pasión por el Apocalipsis, aunque no siempre con la ciencia necesaria, como suele ser propio en los inicios. Reflejo de sus inquietudes fue su obra sobre el apocalipticismo, publicada por esta misma editorial.[5] En ese caso, su propósito fue alertar sobre el uso y abuso de los temas apocalípticos, a los que denominaba «negocio escatológico». Frente a ello proponía una actitud de respeto a la Palabra basado en el rigor a la hora de estudiar con propiedad y conocimiento del mensaje apocalíptico de la Biblia. Para defenderse del engaño y el negocio escatológico, Zaldívar proponía una doble preparación espiritual e intelectual, pues la buena fe no exculpa la ignorancia ni el error. «En nuestra generación, el pastor que era más pobre e ignorante era más santo, y para justificar la ignorancia se recurría a textos bíblicos sacados del contexto».[6] Esto es lo que hay que evitar a toda costa con una buena dosis de educación bíblica y general.

Ha pasado más de una década desde entonces, y el autor cree que ha llegado el momento de darle al público una perspectiva diferente y madu-

---

5. Zaldívar, R. (2012). *Apocalipticismo. Creencia, duda, fascinación y temor al fin del mundo*. Editorial CLIE.

6. Ibid., p. 89.

ra del Apocalipsis conforme a la investigación, dejando de lado controversias artificiales y sensacionalistas:

> Llegó el momento de dejar de hablar de interpretación amilenialista o premilenialista... Basta ya de tanta mentira, fanatismo y miedos infundados... Estoy harto de que me hagan la misma pregunta cuando los Estados Unidos invade un país o hay una guerra en el mundo: ¿*Qué dice el Apocalipsis?* Qué pregunta más ridícula. Ya basta de decirle a la gente que el milenio es literal y que allí entrarán los salvos y que al final de los mil años algunos salvos se perderán porque se unirán a Satanás para hacer la guerra final. No soy amilenialista ni quiero serlo. No estoy hablando contra el premilenialista porque los respeto. Simplemente estoy diciendo que la apocalíptica se escribe en un lenguaje codificado y tal es así que al momento de escribir el Apocalipsis, el tiempo se medía de otra forma.

Hay que avanzar hacia una interpretación del Apocalipsis *sin tintes denominacionales*, conforme a tradiciones particulares; es necesario dejar que el Apocalipsis se explique por sí mismo, según la voluntad de su autor.

De todas las fuentes analizadas, el autor considera, no sin razón, que «la fuente más importante del libro de Apocalipsis es sin duda el pseudoepígrafo de Daniel, que a su vez es considerado como el prototipo de la literatura apocalíptica».[7]

Estamos, pues, ante una obra muy pertinente y necesaria en nuestros medios, bien documentada, bien argumentada y bien escrita, que ayudará a todo estudiante del Apocalipsis de Juan a tener una idea más correcta de su contenido y propósito, de modo que pueda interpretarlo conforme al espíritu del autor original, lo cual no significa que a partir de ahora todo va a ser fácil, pero sí más honesto, ajustado a la historia y a la teología de este singular libro del Nuevo Testamento.

Termino con una nueva cita inspiradora del Dr. Charles:

> El Apocalipsis es un libro para el día de hoy. Hemos sido testigos del derrocamiento de la mayor conspiración del poder contra el derecho que ha ocurrido en la historia del mundo, y al mismo tiempo el mayor cumplimiento de la profecía del Apocalipsis. Pero, aunque los poderes de las tinieblas han sido vencidos en campo abierto, queda una lucha aún más dolorosa que librar, una guerra en la que no puede haber libe-

---

7. Cf. Zaldívar, R. (2020). *Las fuentes que dieron origen al Nuevo Testamento*. Editorial CLIE.

ración ni para los individuos ni para los estados. Esta, a diferencia del resto del Nuevo Testamento, es enfáticamente la enseñanza de nuestro autor. Juan el vidente insiste no solo en que el seguidor individual de Cristo debe modelar sus principios y conducta según las enseñanzas de Cristo, sino que todos los gobiernos deben modelar sus políticas según la misma norma cristiana. Proclama que no puede haber divergencia entre las leyes morales vinculantes para el individuo y las que incumben al Estado, o a cualquier sociedad o corporación voluntaria dentro del Estado. Nadie puede estar exento de estas obligaciones, y aquellos que se eximen, por muy bien que parezcan sus profesiones, no pueden dejar de pasar con todos sus dones, ya sean grandes o mezquinos, al reino de las tinieblas exteriores. No importa cuántos individuos, sociedades, reinos o razas se rebelen contra tales obligaciones, la guerra contra el pecado y la oscuridad debe continuar, y esto de manera inexorable, hasta que el reino de este mundo se haya convertido en el reino de Dios y de su Cristo.[8]

Alfonso Ropero
Editor adjunto de CLIE

---

8. Charles, *Op. cit.*, p. xv.

Abreviaturas

1. **Revistas**

ANGELICUM	*Revista Angelicum*
AUGUSTINIANA	*Journal Augustiniana*
MUNDO ANTIGO	*Revista Mundo Antiguo*
SEMEIA	*Semeia Journal*
ADHI	*Anuario de historia de la iglesia*
ADT	*Anales de Teología*
TJOR	*The Journal of Religion*
ARETE	*Revista de Filosofía*
BYTH	*Biblia y Teología Hoy*
BIBLICA	*Journal of the Pontifical Biblical Institute in Rome*
TBW	*The Biblical World*
TCBQ	*The Catholic Biblical Quarterly*
DL	*Davar Logos*
EREBEA	*Revista de Humanidades y Ciencias Sociales*
REE	*Revista de Estudios Eclesiásticos*
ESTUDIOS BÍBLICOS	*Revista de Estudios Bíblicos*
GREGORIANUM	*Revista de la Universidad Gregoriana*
ERYTHEIA	*Revista de estudios bizantinos y neogriegos*
HDLC	*Horizonte de la Ciencia*
HTR	*Harvard Theological Review*
JBL	*Journal of Biblical Literature*
JTS	*Journal of Theological Studies*
JATS	*Journal of the Adventist Theological Society*
JSNT	*Journal for the Study of the New Testament*
JWCI	*Journal of the Warburg and Courtauld Institutes*
JFSJ	*Journal for the Study of Judaism in the Persian, Hellenistic, and Roman Period*
JQR	*The Jewish Quarterly Review*
LAURUS	*Revista Educativa*
NEOTESTAMENTICA	*Journal of the New Testament Society of Southern Africa*
NTS	*New Testament Studies*
NTRS	*Novum Testamentum and Related Studies*
PHAINOMENON	*Revista de Filosofía y Teología*
PROYECCIÓN	*Revista Proyección teología y mundo actual*
RYFE	*Revista Razón y fe*

RDEH	*Revista de Estudios Humanísticos y Filología*
RB	*Revista Bíblica*
RIBLA	*Revista de interpretación latinoamericana*
RLAT	*Revista Latinoamericana de Teología – UCA*
RCatT	*Revista Catalana de Teología*
RTX	*Revista Teológica Xaveriana*
RDSR	*Revue des sciences religieuses*
RB	*Revue Biblique*
RTL	*Revue Théologique de Louvain*
RTEDP	*Revue de Théologie et de Philosophie*
KERNOS	*Revue internationale et pluridisciplinaire de religion*
RMCPS	*Revista mexicana de ciencias políticas y sociales*
RYC	*Revista Religión y Cultura*
RA	*Revue Archéologique*
SEMEIA	*The Society of Biblical Literature*
SCRIPTA	*Scripta Theologica*
TBW	*The Biblical World*
TSCJ	*The Sixteenth Century Journal*
TYV	*Revista Teología y Vida*
TJR	*Journal of Religion*
VYP	*Vida y Pensamiento*
VEGUETA	*Anuario de la Facultad de Geografía e Historia*
VTS	*Vetus Testamentum*

2. Comunes

GER	*Gran Enciclopedia Rialp*
GDEB	*Gran Diccionario Enciclopédico de la Biblia*
v. g.	Por ejemplo
MSS	Manuscritos
P. I.	Período intertestamentario

Presentación del libro

No guardo en mi memoria cuándo fue la primera vez en mi vida que leí el Apocalipsis de san Juan. Lo que sí sé es que fue en algún momento del año de 1982. No puedo imaginarme cómo un muchacho imberbe se atrevió a leer semejante libro sin ningún tipo de instrucción. Comencé a escuchar las típicas historias fantásticas de esta narración, las interpretaciones pueblerinas de quién es el anticristo y las acostumbradas profecías del fin del mundo cuando había una guerra o un evento que ponía en peligro la paz mundial.

Más adelante, estudiando ya la teología de manera formal, me encontré con que había dos escuelas de interpretación del Apocalipsis: la premilenialista-dispensacionalista y la amilenialista. Sentí que había avanzado mucho en el entendimiento al descubrir dichas escuelas. Como en mi iglesia la interpretación era la premilenialista, yo no tenía opción a pensar otra cosa. Así que todo mi estudio fue hecho bajo ese prejuicio teológico. Creí que manejaba el tema después de leer el libro *Approaching Hoofbeats. The Four Horsemen of the Apocalypse* de Billy Graham, y cuando estudié el manual *Revelaciones-Daniel* de Liberty University de Virginia y di la clase en el seminario, creí que era una especie de experto sobre el tema. Mi osadía llegó al extremo de terciar en un debate público con un cura salesiano en el hotel Plaza de Tegucigalpa sobre la figura del anticristo. Cuando recuerdo aquel episodio de mi juventud alabo mi pasión por la teología y censuro mi atrevimiento. En realidad, en aquel momento de mi vida era un neófito e hice el ridículo; de ahí que los medios de comunicación y el público en general le hicieran rueda al cura y de mí pasaran olímpicamente.

No aprendí la lección y pasé varios años creyendo que era un *non plus ultra* en el Apocalipsis de san Juan pues hablaba con denuedo y como alguien que sí sabía del asunto. No solamente predicaba, sino que incluso daba conferencias sobre el tema; lo peor es que la gente venía a escucharme. Hasta que la lógica aristotélica me hizo caer en razón y darme cuenta de que era un perfecto ignorante que solo repetía lo que otras personas habían escrito.

Al darme cuenta de la fragilidad e inconsistencia de mi pensamiento teológico, opté por abandonar el estudio del Apocalipsis y de cualquier tema relacionado con la escatología, hasta que en el año 2012, a raíz de la necedad humana de ponerle una fecha al fin del mundo, me pidieron que diera un ciclo de conferencias sobre el apocalipticismo. Volví a estudiar la temática, resurgió en mí el interés por el Apocalipsis y me reconcilié con la escatología.

Cuando efectuaba el estudio de los libros pseudoepígrafos del período intertestamentario, como parte del proceso de escribir el libro *Las fuentes que dieron origen al Nuevo Testamento*, comencé a ver el Apocalipsis de san Juan con otros ojos; los ojos de sus fuentes, de su origen. No obstante, no fue hasta el momento de realizar la investigación para escribir *Las fuentes griegas que dieron origen a la Biblia y a la teología cristiana* que me decidí a escribir sobre *Las fuentes que dieron origen al Apocalipsis de san Juan*, para publicar así una trilogía sobre *las fuentes*.

Al regresar de Alejandría en el año 2022, donde había terminado el libro sobre las fuentes griegas, comencé inmediatamente la investigación en torno a las fuentes del Apocalipsis. Decidí viajar al final de mi investigación al Asia Menor, hoy Turquía, para hacer el recorrido por las siete iglesias del Apocalipsis, ver los escenarios que sirvieron de teatro de las acciones, con la intención de pisar la tierra, visitar los museos y las ruinas, y buscar cualquier detalle informativo que sirviera a mi trabajo. Al pisar la calle de los Curetas en Éfeso, a la altura del templo de Adriano, me pareció escuchar la potente voz de Apolos predicando con denuedo la Palabra de Dios. Al estar en la Biblioteca de Celso pude preguntarme: ¿Dónde estaría la escuela de Tirano, en la cual Pablo enseñó por dos años? Al moverme 100 millas al este y llegar al valle de Lycus, mi emoción fue inmensa y mi imaginario voló dos mil años atrás, cuando florecían las iglesias de Laodicea, la que fundó Epafras en Colosas y la de la regia Hierápolis. Al subir a Laodicea y pararme en el ágora para contemplar lo que fue la imponente ciudad, cobraron sentido para mí las palabras de san Juan: «Tú dices: Yo soy rico, y me he enriquecido, y de ninguna cosa tengo necesidad; y no sabes que tú eres un desventurado, miserable, pobre, ciego y desnudo». La ciudad fue destruida dos veces por sendos terremotos que la dejaron en ruinas para siempre. Luego, al subir a Pérgamo y estar en el mismo lugar donde se adoraba a Zeus y Atenea, retumbaron las palabras de san Juan en mi mente: «Yo conozco tus obras, y dónde moras, donde está el trono de Satanás». Visitar la que fue la ciudad de Tiatira significó recordar *¡por aquí caminó Lidia* (la vendedora de púrpura que creyó en la palabra predicada por Pablo)! Cada nota arqueológica, cada explicación, cada museo, cada lectura realizada nos han dado un contexto importantísimo para dimensionar el mensaje que queremos transmitir a través de esta investigación.

La conclusión de este trabajo científico es que el escritor del Apocalipsis mantuvo un patrón redaccional que aplicó en el mensaje a cada una de las siete iglesias de la Anatolia, siguiendo un orden geográfico intencional que inició con Éfeso y terminó con Laodicea. Aunque el mensaje no era para una iglesia específicamente, sí lo es para la iglesia universal de todos los tiempos. Mi trabajo ha sido descubrir detalles arqueológicos que me arrojen luz del *Sitz im Leben* en torno al porqué se dijo tal o cual cosa a una iglesia u otra. Sin duda, los lugares que tienen mayor presencia arqueológica —como Éfeso, Pérgamo, Laodicea o Sardis— arrojan mayor luz que Filadelfia y Tiatira. La cosmovisión arqueológica e histórica que ganamos desde los museos de Estambul y Asia Menor han enriquecido notablemente nuestro acervo y nos han dado la ventaja de escribir con más propiedad y aplomo.

No voy a negar que ver la iglesia en ruinas —no solamente en el aspecto físico, sino también en el numérico, ya que menos del 0,5 % de la población de Turquía es cristiana— me ha causado una inmensa tristeza. La cuna del cristianismo convertida en una fortaleza del islam es algo que no tiene sentido para mí. En lugar de escuchar la potente Palabra de Dios escucho letanías ininteligibles que convocan a la gente a la adoración en las mezquitas. Así que me pregunto: ¿Valió la pena venir al Asia Menor para ver este terrible espectáculo? ¿Puedo disfrutar de ver las ruinas de Éfeso sabiendo que 84 millones de seres humanos viven en oscuridad? Lo que sí puedo afirmar es que, a pesar de la realidad latente en Turquía, el recorrido por las siete iglesias me ha hecho entender la potencia de la Palabra de Dios que, aunque nombra siete ciudades antiguas del Asia Menor, la revelación no era una palabra para ellos: era, es y será una palabra para la iglesia de todos los tiempos y de todo lugar. «Los cielos y la tierra pasarán, pero mis palabras no pasarán». Dios nos sigue diciendo: «Yo conozco tus obras»… «pero tengo contra ti»… «si no te arrepientes»… «el que tenga oídos, oiga lo que el Espíritu dice a las iglesias». Ninguna fortaleza espiritual de las tinieblas puede hacer que la Palabra de Dios caiga a tierra. Así que el mensaje a las siete iglesias está más vigente que nunca. El recorrido por las ruinas.de lo que queda de aquellas ciudades nos ha permitido entender el *Sitz im Leben* que dio origen a la Palabra, descubrir el *kerigma* del mensaje y pasarlo por el túnel del tiempo para contextualizarlo a la sociedad a la que queremos hablar el día de hoy. De ahí el tercer anexo de este libro, *Los caballos del Apocalipsis cabalgan*, que es una relectura de Apocalipsis 4 aplicada a la realidad que vivimos.

Para terminar, quiero señalar que esta investigación acaba con toda una mitología sobre el Apocalipsis de san Juan que ha hecho un daño enorme a la iglesia y que ha dado como resultado no solamente confusión teológica, sino ganancias a toda una industria que se ha levantado para explotar la ignorancia de los indoctos. Así que, *mutatis mutandis*, de la misma manera que Pablo se levantó en Éfeso a predicar contra la idolatría, nos toca a nosotros hacerlo hoy contra la ignorancia. Se levantarán Demetrios que azuzarán al pueblo porque este libro pone en riesgo las ganancias de la industria del error y la herejía para que esta no circule con la fluidez con la que lo ha estado haciendo.

Después de haber terminado esta investigación científica y haber penetrado en aguas profundas, reafirmo mi fe en la segunda venida de Cristo, en el final del sistema cósmico gobernado por Satanás, en el juicio de los malos y la reivindicación de los buenos, y termino con esas maravillosas palabras de san Juan: «Al que está sentado en el trono, y al Cordero, sea la alabanza, la honra, la gloria y el dominio por los siglos de los siglos».

Raúl Zaldívar
Ciudad de Éfeso, Asia Menor
8 de diciembre del 2023

Introducción

Sobre el Apocalipsis de san Juan se cierne una aureola de misterio, fascinación y en muchos casos fantasía. Existe una enorme cantidad de teologías sistemáticas,[9] comentarios,[10] libros especializados en el tema,[11] artículos de revista.[12]

    9. Todas las teologías sistemáticas, al momento de abordar la escatología, tienen que hacer una interpretación del Apocalipsis. Por vía de ejemplo, citaremos solamente tres teologías sistemáticas. En primer lugar, la de Chafer, que da una interpretación dispensacionalista-premilenialista, es decir, interpreta Apocalipsis en el futuro [Cf. Chafer, L. S. (1986). *Teología sistemática*. Edit. Publicaciones Españolas]. Berkhof presenta una interpretación amilenialista y mira Apocalipsis en el pasado, siguiendo una tradición del cristianismo bien establecida en las iglesias católica y ortodoxa desde siempre [Cf. Berkhof, L. (1995). *Teología sistemática*. Edit. Libros Desafío]. A diferencia de estas, nuestra teología sistemática no adopta una postura en particular, y simplemente expone las dos posturas para que el lector se decante por la que sea de su agrado [Cf. Zaldívar, R. (2006). *Teología sistemática desde una perspectiva latinoamericana*. Editorial CLIE]. En el curso de formación teológica de Editorial CLIE existen dos volúmenes sobre el tema, y cada uno representa una escuela de interpretación. Francisco Lacueva [Cf. Lacueva, F. (2008). *Escatología II. Curso de Formación Teológica. Tomo 9*. Editorial CLIE] representa la interpretación milenarista, aun cuando don Francisco venía de la academia católica, que históricamente ha sostenido la tesis opuesta. Por su parte, José Grau [Cf. Grau, J. (2013). *Escatología final de los tiempos. Curso de Formación Teológica. Tomo 7*. Editorial CLIE] presenta la interpretación amilenialista. De esta manera, CLIE presentó las dos interpretaciones al público en una misma colección de libros; puestos juntos, son una teología sistemática.

    10. Charles, R. H. (1920). *The International Critical Commentary*. Revelation. T&T Clark. Vol. 1 (Rev. 1-14) y Vol. 2 (Rev. 15-22); Pikaza, X. (1999). *Apocalipsis*. Verbo Divino; Stam, J. (1999). *Apocalipsis*. Comentario Bíblico Iberoamericano. 4 Vols. Ediciones Kairós; Carballosa, E. L. (1997) *Apocalipsis. La consumación del plan eterno de Dios*. Editorial Portavoz; *inter alia*.

    11. Pentecost, J. D. (1965). *Things to Come*. Zondervan Publishing House. Este es un libro clásico de la tradición dispensacionalista de la escuela de Dallas.

    12. Existe una serie de artículos de los *Journal* académicos más reputados, tanto antiguos como modernos. En el idioma francés podemos citar los siguientes: Sabatier, A. (1887). "Le problème des origines littéraires et de la composition de l'apocalypse de Saint Jean". *RTEDP*. Vol. 20, pp. 553-87, que es un clásico; Boismard, M. E. (1949). "L'apocalypse, ou leś apocalypses de S. Jean". *RB*. N. 4, pp. 507-41; Calmes, P. T. (1903). "Les symboles de l'apocalypse". *RB*. N. 1, pp. 52-68. En el idioma inglés, citamos el siguiente: Mathews, M. D. (2012). "The Function of Imputed Speech in the Apocalypse of John". *TCBQ*. V. 74, N. 2, pp. 319-38. Finalmente, en castellano: Ureña, L. (2011). "El

biblias comentadas,[13] que dan interpretaciones de algo que debe merecernos el más alto respeto. Creo que es uno de los relatos más tergiversados, ya no solamente por la iglesia, sino por el mundo exterior. Apocalipsis se ha vuelto sinónimo del fin del mundo; de ahí que Hollywood mismo haya creado el género cinematográfico *apocalíptico*.[14] El mundo secular llama *apocalíptico* a un hecho atroz de la sociedad, y la iglesia trata de conectar, muchas veces de forma irresponsable, el libro con cualquier acontecimiento mundial que la inquiete.

La realidad anterior nos obliga a efectuar un estudio diferente, *sui generis*, con una aproximación poco usual para desentrañar algunas verdades que laceran creencias ancestrales e irracionales que solo sirven para propagar errores o herejías que no aprovechan en nada.

1. Objeto de estudio

Hemos de reconocer que existen excelentes trabajos sobre el Apocalipsis, hechos desde diferentes enfoques y perspectivas, que nos arrojan una luz muy importante para el entendimiento de este enigmático relato. Empero, no hemos encontrado uno que gire exclusivamente alrededor de las fuentes que lo originaron. No estamos diciendo que el tema de las fuentes no se aborda en la academia; de hecho, podemos encontrar algunos aportes sobre esto, pero no algo especializado. De ahí que nuestro objeto de estudio sean las fuentes que dieron origen al Apocalipsis de san Juan, ya que este enigmático libro no surgió de un éxtasis o trance de un parroquiano llamado Juan, que escribió con punto y coma todo lo que vio en una visión. Aquí serán objeto de estudio una serie de fuentes que han sido cuidadosamente identificadas y seleccionadas para ser utilizadas como punto de partida de nuestro discurso argumentativo. Todas las fuentes tienen su

---

diálogo dramático en el Apocalipsis de Ezequiel, el trágico, a Juan, el vidente de Patmos". *Gregorianum*. V. 92, pp. 23-56; *inter alia*.

13. La más famosa Biblia comentada es la de C. I. Scofield de 1909, que efectúa un comentario de toda la Biblia desde una perspectiva escatológica. Fija la doctrina de las dispensaciones y del premilenialismo, lo que posteriormente iba a ser retomado por su discípulo, L. S. Chafer. Cf. The Scofield Study Bible. (2013). *The Holy Bible Containing the Old and New Testaments*. Authorized King James Version.

14. El asunto ha trascendido a la pantalla grande, las grandes compañías de cine han invertido sumas millonarias en producciones que explotan esta fascinación. La respuesta del público no se ha hecho esperar, creando un género sumamente rentable, el de las películas apocalípticas, que combina la ciencia ficción con la verdad, dando como resultado un híbrido que, en esencia, representa esa fascinación y espanto por los eventos del porvenir. En la nota de pie de página 57 de nuestro libro sobre el apocalipticismo se da una lista de películas de este género. Cf. Zaldívar, R. (2012). *Apocalipticismo: Creencia, duda, fascinación y temor al fin del mundo*. Editorial CLIE.

valor, empero las fuentes pseudoepígrafas representan el mayor desafío de esta investigación, pues habrá que penetrar en las profundidades de la literatura apocalíptica[15] del período intertestamentario para descubrir su relación con el Apocalipsis de san Juan.

2. El propósito de la investigación

Debo reconocer que al comienzo de mi carrera académica fui influenciado altamente por la teología anglosajona en boga, sin pasarla por el filtro del análisis y la valoración crítica. Simplemente, era lo que había en el mercado, tenía sentido y era lo que la gente creía; luego, lo más fácil era endosarla y enseñarla como una verdad esencial. En el ejercicio de mi carrera docente me di cuenta de que había incoherencias e inconsistencias en mi teología; al reflexionar reposadamente en el tema, me di cuenta de que estaba enseñando herejías a la iglesia, no porque yo fuera un hereje, sino por la "bendita" cultura que siempre nos ha caracterizado: creer todo lo que nos dicen. El resultado de esto fue que le tomé aversión a todo aquello que tuviera que ver con el Apocalipsis;[16] me ha tomado muchos años volver a tener confianza en un tema tan escabroso y delicado como este. Al entrar en este mundo de *las fuentes que dieron origen a...*[17] y ver la igno-

---

15. Aunque todavía existe una confusión sobre lo que significa *apocalíptica*, la mejor definición fue dada por J. J. Collins, quien asegura que es un género de la literatura de revelación que se distingue por presentar un marco narrativo en el que una revelación es dada a un receptor humano a través de un ser que pertenece al otro mundo [Collins, J. J. (1979). *Towards the Morphology of a Genre*, p. 6. Society of Biblical Literature]. Se reconoce al mismo tiempo que existe también un núcleo de contenidos comunes a los apocalipsis —la salvación escatológica y las representaciones del mundo supranatural—, y una visión peculiar del mundo, designada como *apocalipticismo*, diferente de la de los antiguos profetas. Se amplía el número de obras consideradas apocalipsis y se señala que no se trata de un género consistentemente uniforme. Se distinguen además unos apocalipsis de tipo histórico (como Daniel) y otros de tipo más bien místico-cósmico, centrados en viajes celestes, como el Libro de los Vigilantes de 1 Enoc. Se ven además distintos grupos de apocalipsis que responden a diversas situaciones históricas. Cf. Aranda Pérez, G. (1998). "El destierro de Babilonia y las raíces de la apocalíptica". *Estudios Bíblicos*. Universidad San Dámaso. Vol. 56, pp. 335 ss.

16. El resultado de ese ciclo de conferencias fue el libro *Apocalipticismo: Creencia, duda, fascinación y temor al fin del mundo*, que publicó la Editorial CLIE.

17. El primer libro de la serie fue *Las fuentes de dieron origen al Nuevo Testamento*, donde se aborda el tema de la literatura pseudoepígrafa como fuente primera de conceptos teológicos del Nuevo Testamento, así como lo relacionado al *patrón apocalíptico* que se origina en el libro de Daniel y sirve de fuente al Nuevo Testamento. Cf. Zaldívar, R. (2020). *Las fuentes que dieron origen al Nuevo Testamento*. Editorial CLIE. El segundo libro de la serie fue *Las fuentes griegas que dieron origen a la Biblia y a la teología cristiana*. En esa investigación se demuestra cómo el pensamiento griego da origen a conceptos escatológicos reflejados en el libro de Apocalipsis, como el infierno y la inmortalidad, *inter alia*.

rancia y la poca seriedad con la que algún sector de la academia aborda el tema, decidí escribir sobre Apocalipsis desde la perspectiva de las fuentes, sabiendo que estaba entrando en *terra incõgnita*, que podía meterme en *camisa de once varas* y acarrearme problemas. Empero, esa es la realidad contra la cual me rebelo: dejar de repetir lo que otros dicen sin pasarlo por el filtro del análisis. Así que el propósito de mi investigación se centra en los siguientes puntos:

1. Demostrar que el Apocalipsis de san Juan no es el resultado de un éxtasis o trance, sino el producto de una redacción inteligente.[18]
2. Probar que la literatura apocalíptica del período intertestamentario es fuente primigenia del Apocalipsis.[19]
3. Evidenciar que el Apocalipsis de san Juan no es un libro profético, sino apocalíptico, y que por lo tanto debe interpretarse como tal.
4. Refutar cualquier interpretación del Apocalipsis que considere la literalidad del texto, puesto que el relato es, *strictu sensu*, simbólico.
5. Decodificar el lenguaje simbólico en la medida de las posibilidades.[20]
6. Ratificar que mis declaraciones anteriores en ningún momento afectan la inspiración del texto.[21]

Cf. Zaldívar, R. (2024). *Las fuentes griegas que dieron origen a la Biblia y a la teología cristiana.* Editorial CLIE. El estudio realizado en estos dos libros me llevó obligatoriamente a ver el tema de las fuentes del Apocalipsis, un tema que me causó fascinación al principio de mi carrera académica, luego aversión por la frustración y últimamente satisfacción, seguridad y complacencia al ver el Apocalipsis de san Juan desde una plataforma más sólida, segura y confiable, que es la que presento en este trabajo de investigación.

18. En el capítulo 1 de Apocalipsis leemos: «Jesucristo envió a su ángel para dar a conocer la revelación a su siervo Juan, quien por su parte da fe de la verdad, escribiendo todo lo que vio, a saber, la palabra de Dios y el testimonio de Jesucristo… yo, Juan… estaba en la isla de Patmos por causa de la palabra de Dios y del testimonio de Jesús. En el día del Señor vino sobre mí el Espíritu y oí detrás de mí una voz fuerte, como de trompeta, que decía: "Escribe en un libro lo que veas y envíalo a las siete iglesias"». Al final de esta investigación quedará claro que este tipo de presentación es lo que se acostumbra en la literatura apocalíptica, y que Apocalipsis es el resultado de un trabajo heurístico, inteligente y bien redactado que utilizó fuentes en su confección, no es el resultado de un éxtasis de un individuo llamado Juan.

19. Esto ya se abordó en el libro *Las fuentes que dieron origen al Nuevo Testamento*, solo que de forma general, es decir, en relación con todo el Nuevo Testamento. Aquí el campo de estudio está circunscrito exclusivamente al Apocalipsis.

20. Es sumamente complicado, sino imposible, entrar al mundo del primer y segundo siglo y entender a cabalidad el significado de los símbolos utilizados en la literatura apocalíptica. Hay mucho lenguaje que ya está decodificado, pero hay otro que habrá que abordar y ver hasta dónde podemos llegar.

21. La tendencia de los indoctos, de los sesgados o de aquellos con el complejo de cíclope es la de tildar de liberales a las personas que se salen de lo tradicional y

La tarea que nos hemos impuesto con esta investigación queda clara con los propósitos a los que nos hemos referido anteriormente y marca la ruta que seguiremos en el transcurso de este trabajo académico.

3. Limitación de la investigación

La delimitación del tema es una de las tareas más delicadas del investigador. La misma debe ser precisa y el estudioso debe procurar no salirse de ella en el transcurso del proceso. En el caso que nos ocupa, nuestra investigación estará circunscrita a las fuentes que dieron origen al Apocalipsis, un tema que no ha sido abordado de una forma especializada y que arrojará mucha luz tanto a la academia como al público en general.

4. Justificación del trabajo

Creo que llegó el momento de darle al público una perspectiva diferente del Apocalipsis de san Juan. Llegó el momento de dejar de hablar de interpretación amilenialista o premilenialista. La literatura apocalíptica no se interpreta ni en el pasado ni en el futuro: se establece el *Sitz im Leben* de la misma y se alegoriza. Así de sencillo, y es que no se puede hacer otra cosa, pues está escrita en un lenguaje codificado que no tiene ningún sentido en la sociedad en la que vivimos. Ya basta de tanta mentira, fanatismo y miedos infundados. Viene a mi memoria el año de 1982, cuando un santo hombre de Dios, bien intencionado, nos leyó un libelo en el cual nos decía que el anticristo era una computadora u ordenador de la Comunidad Económica Europea en Bruselas. Esa noche no dormí del pavor que me provocó aquella declaración. Estoy harto de que me hagan la misma pregunta cuando los Estados Unidos invade un país o hay una guerra en el mundo: *¿Qué dice el Apocalipsis?* Qué pregunta más ridícula. Ya basta de decirle a la gente que el milenio es literal y que allí entrarán los salvos y que al final de los mil años algunos salvos se perderán porque se unirán a Satanás para hacer la guerra final. No soy amilenialista ni quiero serlo. No estoy hablando contra el premilenialista porque los respeto. Simplemente estoy dicien-

---

menospreciarlos. Para desvanecer cualquier duda, dejamos claro dentro de nuestro propósito de investigación que no somos académicos liberales que denostan la Biblia. Creemos en la inspiración de la Biblia y la respetamos como Palabra de Dios. Lo que sí somos es personas racionales que pasamos el conocimiento por el filtro del análisis y la valoración crítica. Esto equivale a decir que estamos dedicados a la academia y trabajamos en la redacción de documentos, partiendo de aquellas fuentes que encontramos después de una ardua labor de miles de horas de investigación.

do que la apocalíptica se escribe en un lenguaje codificado y tal es así que al momento de escribir el Apocalipsis, el tiempo se medía de otra forma.[22]

Cosas como las que he dicho hasta ahora justifican con creces este escrito. Las fuentes que utilizó el redactor final nos clarificarán muchas cosas, comenzando con la seudonimia del relato, su interpretación, la relación con la literatura pseudoepígrafa del período intertestamentario, especialmente el libro de Enoc y, sobre todo, la desmitologización de una serie de enseñanzas irracionales que nos han impuesto vía falacia de *argumentum ad populum*, es decir, cosas que son ciertas porque la mayoría de las personas cree que son ciertas.

5. Metodología de la investigación

Determinar la metodología[23] de un estudio significa un desafío para el investigador. Empero, la temática a desarrollar es la que siempre determina el camino a seguir en todo el proceso de investigación.

En el caso que nos ocupa, el método que predomina a lo largo de toda la investigación es el método inductivo,[24] ya que extrae conclusiones lógi-

---

22. En las estructuras mentales de Occidente, un año son 365 días, así que mil años para nosotros serían 365 000 días. Empero, la Biblia fue escrita desde una estructura mental oriental, en la que el tiempo se mide de otra manera y se escribe de otra manera. Por otro lado, si se ha dicho hasta la saciedad que el Apocalipsis ha sido codificado en un lenguaje simbólico, ¿por qué insistimos en la literalidad de los mil años? Y, además, ¡años de 365 días! Es sencillamente un absurdo o un oxímoron, si se quiere.

23. Para realizar nuestro trabajo interpretativo, seguiremos los lineamientos hermenéuticos que propone el prof. Juan Stam: (1) Hacer una interpretación cristocéntrica. Si hay una razón de peso por la que este libro fue canonizado fue esta: Cristo es el centro de la ecuación; (2) Interpretarlo imaginativamente. Por tal razón usaremos el método alegórico, pues sería un sinsentido hacerlo de otra manera cuando estamos frente a una narración escrita en lenguaje simbólico; (3) Interpretarlo pastoralmente. Esto es clave, el libro fue escrito para la iglesia. Luego, el elemento pastoral debe estar implícito; (4) Debe ser práctico. Es por eso por lo que lo interpretaremos a la luz de la realidad socioeconómica de América Latina; y finalmente (5) La interpretación debe ser hecha en base a la estructura de la narración o la heurística del redactor. Esto último nos permitirá efectuar una interpretación en el marco ideológico del redactor. Cf. Stam, J. (1999). *Apocalipsis*, pp. 28-32. Comentario Bíblico Iberoamericano. Tomo I. Ediciones Kairós.

24. Se considera a Francis Bacon (1561-1626) como el primero en proponer un nuevo método para adquirir conocimiento. Afirmaba que los pensadores no debían esclavizarse al aceptar como verdades absolutas las premisas transmitidas por las autoridades en la materia —*mutatis mutandis*, las teologías que hemos recibido, como el premilenialismo-dispensacionalista o el amilenialismo, que se nos han presentado como verdades fundamentales, sin serlo—. Bacon sostenía que el investigador tenía que establecer conclusiones generales basándose en hechos recopilados mediante la observación directa —que es exactamente lo que hacemos, no solamente en el capítulo siete, sino a lo largo de toda esta investigación—. Bacon aconsejaba observar la naturaleza directamente, desechar los prejuicios e ideas preconcebidas (que él denominaba *ídolos*). Según Bacon,

cas y válidas a partir de un conjunto de premisas o proposiciones que son el resultado de un trabajo de observación y análisis del investigador. Un ejemplo concreto lo encontramos en el último capítulo, "Hacia una teología del Apocalipsis sin tintes". Los temas teológicos ahí expuestos son el resultado de un trabajo inductivo del investigador.

También se utiliza el método *analógico*,[25] ya que en varias partes de la investigación se establece una conexión entre pasajes que fueron tomados de los libros canónicos del Antiguo Testamento o de los pseudoepígrafos y fueron utilizados en el Apocalipsis para hacer un *midrash* analógico. Se prueba de esta manera cómo esta literatura sirvió al escritor como fuente para la redacción de su escrito. También veremos el método analógico en el capítulo cinco, que se refiere al lenguaje simbólico, que es tomado en muchos casos de figuras de la literatura donde se hace una analogía.

---

para obtener conocimiento es imprescindible observar la naturaleza, reunir datos particulares y hacer generalizaciones a partir de ellos. Una nueva manera de encontrar la verdad es ir a buscar los hechos en vez de basarse en la autoridad (experticia) o en la mera especulación; con el tiempo, esa actitud habría de convertirse en el principio fundamental de todas las ciencias. Según Bacon, las observaciones se hacían sobre fenómenos particulares de una clase, y luego a partir de ellos se hacían inferencias acerca de la clase entera —que es exactamente como se hace la teología: a partir de inferencias surgidas del análisis de una serie de premisas—. Este procedimiento se denomina *razonamiento inductivo* y viene a ser lo contrario al *método deductivo*. El pensamiento de Lord Francis Bacon puede ser encontrado en Bacon, F. (1902). *Novum Organum*. Joseph Devey (Ed.). P. F. Collier & Son. También es útil Dávila Newman. G. (2006). "El razonamiento inductivo y deductivo dentro del proceso investigativo en ciencias experimentales y sociales". *Laurus*. Año 12, pp. 185 ss.

25. Podemos definir el método analógico de investigación como las «comparaciones entre dominios de conocimiento que superficialmente no se parecen entre sí, uno más conocido, llamado "fuente" o "análogo", y otro menos conocido, denominado "blanco" o "concepto". A través de lo que se conoce sobre la fuente, se pretende obtener información sobre el blanco, o hacerlo comprensible para quien no lo conoce» [Ramírez Rodríguez, M. & Bolívar Perilla, J. C. (2017). *El razonamiento analógico y el desarrollo de la habilidad inferencial en las asignaturas de física y química, en el marco de las competencias científicas, de los grados 10° y 11° de educación media*, pp. 50 ss. Tesis de Maestría de la Universidad Javeriana, Bogotá]. Si el razonamiento analógico se concibe como la transferencia que parte del conocimiento de un dominio ya conocido —como los símbolos apocalípticos del Antiguo Testamento, las figuras de animales o conceptos abstractos como Hijo de Hombre, *inter alia*— a un dominio nuevo —el Apocalipsis de san Juan y la interpretación de todo ese lenguaje bajo la figura del Cordero inmolado—, entonces implica por lo menos dos procesos diferenciales: 1) La recuperación del análogo; y 2) La aplicación de esa información relevante. La correspondencia que se establece entre el dominio base y el dominio meta se denomina extrapolación, y consiste en transferir el dominio fuente al dominio objetivo. En los capítulos dos, tres, cuatro y cinco usamos mayormente el método analógico de investigación. Partimos de la literatura canónica o pseudoepígrafa y establecemos una correspondencia, recuperando lo análogo y haciendo una extrapolación que nos permita acercarnos a una interpretación plausible de la narración de san Juan, que es el dominio meta.

Finalmente, se usa el método *alegórico*,[26] sin el cual es imposible interpretar correctamente cualquier escrito de carácter apocalíptico. Para efectos de esta investigación y por el carácter de lenguaje codificado de esta literatura, usamos el método alegórico de interpretación. El mejor ejemplo de esto se encuentra en el anexo tres, *Los caballos del Apocalipsis cabalgan*, que es una interpretación alegórica (o relectura, si se quiere usar ese término) de los cuatro caballos de Apocalipsis 6 a la luz de la realidad socioeconómica de América Latina.

6. Fuentes de conocimiento

En ciencia no se puede afirmar nada que no pueda sustentarse con pruebas; en el caso que nos ocupa, hacemos uso de las pruebas documentales y de la lógica. Para lograr nuestro cometido tenemos que echar mano de las fuentes bibliográficas más cotizadas del mundo académico. Nos referimos a aquellas expuestas en los *Journal* y revistas de más prestigio del planeta, fruto de la investigación de las mentes más preclaras del mundo intelectual.[27]

Además de este tipo de fuentes, será muy importante la literatura apocalíptica del período intertestamentario. Es una rica literatura que afortunadamente tenemos a nuestra disposición gracias al extraordinario trabajo de profesores eruditos como Antonio Piñero,[28] que publicó 45 escritos en idioma castellano, lo que nos facilita el trabajo enormemente.

---

26. El método alegórico es el método griego que adoptó Filón de Alejandría primero y luego la escuela cristiana de Alejandría, la cual tuvo a Orígenes —quien es considerado como el campeón del método alegórico— como uno de sus máximos exponentes. Filón sostenía que «toda la Escritura tiene otro sentido más profundo, oculto, el sentido alegórico, deseado por el hagiógrafo» [Cf. Del Valle, C. (1975). "Aproximaciones del método alegórico de Filón de Alejandría". *Helmantica*. Universidad Pontificia de Salamanca. Tomo 26, N. 79-81, pp. 564-566]. Filón de Alejandría claramente indica que la aplicación del método de interpretación alegórico no es un procedimiento arbitrario, como los detractores afirman; más bien, sigue leyes específicas que el exégeta debe tomar en cuenta, *v. g.*, «la primera norma de la hermenéutica alegórica es la fijación del sentido literal y, con él, la determinación del símbolo. Habiendo detectado el símbolo será fácil precisar lo simbolizado». Esta es considerada la regla de oro del método alegórico. Véase también Zaldívar, R. *Fuentes griegas que dieron origen a la Biblia y a la teología cristiana. Op. cit.*, cap. V, "La hermenéutica cristiana helenista".

27. En las abreviaturas que aparecen al principio de este libro se encuentran las revistas más cotizadas de la academia en diversos idiomas, lo que asegura la seriedad de la investigación.

28. Cf. Piñero, A. (2007). *Los Apocalipsis: 45 textos apocalípticos, apócrifos judíos, cristianos y gnósticos.* Edit. Edaf.

Siguiendo con la tradición expuesta en el libro anterior, fue necesario ir al teatro de las acciones, en este caso Asia Menor, actualmente Turquía. En este tipo de investigaciones, es de capital importancia visitar los lugares mencionados, así que recorrimos sitios como Éfeso, Sardis, Pérgamo, Tiatira, etc. Es importante tocar la tierra, ver las ruinas, visitar los museos, leer literatura especializada que nos abra los horizontes mentales; todo esto nos permite escribir con mayor confianza. Así que tengo el gusto de decir que este libro fue firmado en el Asia Menor, aunque el escrito no haya sido originalmente dirigido a estas iglesias.

7. Plan de estudio

El plan heurístico de una investigación siempre es uno de los desafíos más grandes del investigador porque, aunque se confeccione previamente, uno siempre está haciendo cambios en el transcurso del proceso hasta llegar a un punto en el que el investigador está plenamente satisfecho con la forma en que se plantea el tema al público. El trabajo de investigación que nos ocupa se ha dividido en siete capítulos, que representan las fuentes utilizadas por el autor del libro, exceptuando los últimos dos capítulos.

El primer capítulo se refiere al contexto sociopolítico y religioso como fuente que dio origen al libro. En este capítulo se deja en claro que los acontecimientos sociales, políticos y religiosos son insumos indispensables del redactor y se convierten en la primera fuente del escrito.

El segundo capítulo presenta al Antiguo Testamento como fuente utilizada para escribir el Apocalipsis. Todo se centra en pasajes de tres libros del *tanaj judío* —Isaías, Ezequiel y Zacarías—, ratificando de esta manera el origen judío de nuestra fe cristiana.

El tercer capítulo presenta al libro de Daniel como fuente fundamental del Apocalipsis. Este libro es considerado como el prototipo de la literatura apocalíptica y se lo encuentra reflejado en el desarrollo de todo el relato del Apocalipsis de san Juan.

El cuarto capítulo tiene que ver con la literatura pseudoepígrafa, conocida también como literatura apocalíptica[29] del período intertestamentario. Aquí se hace un estudio minucioso del lenguaje, las historias y los patrones utilizados por el redactor final del Apocalipsis.

---

29. El término *apocalíptica* fue usado por primera vez en el s. XIX para indicar un conjunto de textos similares en forma y contenido al Apocalipsis de san Juan. Cf. Wiesse León, A. (2014). *La visión del Hijo del Hombre y las cartas a las siete iglesias. Análisis exegético y retórico de Ap. 1,9–3,22*, p. 79, nota al pie 172. Tesis doctoral. Universidad Pontificia de Comillas, Madrid.

El quinto capítulo trata sobre el lenguaje simbólico como fuente del Apocalipsis, lo que nos lleva a intentar ver el significado original con el fin de poder interpretar el Apocalipsis.

El resultado de la investigación efectuada en los capítulos anteriores es solo una: la desmitologización del Apocalipsis de San Juan y eso es precisamente la temática del sexto capítulo. Al quedar suficientemente claro las fuentes utilizadas por el redactor de esta narración se esclarece temas como la seudonimia de libro, el éxtasis de San Juan, alusiones a la iglesia Católica entre otros. En pocas palabras, en este capítulo se remueve el elemento fantástico al libro y se presenta como lo que realmente es; una narración con una teología subversiva, de género apocalíptico que tiene como objetivo fundamental traer esperanza a los perseguidos de la Iglesia.

El séptimo y último capítulo tiene que ver con el libro propiamente dicho, que es una especie de cristalización teológica, producto de todo el estudio realizado en los capítulos anteriores.

La heurística anterior da como resultado un trabajo de investigación valioso y útil para la academia, que presenta una perspectiva diferente de uno de los libros del canon de nuestra fe cristiana.

1. Primera fuente
El contexto sociopolítico y religioso

Sumario:
1.1. Las siete ciudades del Asia Menor. 1.2. El culto al emperador. 1.3. Los mártires de la iglesia. 1.4. La conexión apocalíptica.

Cada escrito que compone la Biblia, ya sea del Antiguo o del Nuevo Testamento, está envuelto en el contexto sociopolítico de la/s persona/s que lo redactó/redactaron. Es imposible sustraerse de esa realidad. De ahí la pertinencia de aquella frase que reza: «Cada uno es hijo de su época».

En lo que al género apocalíptico[30] se refiere, este surge en un contexto sociopolítico de persecución contra el pueblo de Dios que no se adhiriere a la filosofía de vida de las potencias extranjeras que pretenden avasallarlo.

En la apocalíptica judía, se pueden identificar tres momentos históricos que dieron lugar a la producción de tres sets de libros que forman la biblioteca apocalíptica.[31] El primer momento de la historia estuvo marcado por

---

30. Género apocalíptico, como ya se dijo, es «una literatura de revelación en forma narrativa, donde el mensajero o ángel es un ser divino que habla de la situación de este mundo temporal desde un punto de vista sobrenatural» (Ibíd.). Esta y otras traducciones a lo largo de este libro son propias. Véase también Collins, J. J. (1979). "Towards a Morphology of Genre". *Semeia*. N. 14, pp.1-20. Este tipo de literatura es usualmente dirigida a comunidades en crisis. Existen dos tipos de literatura apocalíptica: la primera es aquella donde el vidente narra un viaje al más allá; en la otra, la revelación es dada en esta dimensión.

31. Existen otros autores que hacen una clasificación diferente, *v. g.*, el profesor Gonzalo Aranda, siguiendo a P. Sacchi, que distingue tres períodos en la historia de la apocalíptica judía. A saber: al *primer período* pertenecen obras como el Libro etiópico de Enoc o el Libro de los Jubileos. Hoy se considera que partes de 1 Enoc circulaban ya en el s. III a. c., en concreto un Libro de Noé (LN), el Libro de los Vigilantes (LV) y el Libro de Astronomía (LA), *inter alia*. El autor ubica este primer set de libros a comienzos del s. II, antes de la rebelión macabea. El *segundo período* está formado por una serie de obras que reflejan haber sido compuestas en torno a la persecución seléucida que se desató contra los judíos en Jerusalén a partir del 170 a. C.; tales son el libro de Daniel, el libro de los sueños y el Apocalipsis de las semanas, estos dos últimos incluidos en 1 Enoc 83–90 y 1 Enoc 93; 91:12-17, respectivamente. Las tres obras tienen un carácter profético y anuncian la instauración del reino de Dios mediante la inminente caída del opresor y el juicio final; las tres se mueven además en un marco de representaciones similares

la insolencia de Antíoco Epífanes y su cruenta persecución, que obligó a los escribas judíos a inventar[32] el género apocalíptico; de allí surgió el primer set de libros, entre los que destaca el de Daniel como el primero de todos, así como otros que salieron a la luz pública para dar esperanza y dirección a un pueblo que estaba desconcertado por la injusticia de los invasores.

El segundo momento histórico fue la destrucción del segundo templo y la diáspora del pueblo de Dios, que dio lugar a un segundo set de libros que aumentó la biblioteca apocalíptica; en este período fueron los romanos quienes se levantaron con ira en contra de los judíos de Jerusalén.

Finalmente, el tercer momento histórico surge en el marco de la segunda persecución de la iglesia, aquella que orquestara el emperador Domiciano. Es en este momento cuando un hombre que se autodenomina Juan decide redactar un escrito usando el género apocalíptico judío, causando *ipso facto* una gran controversia en la iglesia, a la cual le tomó un considerable tiempo incluir dicho escrito dentro del canon del Nuevo Testamento.[33]

---

a las de la época anterior en orden a cómo sus autores llegan al conocimiento de lo que anuncian: sueños, visiones y revelaciones celestes. Por último, tenemos el *tercer período*, que se desarrolla en la época romana y constituye el contexto literario en el que surge el Nuevo Testamento. En esta época se redacta 1 Enoc en su estado actual, conocido por los fragmentos de la versión griega y por la versión etiópica; debió de llevarse a cabo ya entrado el s. I d. C. Muestra cómo sobrevivió la tradición henóquica y, en cuanto al tema del libro sagrado, que es el que aquí nos interesa, el valor que se daba a los libros de Enoc como libros sagrados. Surgen los primeros libros de literatura apocalíptica del cristianismo, a saber, el Apocalipsis de san Juan y el Pastor de Hermas. En los escritos del N. T. se puede percibir que sus autores tienen, respecto a las Escrituras, la misma comprensión que hemos visto perfilada en la literatura apocalíptica anterior, que los libros de la Escritura comunican directamente la palabra revelada de Dios. La novedad radical está en que se ve en Cristo la plenitud de la revelación de Dios y su Palabra definitiva. Así, prevalece la dimensión profética de todos los libros sagrados del judaísmo, y, desde el principio, se apela a las escrituras en general como testimonio divino de que lo que ha sucedido con Jesús —su muerte y resurrección, que ha sido conforme a las Escrituras—. Cf. Aranda Pérez, G. (2003). "El libro sagrado en la literatura apocalíptica". *SCRIPTA*. Vol. 35. N. 2, pp. 319 ss.

32. La palabra *inventar* debe entenderse mejor como *desarrollar* el género, pues en ciertos libros proféticos del Antiguo Testamento, anteriores a la exposición literaria apocalíptica, podemos ver pasajes que ya pertenecen a este género.

33. Aunque el Apocalipsis de san Juan aparece en la lista del Código Muratori del siglo II, no existió un consenso sobre la canonicidad de este libro. En esta época tenía mucho peso la lista de libros que daban los Padres de la Iglesia. Entre los Padres que incluyen Apocalipsis dentro del canon se encuentran Atanasio de Alejandría, Ireneo de Lyon, san Jerónimo, *inter alia*. Entre las personalidades que no lo incluyeron estaban Cirilo de Jerusalén (Cf. *Catequesis 4,36*. https://sumateologica.files.wordpress.com/2010/02/cirilo_de_jerusalem_catequeses.pdf), Crisóstomo, Anfiloquio de Iconio —que lo consideró espurio—, Gregorio de Nacianzo, *inter alia*. Entre los concilios regionales que incluyeron Apocalipsis se encuentran el de Hipona (393) y el de Cartago (397), *inter alia*. Como puede verse, hubo personalidades de la iglesia que no consideraron

El centro de estudio de este capítulo es la demostración de que la primera fuente que dio origen al Apocalipsis de san Juan fue la realidad sociopolítica que imperaba en el Asia Menor. Para lograr nuestro cometido, hemos dividido el capítulo en cuatro partes principales.

1.1. Las siete ciudades del Asia Menor

Una de las áreas geográficas con alta concentración de población judía del antiguo Imperio romano era el Asia Menor; tan importante era que el apóstol Pablo[34] dirigió su atención a la misma e hizo una serie de incursiones fundando iglesias y haciendo discípulos que se encargaron de expandir el mensaje de Jesucristo.

El Asia Menor era una región neurálgica en el Imperio romano, con ciudades importantes y una cultura grecorromana muy fuerte que dominaba los paradigmas sociales de la época. Los templos paganos abundaban, el sincretismo religioso era el denominador común; la idolatría[35] y la prostitución sagrada[36] hicieron del Asia Menor una zona hostil para el evangelio. Sin embargo, Pablo y compañía no se inmutaron, desafiaron dicha realidad y predicaron el evangelio, fundaron iglesias e hicieron discípulos.

Las siete ciudades que menciona el Apocalipsis son: Éfeso, Sardis, Esmirna, Pérgamo, Tiatira, Laodicea y Filadelfia. Son precisamente los lu-

---

esta narración como inspirada por el Espíritu Santo. Para un estudio completo sobre la canonicidad del Apocalipsis de san Juan, se recomienda el clásico de Davidson, S. (1877). *The Canon of the Bible. Its Formation, History, and Fluctuations*, pp. 88 ss. Peter Eckler Publishing Co. Un autor como Manuel Aneiros, de la Universidad de Santiago de Compostela, en referencia al caso específico de España, señala lo siguiente: «No fue hasta el IV Concilio de Toledo (633) cuando el Apocalipsis se incluye en el canon de la Iglesia occidental, acompañado, al mismo tiempo, de la siguiente observación: "Si alguien, de ahora en adelante, no lo aceptare, o no lo leyere en la misa desde Pascua a Pentecostés, será excomulgado"» [Aneiros Loureiro, M. (2017). "Los cuatro jinetes del Apocalipsis de Juan (Ap 6, 1-8): de la teopneustia piadosa a una visión no teándrica de la exégesis". *VEGUETA*. Vol. 17, p. 27].

34. Es importante señalar que Pablo era originario del Asia Menor, de Tarso, ciudad geográficamente ubicada en el extremo este del territorio.

35. El pasaje que encontramos en Hechos 19:28 —«Cuando oyeron esto, se llenaron de ira, y gritaban, diciendo: ¡Grande es Diana de los efesios!»— es un testimonio elocuente de la idolatría que imperaba no solamente en el Asia Menor, sino también en lugares aledaños.

36. La práctica de la prostitución sagrada está relacionada con los templos de Afrodita, que fueron muy conocidos en Grecia, pero existieron también en el Asia Menor. La ciudad de Afrodisias tuvo un templo muy importante. Recientemente se ha descubierto un templo de Afrodita en las cercanías de la ciudad de Izmir.

gares a donde van dirigidas las cartas.[37] En esta época había muchas otras ciudades en el Asia Menor; sin embargo, el escritor escoge estas siete.[38] El hecho de que sean siete está claro; era la costumbre usar el número siete.[39] La pregunta más bien es: ¿Por qué estas ciudades y no otras? Sobre este tema es importante exponer la tesis del profesor Armando Bandera de la Universidad de Salamanca, quien sostiene:

> Mi convicción es que la supuesta y ponderada diversificación no existe, que el concepto carta es totalmente desconocido para el autor, el cual no lo emplea nunca… Si el libro es uno solo, los siete destinatarios nominales reciben un solo mensaje: un mismo mensaje… Estoy enteramente convencido que las diversidades son verbales… Así pues la perversión de Éfeso, de Esmirna… es siempre la misma. Ello quiere decir que en estos capítulos de Apocalipsis no hay diversidad de problemas, para cuya solución haya medidas diversificadas… En el Apocalipsis está bien claro que la perversidad censurada es la característica de la gran ciudad,… concretando [que] lo que está denunciando como reprobable en Éfeso, en Esmirna, en Pérgamo… es algo que ocurre en la ciudad de las siete colinas. Por consiguiente, la misión para remediarlo no se cumple ni en Éfeso ni en Esmirna… Ha de ser cumplida en la iglesia que está en Roma.[40]

La postura del profesor Bandera tiene sentido. Si el mensaje del Apocalipsis está codificado en un lenguaje simbólico para la iglesia y este mensaje está dirigido contra el Imperio romano que había desatado una cruenta persecución contra los cristianos, ¿qué sentido tiene dar siete mensajes di-

---

37. Cf. Aune, D. (1990). "The Form and Function of the Proclamations to the Seven Churches". *NTS*. Vol. 35, N. 2, pp. 182-204.

38. I. E. Davidson sostiene: «Las siete iglesias fueron seleccionadas con el propósito de describir los rasgos salientes de la iglesia profesante en el curso de su historia. Son nombradas siguiendo una vía imperial circular, primera de izquierda a derecha y, después, de derecha a izquierda, en forma de herradura (cf. v. 11), siendo Éfeso la primera, cabeza o capital de las demás. Aunque las cartas van dirigidas a siete iglesias, su destino es universal, como puede verse por 2:7, 11, 17, 29; 3:6, 13, 22, versículos en los que se repite como un estribillo la frase: "El que tenga oído, oiga qué dice el Espíritu a las iglesias". Podemos decir que representan 7 tipos históricos y 7 retratos proféticos, tanto de las iglesias del pasado como de las del presente y del futuro» [Davidson, I. E. (1969). *Readings in Revelation*, p. 18. Barbican Book Room].

39. El número siete tiene un significado muy peculiar en la cultura judía y especialmente en la literatura apocalíptica. Véase la sección 5.1, específicamente la sección sobre taxonomía de los símbolos.

40. Bandera, A. (2001). "La iglesia de Roma en el Apocalipsis: un proyecto que espera desarrollo". *Angelicum* 78, no. 1, pp. 23 ss.

ferentes a siete iglesias del Asia Menor? Ninguno. Dicho de una forma más contundente, el redactor del Apocalipsis de san Juan está escribiendo a la iglesia de Roma, no a las iglesias del Asia Menor, de manera que esta revelación va dirigida en primer lugar a los cristianos de la ciudad imperial y después, en un sentido *lato*, a todo el cristianismo que estaba experimentando la persecución del Imperio.[41]

Ahora, la pregunta lógica que surge de todo esto es: ¿Por qué siete iglesias del Asia Menor? ¿Por qué esas siete y no otras? Había otras iglesias del Asia Menor que pudieron haber sido mencionadas y figuraban en el mapa de los registros canónicos, como Colosas, Listra, Derbe, entre otras. No creo que haya alguien que nos pueda dar una respuesta certera a estas preguntas. Todo lo que podemos hacer es especular, *v. g.*, afirmar que las mismas fueron escogidas intencionalmente siguiendo una ruta que se seguía en aquella época, que comenzaba en Éfeso y que recorría el territorio según el orden descrito en Apocalipsis 1:11, que reza de la siguiente manera: «Escribe en un libro lo que ves, y envíalo a las siete iglesias que están en Asia: a Éfeso, Esmirna, Pérgamo, Tiatira, Sardis, Filadelfia y Laodicea». En este sentido se pronuncia Davidson: «Son nombradas siguiendo una vía imperial circular, primera de izquierda a derecha y, después, de derecha a izquierda, en forma de herradura».[42] Al final del día es un especulación que, si bien es lógica, no necesariamente es cierta. Lo que sí podemos ha-

---

41. Sobre este tema, el profesor Francisco Lacueva apunta: «En mi opinión, la aplicación puede hacerse interpretando los mensajes a 3 niveles: (a) A nivel horizontal pasado, el sentido literal gramático-histórico exige que, a pesar del simbolismo del número 7, los mensajes se entiendan como enviados a las iglesias especificadas por su nombre, y en el tiempo en que Juan escribía esto. Creo que ello es innegable. (b) A nivel horizontal continuo, estas siete iglesias representan siete condiciones distintas en que se hallan las iglesias de cualquier época a partir del siglo I de nuestra era. Como trasfondo de un sentido secundario, que se da en todos los libros de la Biblia, también este sentido debe admitirse (cf. Ro. 15:4); de lo contrario, los mensajes a las siete iglesias no tendrían relevancia para los que vivimos ya en el siglo XXI. (c) A nivel vertical histórico, según el cual cada iglesia representa un determinado periodo de la historia de la iglesia, se hallaría esta ahora, en general, en la condición de la iglesia de Laodicea: fría y autosuficiente. No todos los futuristas admiten este sentido y no sé hasta qué punto se puede dar como suficientemente seguro para inscribirlo en epígrafes en la propia Biblia, como hace la Biblia Anotada de Scofield [Lacueva, F. (2001). *Apocalipsis*, pp. 23-24. Editorial CLIE]. Si aplicamos el método alegórico, por ejemplo, las cartas no existieron. Lacueva supedita la literalidad de las cartas al método de interpretación del exégeta, lo que tiene sentido, empero, lo que nosotros queremos saber es si realmente existieron las siete cartas o no. Billy Graham, en su libro *Approaching Hoofbeats*, afirma la literalidad de las siete cartas y le atribuye al Apocalipsis de san Juan el carácter epistolar. Cf. Graham, B. (1983). *Approaching Hoofbeats. The Four Horsemen of the Apocalypse*. Avon Books. A pesar de las opiniones encontradas sobre el tema, parece poco probable que hayan sido literales; todo parece indicar que es mero simbolismo, como la totalidad del escrito.

42. Davidson I. E. *Readings in Revelation. Op. Cit.*, p. 23.

cer es estudiar la realidad sociorreligiosa de esas ciudades y dar una opinión coherente.

A continuación, estudiaremos las ciudades que se citan en Apocalipsis 1:11 y todo lo relacionado a los siete aspectos en común que tiene cada una de las iglesias descritas en Apocalipsis 2.[43]

La iglesia de Éfeso

La ciudad de Éfeso[44] era un puerto marítimo en el mar Egeo y el asiento del templo de Artemisa o Diana,[45] donde se realizaban prácticas sexuales y mágicas. Por lo tanto, existía en esta ciudad una fuerte industria religiosa que giraba alrededor del templo[46] y de las actividades relacionadas con este, como la fiesta patronal dedicada a la diosa. Como es obvio, esto constituía una fuente importante de ingresos económicos para la ciudad; de ahí que se explique la violenta reacción de sus pobladores ante la fron-

---

43. El profesor Lacueva señala lo siguiente: «Conviene advertir que las siete cartas, a pesar de las diferencias, tienen en común siete elementos: ... (a) una comisión: "Escribe al ángel de..."; (b) una presentación del Señor: "Estas cosas dice el que..."; (c) una alabanza (o juicio): "Sé tus obras", con detalles diversamente colocados; (d) un reproche: "Pero tengo contra ti..."; (e) un consejo: "Recuerda...", "arrepiéntete...", "Nada temas...", etc.; (f) una llamada: "Quien tenga oído..."; y (g) una promesa: "Al que venza...", "El que venza..."» [Lacueva, F. *Apocalipsis. Op. cit.*, p. 44.

44. Era la ciudad más importante de la provincia romana del Asia proconsular; centro postal y administrativo, casi tan importante como Antioquía. "Éfesis" significa "deseo ardiente". Hacia el año 52, penetró en Éfeso el cristianismo por el ministerio de Priscila y Aquila, siendo Pablo el fundador de esa iglesia. Había ya una importante colonia judía. Cf. Hch. 18–19. Cf. *Ibid.*, p. 44.

45. Esta ciudad era llamada "Guardiana del templo" dedicado a la diosa Artemis —Diana, en latín— (Hch. 19:35), como diosa de la fertilidad, a la que se solía llamar *polymastos* (de muchos pechos), por la forma en la que era representada. Esculturas originales de Artemis mostrando sus muchos pechos pueden ser apreciadas en el Museo de Éfeso en la ciudad de Selcuk, a escasos kilómetros de las ruinas de la antigua Éfeso. Las excavaciones de J. T. Wood en 1870 condujeron al descubrimiento de una de las 7 maravillas del mundo antiguo: el famoso templo, cuatro veces mayor que el Partenón de Atenas, adornado con estatuas de los más famosos escultores griegos, como Fidias, Praxíteles y Apeles. Había otros templos dedicados a los emperadores Claudio, Adriano y Severo. Cf. *Ibid.*, p. 45.

46. Los romanos sincretistas habían hecho de este culto una fusión de varias divinidades de la antigüedad. Los efesios la miraban como la diosa madre, protectora y sustentadora de la vida pública de la ciudad. Finalmente, hay que señalar que el templo de Diana fue considerado como una de las siete maravillas del mundo antiguo. Para un estudio más detallado sobre la ciudad de Éfeso, cf. Wiesse León, A. "La visión del Hijo del Hombre y las cartas a las siete iglesias. Análisis exegético y retórico de Ap. 1,9–3,22". *Op. cit.*, pp. 123 ss.

tal predicación de Pablo, ya que estaba poniendo en riesgo su patrimonio económico.

Además del culto idólatra a Diana, se practicaba el culto al emperador, así que la fiesta dedicada a este personaje de la política romana constituía uno de los momentos más importantes de su vida social, a la vez que representaba una fuente de dinero por el turismo religioso que esta levantaba.[47]

Había en la ciudad de Éfeso una comunidad judía muy importante, que era numerosa, rica y con ciertas influencias sociales;[48] había una sinagoga, como lo atestigua el libro de Hechos. Esta presencia de una comunidad judía debió haber sido un elemento para que el apóstol Pablo decidiera llegar primero y luego estacionarse por más de tres años en esta ciudad. El cristianismo nace en un contexto de paganismo, magia e inmoralidad según los parámetros de la religión cristiana. Sobre el tema de la inmoralidad sexual, «se conoce que las sacerdotisas de Artemisa en ocasiones practicaban la prostitución sagrada, terminando el culto en verdaderas orgías. El caos moral de la ciudad era tal... que los actos sexuales en el templo eran inferiores a las bestias, porque incluso los promiscuos perros no se mutilan unos a otros».[49] Este tipo de prácticas eran normales en el mundo pagano, para quienes el culto a la divinidad era una cosa y la moral, otra —a diferencia del judaísmo y el cristianismo, en los que ambas cosas son indivisibles—.

Enfocándonos en el cristianismo, vamos a concluir que Éfeso era un centro de difusión de la fe cristiana. Pablo llega aquí en su segundo viaje misionero y en su tercer viaje estaciona durante tres años. Después de desilusionarse de los judíos, decide discutir y explicar el evangelio en la escuela de Tirano.[50] Se cree que Pablo rentó un local para reunirse con los interesados en su predicación, y que esta actividad dio origen a la iglesia.[51]

En el Apocalipsis de san Juan observamos que la comunidad cristiana luchaba contra dos infiltraciones heréticas. Primero, los seudoapóstoles, que eran profetas o líderes itinerantes que pertenecían a otras comunida-

---

47. *Ibid.*, p. 25.
48. *Ibid.*, p. 26.
49. Cf. Barclay, W. (2001). *Letters to Seven Churches*, pp. 8 ss. Westminster Knox Press.
50. Probablemente un retórico o filósofo griego. Poseía una escuela, *skholaí* (σχολα) en Éfeso, en la cual Pablo pudo predicar el evangelio durante dos años después de haber roto con la sinagoga del lugar (Hch. 19:9, 10). Pablo predicaba desde las once de la mañana hasta las cuatro de la tarde. Lo que no se sabe es si Tirano era simpatizante del cristianismo o meramente alquilaba una habitación al apóstol. La expresión de Lucas, «la escuela de un cierto Tirano» (v. 9), indica que no era creyente, al menos en aquel momento. No vuelve a mencionarse en el N. T. Cf. Ropero, A. (2013). *GDEB*, "Tirano". Editorial CLIE, p. 2.499.
51. Wiesse León, A. "La visión del Hijo del Hombre y las cartas a las siete iglesias. Análisis exegético y retórico de Apocalipsis 1,9–3,22". *Op. cit.*, p. 128.

des y difundían el pensamiento gnóstico.[52] La segunda infiltración era la de los nicolaítas,[53] que introducían prácticas paganas al culto.

Para finalizar, simplemente observar que el Apocalipsis de san Juan, cuando habla de la iglesia de Éfeso, no hace ninguna mención a Pablo a pesar de que él había sido el fundador de la iglesia. Hay toda una serie de especulaciones al respecto; nosotros solamente nos vamos a hacer una pregunta: ¿Será que Armando Bandera tiene razón al afirmar que todos estos representan un solo mensaje dirigido a la iglesia de Roma?

La iglesia de Esmirna

En el primer siglo, Esmirna[54] era una metrópoli comercial[55] con un cuarto de millón de personas con un puerto (en el golfo de Esmirna). Era, por lo tanto, una ciudad de mucha relevancia social. Entre los templos más importantes que había en la ciudad se contaban el de Zeus y el de Cibeles.

---

52. Friesen, S. J. (2005). "Satan's Throne, Imperial Cults and the Social Settings of Revelation". *JSNT*. 23:7, p. 254.

53. La secta de los nicolaítas aparece mencionada en las iglesias de Éfeso y Pérgamo. De expresiones usadas en el Apocalipsis nos damos cuenta de que era una secta considerada como perversa y ofensiva a los principios apostólicos del cristianismo. Harnack, de la Universidad de Berlín, sugiere tres posibilidades en relación con los nicolaítas: (1) No tienen ninguna relación directa con el diácono Nicolás de Jerusalén, mencionado en Hechos 6:5; (2) Se originaron del diácono Nicolás de Jerusalén; y (3) Reclamaron una relación con el diácono Nicolás. Harnack se decanta por la tercera hipótesis: «La conclusión es que los nicolaítas se rastrearon hasta Nicolás y se pusieron su nombre sin ninguna justificación real» [Von Harnack, A. (1923). "The Sect of the Nicolaitans and Nicolaus, the Deacon in Jerusalem". *TJR*. Vol. 3, No. 4. Julio, pp. 413-422].

54. Esmirna es la única ciudad de las siete mencionadas en los capítulos 2 y 3 de Apocalipsis que todavía subsiste. Fundada por los eolios en el siglo VII a. C., se supone que fue la patria de Homero. Fue destruida en el siglo VI a. C. y reconstruida por Lisímaco a principios del siglo III a. C., hasta llegar a ser una de las ciudades más prósperas del Asia Menor. Quizás aluda a esto la frase del v. 8: «El que estuvo muerto y volvió a vivir». Los romanos la premiaron por su lucha heroica contra Mitrídates y le concedieron numerosos privilegios. Por ello se levantó allí en el año 195 a. C. un templo a la diosa Roma, quizás el primero del mundo en su género. Durante el reinado de Tiberio (26 d. C.) se levantó allí un templo al emperador. Véase Lacueva, F. *Apocalipsis. Op. cit.*, p. 52.

55. La gente creía que el monte Pagos hacía una acrópolis para la ciudad, y que la coronaba de belleza con sus edificios, convirtiéndola en una ciudad regia, coronada con su diadema de torres. Así que había una frase muy común: *la corona de Esmirna*. De manera que, cuando Juan dice en la carta a Esmirna: «Te daré la corona de la vida», pudo haber tenido la intención de decir: «Ya no usarás una mera corona de edificios y torres, sino una corona de vida». Cf. Hayes, D. A. (1905). "The Letters to the Seven Churches of Asia, and Their Place in the Plan of the Apocalypse". *TBW*. The University of Chicago Press. Vol. 26, No. 1. Julio, pp. 71-73.

Tenía una escuela de medicina muy importante, su propia moneda, y era famosa por las luchas de gladiadores que allí se realizaban.

La comunidad judía era significativa y existía un claro antagonismo con los cristianos. Recordemos que los judíos los consideraban herejes. El autor del Apocalipsis llama *sinagoga de Satanás* «a los que se dicen ser judíos sin serlo»,[56] confirmando el antagonismo del grupo.

No existen registros que nos digan cómo fue fundada la iglesia en Esmirna, aunque sí que tuvo mucho protagonismo. El más famoso de todos sus obispos fue Policarpo de Esmirna, un venerable anciano que se convirtió en mártir de la iglesia y su testimonio ha trascendido el espacio y el tiempo.

La iglesia de Pérgamo

Esta ciudad[57] alcanzó su apogeo en la dinastía Atálida de los siglos III y II a. C.; para el año 133 a. C., era ya capital del Asia Menor. Las excavaciones arqueológicas sacaron a la luz un gran altar dedicado a Zeus, considerado una maravilla de aquella época. En los lados exteriores del altar se encuentran escenas de las batallas entre los dioses griegos y los gigantes de la tierra; en su interior se encuentran grabados con escenas de la vida de Telefos, hijo de Hércules y antepasado mitológico de la dinastía Atálida.[58] Había un ágora, como en Grecia, y una famosa biblioteca de tres pisos situada junto al templo de Atenea. La biblioteca tenía doscientos mil volúmenes, que fueron trasladados a Alejandría por orden de Marco Antonio. Otro descubrimiento arqueológico importante fue el centro cultural y médico dedicado al dios Esculapio, el cual alcanzó su máxima fama en el siglo II d. C. Finalmente, se descubrieron también cuatro teatros, uno de ellos con capacidad para quince mil personas.

La ciudad tuvo gran importancia porque en ella se fabricaba el famoso pergamino, que llegó a adquirir más importancia que el papiro egipcio.[59]

---

56. Apocalipsis 3:9.

57. Pérgamo significa *ciudadela*. Más que ninguna otra ciudad de Asia, da al visitante la impresión de ser la sede de la autoridad (v. 13, «el trono de Satanás»). También fue la ciudad que erigió un templo al emperador (Octavio Augusto) en el año 29 a. C. Después surgieron templos a Roma y a los emperadores Trajano y Severo. También Venus, por supuesto, era *venerada*. Todo esto estaba unido a la superstición curandera en el emporio mismo de la medicina. Cf. Lacueva, F. *Apocalipsis. Op. cit.*, p. 59.

58. Este monumento se encuentra en el Museo de Berlín.

59. La industria del pergamino surge y se desarrolla gracias a la biblioteca que allí había.

A nivel religioso, llegó a ser un centro de adoración de cuatro divinidades: Zeus, Atenea, Dionisio y Esculapio.[60] Además, se dedicaron templos a emperadores romanos como Nerón, Vespasiano y Trajano.

Como en cualquier otra ciudad importante del Asia Menor, en Pérgamo había una importante comunidad judía.

Se ignora cómo comenzó la comunidad cristiana en la ciudad; se estima que fue producto de la evangelización de la gente que estaba en Éfeso. La expresión que aparece en Apocalipsis —«Yo conozco tus obras, y dónde moras, donde está el trono de Satanás»[61]— ha tenido varias interpretaciones; se la ha identificado con el templo de Zeus, el de Asclepeion (donde se hacían curaciones), con el culto al emperador, *inter alia*. Steven J. Friesen considera que «la hostilidad de los forasteros había sido mucho más fuerte que en otros lugares, por lo que Juan se refirió a Pérgamo como el trono y la morada de Satanás».[62] Aunque esta no es la conclusión a la que usualmente llegan los académicos, se reconoce que Friesen hizo un extraordinario trabajo de investigación para llegar a la misma.

La iglesia de Tiatira

Tiatira[63] era una ciudad que estaba en la ruta comercial entre Pérgamo y Sardis, situación que le permitió un crecimiento económico muy importante. Había una serie de gremios artesanales, especialmente en el área de la industria textil, como se atestiguó en los descubrimientos arqueológicos. Era una ciudad entregada a la idolatría, donde se desarrollaban toda suerte de cultos religiosos, *v. g.*, el culto a Apolo, que era el guardián divino de la ciudad, y a la diosa Artemisa. Apolo fue considerado patrón

---

60. Esculapio era el dios de la medicina, cuya insignia era la serpiente —que todavía figura como emblema de las farmacias y para los cristianos es símbolo de Satanás (cf. Gn. 3:1; Ap. 12:9)—. En la escuela de Esculapio aprendió sus artes curativas Galeno, famoso médico de la antigüedad.

61. Apocalipsis 2:13.

62. Friesen, S. J. "Satan's Throne, Imperial Cults and the Social Settings of Revelation". *Op. cit.*, p. 372.

63. Tiatira viene del griego *Thiateíroi*, que significa "actividades sacrificiales". Es actualmente la ciudad Akhisar, situada a 65 kilómetros al sureste de Pérgamo. Está abierta a una fertilísima llanura, cosa extraña en ciudades antiguas, que solían edificarse en alturas para defenderse mejor del enemigo. La fundó Seleuco I (355–280 a. C.), uno de los cuatro generales entre los que Alejandro Magno repartió sus dominios al morir. Cayó en poder de Roma en 190 a. C. Era célebre por su comercio, sus hilaturas de lana y sus tintorerías. De allí era Lidia, la de Hechos 16:4. Los habitantes de Tiatira tenían, según Plinio, fama de gente deshonrada. Cf. Lacueva, F. *Apocalipsis. Op. cit.*, pp. 65-66.

de los gremios, y la participación en sus celebraciones era obligatoria para los miembros de los mismos, así como compartir la cena en el templo, que concluía en actos de desenfreno sexual.

Como en toda Asia Menor, en Tiatira había presencia judía. Lo sabemos porque se han encontrado restos arqueológicos de una sinagoga de la época.

La forma como llegó la iglesia a este lugar no es conocida, excepto que podemos especular diciendo que es el fruto del trabajo hecho por Pablo en Éfeso, y que se considera que esta no llegó a ser una congregación numerosa.

La iglesia de Sardis

Sardis,[64] ubicada muy cerca de Éfeso, llegó a ser una ciudad muy importante, residencia de Creso, rey de Lidia. Contaba con templos dedicados a Cibeles, Zeus, Dionisio. La diosa Cibeles era nativa de Sardis, aunque después se la identificó con Artemisa, a quien se le atribuía la potestad de resucitar muertos.[65]

Entre los descubrimientos arqueológicos se encuentra un enorme templo dedicado a Artemisa y una sinagoga también grande, donde se reunía la comunidad judía. Cabe notar que la sinagoga era parte de un complejo que incluía un gimnasio y baños, lo que demuestra la evolución social que los judíos habían experimentado. No existe, sin embargo, más información sobre la comunidad cristiana en esta ciudad, excepto lo que se dice en Apocalipsis: que era una comunidad que se había acomodado a su entorno religioso.

---

64. Sardis (o Sardes) estaba situada a unos 53 kilómetros al sureste de Tiatira. Hoy está en ruinas; solo queda un villorrio (Sart) al lado de las ruinas. Fue tomada por Ciro el Grande en el año 549 a. C. Sus habitantes la creían inexpugnable por estar construida sobre una colina, cuyos lados caían perpendicularmente sobre la llanura, pero se olvidaron de fortificar una pequeña quebrada que Ciro aprovechó con sus buenos escaladores para tomar la ciudad por sorpresa durante la noche. Después de tres siglos de oscura historia, fue tomada de nuevo por sorpresa por Antíoco III el Grande (218 a. C.), a pesar de la bravura de sus habitantes. Se hizo más importante bajo el dominio de Roma, aunque la fundación de Pérgamo le restó importancia. En el año 17 d. C. fue destruida casi totalmente por un terremoto, pero hacia el año 27 ya estaba reconstruida gracias a la generosidad del emperador Tiberio. *Ibid.*, p. 73-74.

65. Ramsay, W. M. (2010). *Letters to the Seven Churches*, p. 357. Kessinger Publishing, LLC.

La iglesia de Filadelfia

Filadelfia[66] era una pequeña ciudad en la zona de Lidia, cerca de Sardis y Esmirna. Era conocida por sus vinos. Allí se daba culto a Dionisio, conocido por los romanos como Baco, dios del vino. También fue conocida por su industria textil y el trabajo en cuero.

El emperador Caracalla le concedió a Filadelfia el permiso para edificar templos que dieran culto al emperador. Otro de los aspectos a mencionar es la existencia de una sinagoga hostil a los cristianos, a la cual se llama *sinagoga de Satanás*. Sabemos que los cristianos sufrieron persecución no solamente del Imperio, sino de los mismos judíos, que miraban con desdén y desprecio a los cristianos. La existencia de judíos está evidenciada por los descubrimientos arqueológicos; tenían allí establecida una colonia, al igual que en las demás ciudades de la antigua Anatolia. No se sabe a ciencia cierta cómo comenzó la iglesia cristiana, pero, según el relato, era una congregación de buen testimonio, comprometida con la Palabra de Dios. En términos generales, esta iglesia tenía buena reputación, y es la que aparece mejor calificada en el escrito apocalíptico de san Juan.

La iglesia de Laodicea

La ciudad de Laodicea[67] se encontraba localizada en el centro del valle de Lycus, muy cerca de Colosas y Hierápolis. Laodicea era el nombre de la

---

66. Filadelfia es actualmente la moderna Alashehir. Fue fundada por Atalo II, rey de Pérgamo (159–138 a. C.), cuya lealtad a su hermano Eumenes II, rey de Lidia, le ganó el sobrenombre de Filadelfo = amigo de su hermano. En justa correspondencia, Eumenes dio a la ciudad el nombre de "Filadelfia" = "afecto fraternal". Situada a unos 45 kilómetros al sureste de Sardis, en un valle fertilísimo, regado por el río Cogamis, afluente del Hermo, tenía la acrópolis colocada sobre un triple montículo. Su envidiable posición en la cabecera de aquel valle tan fértil hizo que Atalo II la destinara a ser un centro de la difusión del lenguaje y las costumbres griegas en toda la región de Lidia y Frigia. De ahí que fuese una ciudad apta para la acción misionera. La ciudad fue destruida por el terremoto que también destruyó a Sardis (17 a. C.). Tiberio mandó reconstruirla y le prestó su ayuda generosa, como a Sardis, por lo cual levantaron un templo a Germánico, hijo adoptivo del emperador. Ya tenían un templo erigido a Dionisos, el Baco de los romanos, tenido por "dios del vino". De ahí el nombre de "bacanales", dado a las fiestas en honor de Baco, con profusión de borracheras. A consecuencia de la protección de Tiberio, cambió su nombre por el de Neocesarea y, más tarde, por el de Flavia, en honor a Vespasiano. Cf. Lacueva, F. *Apocalipsis. Op. cit.*, p. 81.

67. Fue fundada por Antíoco II (261–246 a. C.), quien le puso el nombre de su esposa Laodicea, que significa *justicia del pueblo*. Desde el comienzo de la época romana, fue un gran centro comercial y administrativo. Sacudida por constantes terremotos durante los años 60 y 61 d. C., no aceptó ninguna ayuda monetaria (cf. v. 17a), pero se le concedió exención de impuestos a fin de ayudar a sus habitantes a reconstruir la ciudad. La iglesia fue fundada probablemente por Epafras de Colosas. En la ciudad había termas, teatros,

esposa de Antíoco II, que la nombró así después de conquistarla en el s II a. C. La ciudad era conocida por ser un centro financiero, por la industria textil y su famosa escuela de medicina.

La comunidad judía habitaba la ciudad desde varios siglos antes de Cristo; estaban dedicados a desarrollar la industria textil.

La iglesia fue fundada gracias a la cercanía que había con Colosas y al trabajo misionero de Epafras. En el mensaje del Apocalipsis recibe una seria reprimenda por parte del Espíritu que habla a la iglesia. Se cree que la prosperidad económica que esta vivía le hacía vivir una vida sin compromisos, haciendo sincretismo con otras religiones.

Si vamos a ser sensatos y ecuánimes con los hechos espirituales descritos en el mensaje a las siete iglesias, vamos a llegar a la conclusión de que la realidad espiritual de las ciudades donde estas iglesias estaban asentadas y de la iglesia misma no distaba de las iglesias de Grecia o de la misma iglesia de Roma. En virtud de lo anterior, tiene sentido afirmar que este es un solo mensaje y para una sola iglesia, la de Roma; y el día de hoy, es un mensaje para la iglesia actual, del que perfectamente se puede hacer una relectura en el contexto sociopolítico y religioso contemporáneo. Esta realidad espiritual que primaba en aquella época es una fuente primigenia que usa el redactor del Apocalipsis de san Juan para escribir su narración.

En conclusión, vamos a enumerar nuestros descubrimientos:
1. Que había muchas otras iglesias en la Anatolia de aquella época; sin embargo, el redactor de Apocalipsis escoge intencionalmente estas siete porque decide estructurar la heurística de su narración en septenarios, usando como materia prima el número siete, que es el número de la plenitud en la apocalíptica judía.
2. Que el escritor escoge intencionalmente el orden de siete iglesias que están en una ruta imperial antigua, y que si se traza una línea siguiendo dicho orden, nos dará como resultado una especie de herradura.
3. Que la teoría más plausible es que el mensaje en realidad estaba dirigido a la iglesia cristiana de Roma, que era la capital del Imperio y el epicentro de la persecución del emperador.

---

estadio y gimnasio. Fue destruida por completo en el año 1042 por el guerrero asiático Temur. Lo más destacable de Laodicea, todo ello aludido en la carta, era lo siguiente: (a) Las fructuosas operaciones bancarias y las numerosas transacciones comerciales, de donde procedía su opulencia; (b) La floreciente industria de tejidos, especialmente en fina lana negra, y sus famosas alfombras; (c) Era sede de una prestigiosa escuela de medicina, sobre todo de oculistas, como Zeuxis y Alejandro Filetes. *Ibid.*, p. 88.

4. Que el mensaje a las siete iglesias está escrito dentro de un simbolismo, en el cual subyace un mensaje universal para la iglesia de ayer, pero también para la de hoy y la de mañana.
5. Que el redactor del Apocalipsis utilizo una fórmula para estructurar cada mensaje —«yo conozco tus obras»; «pero tengo contra ti»; «arrepiéntete»; «lo que el Espíritu dice a las iglesias»—, dejándonos en claro que la redacción de esta narración no es un accidente o algo espontaneo, sino un trabajo bien pensado con un mensaje potente de Dios a la iglesia de todos los tiempos.

Para terminar mi discurso es menester preguntarnos: ¿Por qué Dios borró del mapa estas iglesias? ¿Por qué permitió que la cuna del cristianismo fuera entregada a las manos de Satanás? ¿Qué lección aprendemos de todo eso? ¿Está la respuesta en el mensaje a las siete iglesias? No podemos contestar a ciencia cierta y asegurar la razón exacta. Lo que sí podemos hacer es analizar y sacar conclusiones que nos pueden acercar a la interpretación. Así que, siguiendo la lógica de estas preguntas en el marco de nuestro tema, diremos los siguiente:

1. El mensaje a las siete iglesias nos ratifica la soberanía de Dios y su potestad de actuar conforme a su voluntad. Si la cuna del cristianismo fue entregada a Satanás es porque existe un decreto divino permisivo.
2. El mensaje a las siete iglesias nos deja bien claro que las obras de las personas determinan hacia qué lado Dios mueve el péndulo. De manera que, si Dios le permitió a un mozalbete de 21 años llamado Mehmed II conquistar Constantinopla, no fue por el poder de su ejército, sino por decreto permisivo suyo.
3. El mensaje a las siete iglesias nos enseña que Dios ejecuta un juicio contra aquellos que no proceden conforme a su voluntad, porque al final del día no dará por inocente al culpable.
4. El corolario de lo anterior es que, así como *Dios entregó* —que es el término que Pablo usa en Romanos 1:24, 26, 28— *a Satanás* a esta sociedad, puede entregar nuestra sociedad también, que hoy vive una decadencia brutal. Es cierto que la gente de Turquía no adora ídolos, pero niegan la deidad de Cristo, a quien llaman *profeta Jesús* y lo ponen en el nivel de un simple mortal. Algo verdaderamente lamentable.

El mensaje a las siete iglesias es un recordatorio a nuestra sociedad de que Dios conoce nuestras obras y, por lo tanto, tiene muchas cosas en contra nuestra, de manera que, si no nos arrepentimos, quitará nuestro nombre del libro de la vida. La palabra sigue vigente: «El que tenga oídos, oiga lo que el Espíritu dice a las iglesias». La palabra de Dios no fue dada a iglesias que hoy no existen, de las que todo lo que queda son ruinas. La Palabra de Dios es viva y eficaz, y prevalece; por tal razón, lo que dijo a las siete iglesias tiene y tendrá vigencia hoy y siempre. Esa es la diferencia entre la palabra del hombre y la de Dios.

1.2. El culto al emperador

Uno de los elementos que casi no se menciona como fuente primigenia del Apocalipsis de san Juan es el culto al emperador.[68] La figura de este tétrico personaje y todo lo que él representa, incluyendo su culto, tiene una relevancia transversal en todo el relato. Es el personaje que antagoniza con el Cordero, el instrumento de Satanás para destruir a la iglesia, la manzana de la discordia. Todo aquel que no doblegue su cerviz ante él será objeto de persecución y muerte. En virtud de lo anteriormente mencionado, el estudio del culto al emperador se vuelve una necesidad insoslayable.

El surgimiento y la difusión del culto al emperador romano tiene su origen en diversas circunstancias. Se cree que, tras la muerte de Julio César, tanto el senado como el pueblo lo reconocieron como dios; así se autorizó la construcción de templos y altares. Otro evento que afirmó este culto fue la declaración de Octavio como hijo de Dios. Después de eso, emperadores como Nerón y Calígula, *inter alia*, creían que eran verdaderos dioses. Es importante señalar que el culto al emperador no fue algo uniforme, ya que involucró una rica diversidad de prácticas.[69]

El autor del libro de Apocalipsis revela una actitud completamente distinta a la de Pablo en relación con el culto al emperador.[70] El texto, como un todo, está impregnado de referencias explícitas al rechazo de su autor a la práctica del culto imperial. La referencia a Pérgamo como la ciudad donde «está el trono de Satanás»[71] tiene sentido cuando tomamos en cuenta que esa ciudad fue el primer centro del culto imperial en Asia Menor, además

---

68. Uno de los trabajos más completos que se recomienda para estudiar el fenómeno sociorreligioso del culto al emperador en el antiguo Imperio romano y su relación con el cristianismo es el de González Herrero, M. (2020). *El culto imperial en el mundo romano*. Edit. Síntesis.

69. Cf. Costa Grillo, J. G. (2015). "El culto imperial romano y el cristianismo inicial, algunas consideraciones". *Mundo Antiguo*. Año IV, V. 4, N. 08. Diciembre, pp. 51 ss.

70. No que Pablo endosara dicha práctica, sino que no la menciona o combate, como hace con otras prácticas. Más bien, vemos episodios donde apela a César para que conozca su causa, y en el capítulo 13 de Romanos protesta obediencia a las autoridades sin ningún tipo de aclaración.

71. Apocalipsis 2:13.

del culto a Zeus. La proclama de los cuatro seres viviente —«eres digno, Señor y Dios nuestro, de recibir la gloria, el honor y el poder»[72]— representa probablemente una protesta contra la adoración al emperador. Del mismo modo, la afirmación de que el Cordero vencerá a la bestia porque es «Señor de señores y Rey de reyes»[73] implica que la autoridad de Jesús era superior a la del emperador. El Apocalipsis es una especie de protesta contra el culto al emperador, además de una exhortación a las iglesias para que resistieran a sus exigencias.[74]

Los versículos citados anteriormente nos demuestran palmariamente que el redactor final del Apocalipsis no escribía con la mente como *tabula rasa*, sino que estaba influenciado por una realidad sociorreligiosa, el culto al emperador que, como ha quedado demostrado, se convirtió en una fuente para escribir este relato.

Ahora, enfocándonos en la práctica del culto al emperador en el Asia Menor, es menester señalar que los cultos imperiales se establecieron en la época romana para formar y asegurar la unidad del imperio. Los templos de culto imperial estaban supervisados por sacerdotes llamados *Archihiereus*, nombre que viene de la palabra griega ἀρχιερεύς, que literalmente significa sacerdote principal.

En diferentes provincias se celebraban cada cuatro años juegos semirreligiosos en nombre del emperador. Había batallas de gladiadores relacionadas con el culto imperial; también se luchaba contra animales salvajes.

Como en muchas otras ciudades de Asia Menor, en Éfeso también se construyeron templos dedicados a los emperadores romanos, como el de Adriano y el de Domiciano (el más famoso de todos). El permiso otorgado a una ciudad era considerado un gran honor y privilegio, desatando verdaderas carreras por el prestigio entre las ciudades.

Éfeso, donde la mayoría de los edificios monumentales son del período romano, fue nombrada *neokoros*[75] (teniendo derecho a construir un templo

---

72. Apocalipsis 4:11.

73. Apocalipsis 17:14.

74. Cf. Costa Grillo, J. G. "El culto imperial romano y el cristianismo inicial, algunas consideraciones". *Op. cit.*, p. 54.

75. La palabra *neokoros* vine del griego νεωκόρος, que literalmente significa *el que barre el templo*. Con el tiempo, esta palabra sufrió un cambio semántico de dignificación. En la época griega, este término se confirió a personas de alto rango social que hacían servicio en el templo y cubrían los costos de adoración relacionados con el mobiliario y las fiestas religiosas. En relación con el uso de este título en el período griego, la profesora Lisa Brody señala: «La Afrodita de Afrodisias también era atendida por un funcionario llamado *neokoros*; este título es conocido principalmente a partir de inscripciones en monedas afrodisienses. Sin embargo, también aparece en la base de una estatua hallada en las Termas de Adriano, donde la ciudad honra a un hombre identificado

dedicado al emperador) cuatro veces, superando a otras ciudades importantes como Samos, Pérgamo y Esmirna.

Éfeso obtuvo su primer título de *neokoros* durante el reinado de Domiciano (81–96 d. C.). Cuando el emperador murió y se tomó la decisión de borrar su nombre, la ciudad estuvo a punto de perder su título de *neokoros*. Sin embargo, con un acto sabio, el templo fue dedicado a Vespasiano, el difunto y consagrado padre del emperador, por lo que pudo conservar el nombre.

Éfeso recibió nuevamente el título de *neokoros* cuando Adriano (117–138 d. C.) visitó la ciudad en el año 128 d. C. con el nombre de Zeus Olimpos. Cuando Caracalla se convirtió en emperador junto con su hermano Geta (209–211 d. C.), la ciudad obtuvo su tercer título de *neokoros*. Tras matar a su hermano, en la carta que escribió a los efesios (212 d. C.), Caracalla renunció a su derecho en favor de Artemisa. Una vez más, el título se perdió, hasta que se recuperó en nombre del emperador Heliogábalo (218–222 d. C.). Éfeso obtuvo su cuarto título de *neokoros* gracias al templo dedicado al emperador Valeriano (253–260 d. C.).

Lo anterior es una breve sinopsis del *modus operandi* de la práctica del culto al emperador en Asia Menor y en el Imperio romano del Apocalipsis de san Juan. El hecho de no participar de las actividades religiosas ni confesar el señorío del emperador era un frontal desafío y un desacato flagrante a la autoridad romana. Cuando ocurría esto, solo podía haber un resultado: la persecución; es así como el emperador se convierte en la bes-

---

como "*neokoros* de la diosa Afrodita". Reynolds data esta base, por sus formas de letra, a finales del siglo II o principios del siglo III d. C., aunque señala que los nombres enumerados parecen situarla a inicios del siglo II. La evidencia numismática, toda proveniente del periodo Severo, apoya la fecha posterior. Dado que no hay menciones de este título que sobrevivan del periodo imperial temprano, es posible que la función de *neokoros* fuera un desarrollo tardío en la organización del culto a Afrodita» [Brody, L. (2001). "The Cult of Aphrodite at Aphrodisias in Caria". *KERNOS*. N. 14, p.104]. Ya en la época romana, un *neokoros* era título honorífico de orgullo y se le aplicaba a una persona que era sacerdote en un templo donde se rendía culto al emperador. Con el paso del tiempo, el título pasó a ser tan distinguido que las mismas ciudades lo tomaron algunas veces, constituyéndose en protectoras de ciertos templos. Incluso ciudades enteras en el este del Imperio recibieron el título de *neokoros* en monedas e inscripciones al erigir un templo para el emperador. En algunas provincias del Asia Menor hubo competencia entre las ciudades para obtener la mayor cantidad de *neokoros* posibles. Para todo lo relacionado con este aspecto en el periodo romano, se recomienda altamente Zając, B.; Jurkiewicz, A.; Koczwara, P. & Jellonek, S. (Ed.). (2015). "Neokoroi: Propaganda of the Imperial Cult on the Coins of Pergamum During the Reigns of Augustus, Trajan, and Caracalla". *Pecunia Omnes Vincit. The Coins as Evidence of Propaganda, Reorganization, and Forgery.* Conference Proceedings of the Second International Numismatic Conference. Krakow, 29-30 de mayo, pp. 61 ss.

tia del capítulo 13 de Apocalipsis, que persigue a la iglesia. Este es precisamente el tema que se abordará a continuación: los mártires de la iglesia.

1.3. Los mártires de la Iglesia

El Apocalipsis de san Juan no fue escrito solamente para denunciar la práctica idolátrica e inaceptable del culto al emperador, sino para consolar y traer esperanza[76] a un puñado de fieles que eran víctimas de la persecución del Imperio. Esta realidad del martirio de los cristianos fue una de las fuentes que dio origen a la escritura del Apocalipsis.

El tema de los mártires[77] de la iglesia está latente a lo largo del Apocalipsis, y lo podemos ver en pasajes como el siguiente:

> Cuando el Cordero rompió el quinto sello, vi debajo del altar las almas de los que habían sufrido el martirio por causa de la palabra de Dios y por mantenerse fieles en su testimonio. Gritaban a gran voz: ¿Hasta cuándo, Soberano Señor, santo y veraz, seguirás sin juzgar a los habitantes de la tierra y sin vengar nuestra muerte?[78]

Los mártires representan una *raison d'être* de la literatura apocalíptica y son los verdaderos destinatarios de este tipo de escritos. Ellos necesitan

---

76. En este mismo sentido se pronuncia Pablo Richard cuando asevera que «la apocalíptica surge en períodos de persecución para animar la esperanza del pueblo de Dios; la apocalíptica anuncia el juicio de Dios que pone fin a la crisis que sufre el pueblo y anuncia la llegada inminente del Reino de Dios en la historia; la apocalíptica descubre la realidad de Dios en la historia, que es la realidad del pueblo pobre de Dios; la apocalíptica es el momento de la verdad y de la justicia. En ese sentido, la apocalíptica es la esperanza de los oprimidos» [Richard, P. (2000). "El pueblo de Dios contra el imperio. Daniel 7 en su contexto literario e histórico". *RIBLA*. N. 7, p. 5].

77. El martirio no es una invención del Imperio romano, del mismo modo que este fenómeno tampoco terminó con la conversión de Constantino. En la historia hay muchos ejemplos de torturas y muertes por desacato a la autoridad de algún tirano, bien por causas sociales y políticas, bien por motivos de fe o religión, como en el caso del Apocalipsis. La novedad aquí radica en que nunca se había dado el caso de que tales sacrificios crearan un sistema de reconocimiento público aceptado socialmente. El martirio, entendido como ejecución o sufrimiento de tortura por causa de convicciones —en este caso, por la negación del culto al emperador y a los dioses oficiales y por insistir en la creencia y adoración del Dios supremo y de Jesucristo— tiene raíces en acontecimientos que pueden ser rastreados ya en el Antiguo Testamento. Para un estudio más profundo del tema se recomienda ver Donet, M. A. (2016). *La ejecución de los mártires cristianos en el Imperio romano*. Publicaciones Cepoat. Universidad de Murcia, p. 8 ss.

78. Apocalipsis 6:9, 10. En este mismo sentido, 7:16 habla de la redención de los mártires, 14:13 les trae una palabra de esperanza y 16:6 habla del juicio contra los perseguidores.

saber que su sacrificio no es en vano, que su memoria no quedará en el olvido, y sobre todas las cosas, que su martirio no quedará impune, pues Dios vengará la sangre de sus santos, de aquellos que no ensuciaron sus ropas con la contaminación social de la época ni doblaron su cerviz ante el ídolo de turno. Ellos saben muy bien quién es el que está sentado en el trono, los que cantan el cántico de Moisés —«grandes y maravillosas son tus obras»[79]—; luego, la persecución y muerte de los santos del Altísimo se convierte en una fuente que da origen a este relato apocalíptico.

Así que, al final del día, el Apocalipsis de san Juan pertenece a una literatura de protesta: protesta contra los abusos del imperio y la arrogancia de atribuirse prerrogativas infames, como demandar adoración a la imagen de un hombre so pena de raerlos de sobre la faz de la tierra. Apocalipsis es una crítica durísima contra Roma, un imperio desalmado que creyó que tenía la sartén por el mango. El *Das Kapital* de Carlos Marx es al capitalismo, *mutatis mutandis*, lo que el Apocalipsis de san Juan era al Imperio romano:[80] un libro subversivo, que había que eliminar porque inflamaba el espíritu contra el *statu quo*. La osadía de perseguir y matar a los santos del Altísimo fue un error histórico del Imperio. Se metieron en *camisa de once varas* y eso no iba a quedar impune. Es aquí cuando surge el concepto de justicia. Dios va a hacer justicia, es un atributo intrínseco de Él mismo. Por lo tanto, ay de aquellos que persiguieron a gente indefensa, gente buena cuyo único delito era adorar «al que está sentado en el trono», a aquel «que es digno de honor». Roma no le dejó otra opción a Dios más que el juicio. Por lo tanto, en el Apocalipsis de san Juan se desencadena la madre de todas las guerras, aquella que iba a llevar a la eliminación de la bestia y todos aquellos que tenían su marca: primero en el Occidente,

---

79. Apocalipsis 15:3.

80. *El capital* de Carlos Marx es un tratado de economía política que explica científicamente el funcionamiento del capitalismo. Usando la hermenéutica del materialismo dialectico, este profetiza su autodestrucción mediante un juicio al que él llama *revolución*, y proclama el advenimiento de un nuevo día o una nueva Jerusalén, cuando sea instaurada la dictadura del proletariado. Esto provocó la persecución y muerte de los marxistas, que fueron miles y miles, por los regímenes militares que gobernaban Latinoamérica en los años setenta y ochenta del siglo XX. La diferencia es que Carlos Marx no usó el lenguaje simbólico, fue bien claro en lo que escribió. *El capital* circuló por todas las universidades del continente e inflamó el espíritu de muchos jóvenes que se lanzaron en una lucha contra el imperio que representaba Estados Unidos en Latinoamérica. La diferencia básica es que los mártires marxistas, a diferencia de los cristianos, sí tomaron las armas. El Fondo de Cultura Económica ha publicado en castellano *El capital* de Marx, su obra cumbre, en ocho volúmenes. Se tomó como base la edición Dietz de Berlín, cuidadosamente preparada y cotejada con las anteriores por los grupos de trabajo de los institutos de marxismo-leninismo de Berlín y Moscú. Cf. Marx, K. (2000). *El capital*. Fondo de Cultura Económica de México.

cuando cayó Roma ante los bárbaros, y después en el Oriente, cuando cayó Constantinopla ante los musulmanes.

Por vía de analogía, lo que sucedió en el pasado, sucede en el presente y sucederá en el futuro. Por eso, el Apocalipsis no es un libro del pasado, sino del presente y del futuro, como está explicado por las leyes de la dialéctica de Hegel;[81] la historia no es lineal, sino que se repite, pero en forma de espiral, de tal manera que en la actualidad existe la persecución y muerte de cristianos por regímenes religiosos totalitarios en ciertas áreas del planeta, y habrá en el futuro hombres de pecado como la bestia de Apocalipsis 13, que se levantarán y se harán a sí mismo Dios, serán la bestia de su época y perseguirán a aquellos que se opongan, y Dios nuevamente intervendrá porque no dará por inocente al culpable.[82]

---

81. Las leyes de la dialéctica fueron propuestas por Hegel y son tres: (1) Cambios cuantitativos en cualitativos; (2) La unidad y lucha de contrarios; y (3) La ley de negación de la negación. En el caso del Apocalipsis, podríamos decir que la primera ley se aplica cuando pasamos del gobierno de la bestia al gobierno del Mesías. La segunda ley se aplica en los contrarios, los mártires de la iglesia, que representan la contradicción pura de la bestia y los que tienen su marca; esta contradicción es la causa del movimiento, del progreso, es decir, sin esta lucha antagónica no hay triunfo del Cordero ni nueva Jerusalén. Se la llama unidad y lucha de contrarios porque por un lado se conectan y por el otro se repelen. La última ley de la dialéctica se aplica cuando el nuevo orden mundial —*i. e.*, los cielos nuevos y la tierra nueva— sustituya al viejo sistema. En esencia, lo que nos dice es que cada sistema lleva implícito el germen de su destrucción —según Marx, el capitalismo, por ejemplo, lleva el germen de su destrucción, que es el proletariado—. *Mutatis mutandis*, el gobierno de la bestia lleva implícito el germen de su destrucción, que será la venganza de Dios, el juicio. Estas tres leyes son las que hacen que las cosas cambien constantemente; en el caso del Apocalipsis, hasta la instauración del reino de Dios y que Satanás sea arrojado al lago que arde con fuego y azufre. Aunque existen muchos explicando este tema, se considera a O. Yahot uno de los mejores. Por lo tanto, cf. Yahot, O. (1978). *¿Qué es el materialismo dialectico?*, pp. 87 ss. Ediciones de Cultura Popular.

82. La expresión italiana corsi e ricorsi está tomada de la teoría del acontecer histórico del filósofo de la historia Giambattista Vico, quien creía que «la historia no avanza de forma lineal empujada por el progreso, sino en forma de ciclos que se repiten», es decir, que implican siempre avances y retrocesos. Aquí corsi significa paso o evolución de algo en el tiempo («el curso del tiempo, el curso de los sucesos»); ricorsi, por su parte, no significa medio para conseguir lo que se pretende, sino acción y efecto de recurrir, vuelta o retorno de algo al lugar de donde salió [cf. Palacios Echeverría, A. (1 de marzo de 2015). "La historia se repite en espirales". *Diario el País*. Costa Rica]. La historia es recurrente. Esto se aplica al Apocalipsis de san Juan cuando nos damos cuenta de que siempre habrá una bestia que se levantará contra el pueblo de Dios, contra los buenos, y como consecuencia siempre habrá un juicio por el principio de justicia. El movimiento histórico tiene forma de espiral: las idas y vueltas, las vueltas y revueltas de la vida de los pueblos. Palacios Echeverría asegura: «Ningún periodo tiene la última palabra, ningún periodo es el definitivo. No existe victoria final. Lo que hoy triunfa, puede caer mañana. Pero volverá a renacer más tarde bajo otro signo, y así sucesivamente. La historia es un constante flujo y reflujo, avances y retrocesos, un continuo vaivén con un movimiento pendular, un mecanismo inveterado de sístoles y diástoles (corsi y ricorsi).

Como corolario de todo lo anterior, la realidad de persecución impuesta por el Imperio romano se constituye en fuente primigenia del Apocalipsis de san Juan; esto nos lleva al siguiente polisilogismo. Sin una bestia demandando adoración, no hay cristianos oponiéndose; sin cristianos oponiéndose, no hay persecución y muerte; sin persecución y muerte, no hay Apocalipsis de san Juan; sin Apocalipsis de san Juan, no habría maldad en el mundo; si no hubiera maldad en el mundo, es que ya viviríamos en un nuevo orden social y espiritual, que es la esperanza que tenemos todos los cristianos.

1.4. La conexión apocalíptica

La situación para la iglesia era desoladora; cundía la desesperanza y la confusión era enorme. Los escritos de Pablo no le servían de mucho a la comunidad cristiana perseguida y no había explicación para todo lo que estaba sucediendo. Es en ese momento cuando a un señor de nombre Juan se le ocurre —o, si queremos ponerlo en lenguaje espiritual, Dios pone en su corazón— el deseo de escribir un tratado que trajera esperanza a una iglesia que estaba siendo perseguida sin misericordia.

Sin duda, el mentado Juan era un judío familiarizado con el género apocalíptico, y no solamente familiarizado, sino que debió haber tenido una alta educación para escribir lo que escribió. El asunto no fue que cayó en un éxtasis y vio cosas que después escribió sin olvidar un detalle; nada más alejado de la verdad. Juan era un hombre brillante que manejaba el *modus operandi* de dicho género literario, conocía el set de la literatura apocalíptica de la primera y segunda persecución, y se sentó con toda una serie de fuentes a redactar un trabajo excepcional que ha marcado al cristianismo desde siempre.

El pueblo necesitaba urgentemente un escrito que le dijera que Roma no se iba a salir con la suya, que el emperador no era el que tenía la última palabra y que el pueblo que había creído en Jesucristo no iba a ser destruido y raído de la faz de la tierra. Así que viene Juan y les dice que la bestia ha sido herida de muerte, que el sistema que la patrocina (Babilonia) ha caído y que, aunque pelearían en contra del Cordero, no lo vencerían, porque Él es el Alfa y la Omega, el principio y el fin. Él es el que está sentado

---

La historia de los pueblos es una secuencia de flujos y reflujos. La humanidad avanza y retrocede, pero cada retroceso dispara con ímpetu la siguiente etapa de avance, que tampoco será definitiva y volverá a retroceder. Cuando una civilización o nación alcanza su apogeo, la comodidad degenera en lujo, el ingenio en falsa sutileza y se inicia así la decadencia. Todo vuelve al punto de partida, a los tiempos bárbaros». Es relativamente cierto, hasta que Dios ponga punto final a la historia; de ahí la declaración: «Yo soy el Alfa y la Omega», que podría traducirse como: «Yo comencé todo, yo terminaré todo».

en el trono, el que era, es y será. Cuando la iglesia mártir leyó este escrito, recobró las fuerzas; sus espíritus se inflamaron de valor y no tuvieron más miedo.

Una vez pasado el trance de la persecución, cuando la iglesia pudo examinar con detenimiento la redacción de Juan, aunque hubo controversia,[83] no tuvieron más remedio que reconocer que el dedo de Dios estaba detrás de todo esto y canonizaron el escrito.

Muchos apocalipsis habían sido escritos antes, tanto con seudónimos de personajes del Antiguo Testamento[84] como con personajes del Nuevo Testamento;[85] esta práctica tuvo su origen en el período intertestamentario

---

83. Porque hubo Padres de la Iglesia que aceptaron la narración de san Juan como sagrada y otros que no lo hicieron. Véase *supra*, nota de pie de página 33.

84. Podemos clasificar los apocalipsis entre los que pertenecen propiamente al judaísmo y los que pertenecen al cristianismo. *V. g.*, entre los apocalipsis del judaísmo, podemos citar el de Abraham, el de Elías, el de Sofonías, el de Sedrac, el Apocalipsis griego de Esdras, *inter alia*. Los textos íntegros de estas narraciones pueden ser encontrados en Piñero, A. *Los Apocalipsis: 45 textos apocalípticos, apócrifos judíos, cristianos y gnósticos. Op. cit.*

85. Se puede afirmar que un eje transversal del Nuevo Testamento es el mensaje apocalíptico y escatológico. Al fin y al cabo, el cristianismo es una preparación para el $\dot{\varepsilon}\sigma\chi\dot{\alpha}\tau\omega\nu$, el fin. Es por tal razón que el mensaje tanto de Jesucristo como de los apóstoles tiene un alto contenido de esta enseñanza. No obstante, la misma iglesia que canonizó el Apocalipsis de san Juan, tuvo que discriminar entre varias obras de este tipo. De manera que efectuaremos una rápida mención de las obras más importantes de la literatura apocalíptica y escatológica: (1) *El pastor de Hermas*. La obra presenta valioso material apocalíptico y escatológico. Fue escrita en el contexto de la penitencia en los primeros dos siglos del cristianismo, cuando la espera de la llegada de Cristo (que se creía inminente, pero se dilató en el tiempo) dio lugar a un cambio en la mentalidad penitencial dentro de las comunidades cristianas. Dado que la *parusía* no era inminente, la iglesia debía pensar cómo proceder con los pecadores dentro de ella. La antigua rigidez penitencial se fue abandonando para dar paso a una comunidad de penitentes que existía dentro de cada congregación. La iglesia (bajo la forma de una anciana) se presenta ante Hermas —un cristiano traicionado por su propia familia por su fe y ahora esclavo de una tal Roda— para revelarle visiones sobre la penitencia, la expansión de la fe, el martirio y el juicio. La obra es muy rica y profunda en significado y teología. Trata ampliamente sobre el pecado, el arrepentimiento y el perdón. Es profética y expone visiones y oráculos perennes y útiles para la iglesia en todas las épocas. En esencia, el Pastor de Hermas no difiere en nada de la literatura y los mensajes canónicos de este tipo que se encuentran en los Evangelios, sino que se inspira en ellos o en sus fuentes, y se nutre de la tradición apostólica, que no le es para nada lejana. (2) *El Apocalipsis de Pedro*. Este escrito tuvo una gran influencia en la apocalíptica cristiana, especialmente por sus muchas descripciones sobre el cielo y el infierno. Pudo haber estado influenciado por la mitología del Oriente Próximo y por apocalípticas judías como 1 Enoc. A manera de ejemplo, la siguiente cita: «Y vi también otro lugar frente a aquél, muy escuálido, y era un lugar de castigo, y los que fueron castigados y los ángeles que los castigaron tenían sus vestiduras oscuras, según la atmósfera de ese lugar» (Apocalipsis de Pedro, Fragmento Akhmim, 3.14.15.21). Nos está hablando del juicio, que es un tema toral en

y se extendió a los siglos I y II de la era cristiana. Empero, nunca se redactó un escrito como el Apocalipsis de san Juan, donde Jesucristo es el centro de la ecuación desde el primer versículo hasta el último. No cabe la menor duda de que hubo una iluminación del Espíritu de Dios sobre Juan, lo que llevó a la iglesia después a reconocer su inspiración, porque al final de cuentas, la inspiración de un libro es algo que decide la iglesia, por la *enveterata consuetudo* o por la determinación de un concilio.

Para terminar, huelga señalar que Juan hizo la conexión apocalíptica magistralmente, legándonos un escrito que no solo nos orienta, sino que nos da esperanza y convicción de cara al presente y al futuro. Ahora, la pregunta es: ¿Cómo hizo tal conexión? Bien sencillo. Al acontecer sociorreligioso, Juan introdujo los elementos que dan a un escrito el carácter apocalíptico: la visión, el mensaje proveniente de un ángel, el lenguaje simbólico, el juicio de los malos, el triunfo final de los buenos, entre otros elementos que caracterizan este tipo de literatura. Esta es la conexión apocalíptica que hace el autor.

Hemos visto cómo la realidad sociopolítica y religiosa de los cristianos del primer y segundo siglo dieron origen al Apocalipsis de san Juan. Esta es una regla pétrea para cualquier escrito, ya que estos nunca se dan en un *vacivus* social, sino que siempre existe una realidad que sirve de marco para

---

la literatura apocalíptica; nos aporta un valioso testimonio acerca de las ideas que se tenían en el incipiente cristianismo acerca de las últimas realidades de nuestra existencia; nos ayuda a trazar el esquema del que se servirán las futuras generaciones cristianas al reflexionar sobre la escatología; y por último, pero no menos importante, nos ofrece una prueba de lo que veían los primeros cristianos como pecado condenable (y lo que no). (3) *El Apocalipsis de Pablo*. Se cree que fue escrito en el siglo IV d. C. y que se basa parcialmente en el Apocalipsis de Pedro. Este escrito se origina en la descripción que hace san Pablo de su visita al Paraíso (2 Co. 12:2); efectúa una descripción del juicio particular de un alma después de la muerte. El escrito es muy rico en teología y en referencias bíblicas. Son presentados diferentes castigos para los pecadores, a la vez que nos son reveladas visitas a distintas figuras de santos, como los profetas del A. T., Juan Bautista y María. Nos son presentadas con lujo de detalles las realidades últimas y sus respectivos ángeles. Existen otros escritos que, por razones de espacio e importancia para nuestro estudio, solo serán mencionados, como el Apocalipsis de Tomás (que data de la segunda mitad del siglo V), el Apocalipsis de pseudo-Metodio (que fue una respuesta a las primeras invasiones árabes, ante las cuales sucumbieron muchos territorios cristianos; data del s. VII d. C.). Cf. Ciucurescu, C. A. "La escatología apocalíptica en las sagradas escrituras. Un estudio sobre los escritos apocalípticos y bíblicos veterotestamentarios y neotestamentarios y su repercusión en el cristianismo". *Op. cit.*, pp. 84 ss. También se recomienda ver la siguiente bibliografía: Ehrman, B. E. (2003). *The Lost Christianities: The Battles for Scripture and the Faiths We Never Knew*. Oxford University Press; Elliot, J. K. (2005). *The Apocryphal New Testament*. Oxford University Press; y, por supuesto, la obra del erudito profesor español Alejandro Díez Macho: Díez Macho, A. (1982–1984). *Apócrifos del Antiguo Testamento*. 4 Vol. Ediciones Cristiandad.

ubicar al redactor en lo que va a escribir. Tal hecho nos llevará a concluir que el Apocalipsis no es el resultado de un éxtasis de un individuo que, después de pasar por un trance, comienza a escribir hasta el último punto y coma de lo que ha visto en la visión y experimentado en el éxtasis. Solo para efectos de *curarse en salud,* lo anteriormente señalado no afecta en un ápice la inspiración del libro ni la esencia del mensaje allí contenido.

En el siguiente capítulo veremos cómo el Antiguo Testamento se convierte en fuente del Apocalipsis de san Juan. Citas directas e indirectas nos dejan en claro la relación del cristianismo con el judaísmo y cómo este escrito es la culminación de la revelación divina tras un largo período que abarca miles de años.

2. Segunda fuente
Los libros canónicos del Antiguo Testamento

Sumario:
2.1. El libro de Isaías. 2.2. El libro de Ezequiel. 2.3. El libro de Zacarías.

Después del contexto sociopolítico del Asia Menor, el *tanaj*[86] sería la segunda fuente principal de la redacción del Apocalipsis de san Juan. Nos referimos específicamente a los pasajes apocalípticos que encontramos en algunos libros proféticos del Antiguo Testamento.[87] El hecho de haber usado esta literatura canónica da credibilidad y validez al trabajo de Juan por dos razones fundamentales. Primero, porque hace una conexión entre el Antiguo Testamento y la figura de Jesús, probando que su enseñanza no surge *ex nihilo*, sino que tiene un sólido fundamento. Y segundo, porque muestra la continuidad del hilo de la revelación de Dios a la criatura humana; Jesús no es un accidente en la historia, alguien que irrumpe y parte de cero. Todo lo contrario: Jesús es la consumación de todas las cosas, el Mesías de Dios cuyo oficio y ministerio estaban en el programa de Dios desde la misma eternidad.

En el desarrollo de este capítulo hemos excluido intencionalmente el libro de Daniel, que, aunque forma parte de los libros canónicos del Antiguo Testamento, lo hemos reservado para un estudio exclusivo en el próximo capítulo.

Para efectos de este capítulo, hemos seleccionado pasajes específicos en tres libros canónicos: Isaías, Ezequiel y Zacarías.

---

86. En el *tanaj* o Antiguo Testamento, se identifican cuatro etapas en el desarrollo de la escatología: una etapa preescatológica, antes de los profetas; una segunda, que se denomina protoescatológica, que abarca los profetas anteriores al destierro; la etapa escatológica propiamente dicha, que empezaría a partir del destierro con Hageo y Zacarías; y, finalmente, la apocalíptica, reflejada en el libro de Daniel. Cf. Vriezen, Th. C. (1953). "Prophecy and Eschatology". *VT*. Supplement I, pp. 199-229.

87. Es importante observar que el género profético es diferente del apocalíptico; sin embargo, encontramos pasajes apocalípticos en los escritos proféticos, como preludio de un género que iba a desarrollarse posteriormente. Cf. Pikaza, X. (1999). *Apocalipsis*, pp. 9-10. Verbo Divino.

2.1. El libro de Isaías

El Apocalipsis de Isaías se encuentra localizado en la sección que los académicos llaman el *primer Isaías –i. e.*, el segmento que se le atribuye al histórico profeta —.[88] De manera que Isaías, o el redactor final de esta sección, puede ser considerado como el precursor[89] del género apocalíptico. El análisis del primer Isaías nos muestra una característica transversal en todo el escrito: el juicio. El profeta profiere una serie de juicios contra una serie de pueblos que habían hostigado y perseguido a Israel, llevando a la redacción de semejante escrito por parte del profeta.

En esta primera sección de Isaías[90] a la que nos hemos referido, encontramos lo que los biblistas llaman *Apocalipsis de Isaías*, que comprende los capítulos 24 a 27. Se la denomina así porque tiene todas las características del género apocalíptico; aunque lo más seguro es que este pasaje tenga una conexión directa con la invasión de Senaquerib, su interpretación remota es válida para cualquier situación de persecución. Cuando asevera: «He aquí que Jehová vacía la tierra y la desnuda, y trastorna su faz, y hace esparcir a sus moradores [91] la tierra será enteramente vaciada, y completamente saqueada; porque Jehová ha pronunciado esta palabra», estamos en presencia de la típica tribulación o período de desolación que sufre el pueblo de Dios. Luego hace una referencia a aquellos que infligen ese dolor: «Acontecerá en aquel día que Jehová castigará al ejército de los cielos en lo alto, y a los reyes de la tierra sobre la tierra». Dios juzga a los perversos que causan tribulación al pueblo. Luego siempre encontramos una palabra

---

88. Desde la publicación del comentario de Bernard Duhm sobre el libro de Isaías en 1895, los académicos han aceptado las tres divisiones principales de este libro: 1–39, 40–55 y 56–66. Esta conclusión de los tres Isaías es el corolario de los tres períodos diferentes a los que cada sección se refiere. Isaías 1–39 está ubicada en el período de 739–700 a. C.; la sección de 40–55 está ubicada en el período de los años 545–535 a. C.; y el último período está ubicado en los años 520–500 a. C. Cf. Oswalt N. J. (1998). *The Book of Isaiah: Chapters 40–66*, p. 3. William Eerdmans Publishing Co.

89. Esta sección se ubica en el siglo VIII a. C., *i. e.*, unos 600 años antes del libro de Daniel, que se considera el primer libro apocalíptico.

90. Hablando del elemento escatológico en Isaías, el profesor Santiago Ausín asevera que «es difícil datar los oráculos de Isaías y más aún separar en ellos lo que pertenecía al profeta del s. VIII y lo que fue añadido o modificado más tarde, a la vuelta del destierro. Pero nadie duda que es el primero que manifiesta ideas propiamente escatológicas». Luego efectúa una interesante conexión entre el mesianismo y la escatología en el libro de Isaías, diciendo que «seguramente favoreció a ello el mesianismo real que Isaías inició y dejo plasmado en el libro de Enmanuel (Is. 6–12) El mesianismo nace como una explicación religiosa de la dinastía davídica; la escatología como la culminación de la teología de Sion. Ambos temas, mesianismo y escatología, se complementan» [Ausín, S. (2001/3). "La escatología en el Antiguo Testamento". *SCRIPTA*. Vol. 33, p. 711].

91. Isaías 24:1 ss.

de esperanza y ánimo al pueblo de Dios: «Enjugará Jehová el Señor toda lágrima de todos los rostros; y quitará la afrenta de su pueblo de toda la tierra; porque Jehová lo ha dicho».[92] El pasaje habla de la tribulación y de la redención final de su pueblo, que es lo típico en la literatura apocalíptica. Este mismo pasaje se encuentra en el Apocalipsis de san Juan en el mismo contexto: «Enjugará Dios toda lágrima de los ojos de ellos; y ya no habrá muerte, ni habrá más llanto, ni clamor, ni dolor; porque las primeras cosas pasaron».[93] Se ve claramente que la expresión *enjugará toda lágrima*, como parte de la redención del pueblo mártir, estaba bien enquistada en la memoria colectiva del pueblo. Juan no saca la expresión *de la manga de la camisa*, sino de su conocimiento profundo del tema apocalíptico y, en el caso que nos ocupa, del libro de Isaías.

Para finalizar, la cita: «En aquel día Jehová castigará con su espada dura, grande y fuerte, al leviatán serpiente veloz, y al leviatán serpiente tortuosa; y matará al dragón que está en el mar».[94] Esto nos muestra el lenguaje simbólico propio del género literario, lo que confirma la naturaleza de este pasaje. Aunque el *leviatán* no se menciona en el Apocalipsis, el dragón sí se menciona. Evidentemente, es un símbolo para representar un engendro de maldad. Solo en el Apocalipsis se usa la palabra *dragón* tres veces. En 12:1, dice: «Entonces apareció otra señal en el cielo: he aquí, un gran dragón rojo que tenía siete cabezas y diez cuernos, y sobre sus cabezas siete diademas»; es una alusión directa a un gobernante maligno. En 12:9, leemos: «Fue arrojado el gran dragón, la serpiente antigua que se llama el diablo y Satanás, el cual engaña al mundo entero; fue arrojado a la tierra y sus ángeles fueron arrojados con él»; aquí tenemos el juicio contra el dragón, que es un gobernante maligno. Finalmente tenemos: «Prendió al dragón, la serpiente antigua, que es el Diablo y Satanás, y lo ató por mil años» (20:2); en este pasaje tenemos el juicio definitivo contra el dragón. Lo que se ha querido demostrar con todo este discurso es que el uso del símbolo del dragón no es gratuito ni fortuito, sino que es parte del simbolismo de la literatura apocalíptica que Juan está usando, enseñando la fuente que dio origen a su narración.

Para terminar, huelga señalar que el Apocalipsis de Isaías es, sin duda, una fuente remota del redactor del Apocalipsis de san Juan, que conocía a cabalidad los escritos del Antiguo Testamento por las múltiples citas que de este hace y por el hilo conductor de su trama.

---

92. Isaías 25:8.
93. Apocalipsis 21:4.
94. Isaías 27:1 ss.

2.2. El libro de Ezequiel

El Ezequiel al que se refiere el libro que lleva su mismo nombre era hijo de Buzi y era también un sacerdote judío que estaba en el exilio de Babilonia junto al pueblo de Israel.[95] Este libro tiene una peculiaridad importante dentro de la literatura judía porque ejerce, primero, una influencia en el contenido de Daniel, y segundo en el Apocalipsis de san Juan, pudiéndose decir que es fuente literaria de ambos. A continuación, serán objeto de estudio algunos pasajes seleccionados del libro de Ezequiel que se relacionan directamente con el Apocalipsis, lo que también quiere decir que existen otros pasajes que deliberadamente hemos dejado afuera;[96] empero, los que se han incluido son más que suficientes para probar con creces la subordinación del escrito de san Juan al escrito de Ezequiel.

La visión revelada

Su narración comienza al mejor estilo del Apocalipsis de san Juan: «Mientras me encontraba entre los deportados a orillas del río Quebar, los cielos se abrieron y recibí visiones de Dios».[97] En el Apocalipsis leemos: «Yo Juan, vuestro hermano en la isla llamada Patmos estaba en el Espíritu en el día del Señor, y oí detrás de mí una gran voz como de trompeta».[98] Lo primero que debemos tomar en cuenta es que ambos estaban en una situación de

---

95. Véase Driessen, W. C. H. (1961). "Un commentaire arménien d'Ézéchiel: faussement attribué a saint Cyrille d'Alexandrie". *RB*. Vol. 68, N. 2, pp. 251-61.

96. El cardenal francés Albert Vanhoye, un erudito profesor de Biblia asegura lo siguiente: «Un simple vistazo a la lista de referencias que da Nestle al final de su edición del N. T. nos asegura que... 64 pasajes donde se encuentra que se usa a Ezequiel... de estos 64 pasajes, 44 se encuentran en el Apocalipsis» [Vanhoye, A. (1962). "L'utilisation du livre d'Ézéchiel dans l'apocalypse". *Bíblica* 43. N. 3, p. 436]. En este mismo sentido se expresa el profesor José María Abrego cuando señala que «el libro de Ezequiel ha ejercido un influjo literario en los libros de Daniel y de Zacarías, pertenecientes al género apocalíptico... el libro de Ezequiel no parece haber ejercido un influjo importante en el N. T., pues nunca es citado de modo explícito, excepto en el Apocalipsis... De modo especial y abundante el libro del Apocalipsis recoge pasajes de Ezequiel: la visión del trono de Dios, que sirve para presentar el cordero degollado, se repite gran parte del escenario de la visión de la Gloria en Ezequiel; la descripción del lujo en Babilonia bien podría estar inspirada en los oráculos contra Tiro (Ez. 27-28); la batalla contra Gog (Ez. 38-39) podría ser el sustrato de Apocalipsis 19-20; y la descripción de la nueva Jerusalén (Apocalipsis 21-22) conoce, sin duda, los caps. 40-48 de Ezequiel. Su influjo ha sido mayor en el nacimiento del judaísmo y en la literatura apocalíptica, a pesar de haber sido figura controvertida» [Abrego, J. M. (2011). *Ezequiel. Comentarios a la nueva Biblia de Jerusalén*. Desclée de Brouwer].

97. Ezequiel 1:1.

98. Apocalipsis 1:9.

exilio —uno en Babilonia y el otro en Patmos—, y que ambos deben ejercer una función profética de esperanza para sus respectivos pueblos.

La visión de los cuatro seres vivientes

Además de mencionar el lugar donde tienen la visión, ambos miran la misma cosa: cuatro seres vivientes. En el v. 5, Ezequiel afirma: «En medio del fuego vi algo parecido a cuatro seres vivientes que tenían forma humana»; en el v. 10, dice: «Sus rostros tenían el siguiente aspecto: de frente, los cuatro tenían rostro humano; a la derecha tenían cara de león; a la izquierda, de toro; y por detrás, de águila».[99] En Apocalipsis 4:6, 7, leemos: «Y alrededor del trono, cuatro seres vivientes llenos de ojos delante y detrás. El primer ser viviente era semejante a un león; el segundo era semejante a un becerro; el tercero tenía rostro como de hombre; y el cuarto era semejante a un águila volando».

Juan toma la figura de los cuatro seres vivientes del libro de Ezequiel; por ende, este se vuelve *ipso facto* fuente del Apocalipsis.[100] El concepto es idéntico, aunque las características de estos seres son diferentes. No es nuestra intención comenzar a elucubrar sobre quiénes son estos personajes y lo que representan. Aunque existen trabajos[101] que se dedican a tratar este

---

99. Es importante señalar que, en el libro de Ezequiel, el tema de los cuatro seres vivientes se desarrolla de una forma mucha más amplia que en el Apocalipsis de san Juan.

100. En este sentido, se pronuncia el profesor George H. Gilbert cuando asevera: «La adoración incesante de los seres vivientes se expresa en parte en las palabras de los serafines de Isaías. Así, parece evidente que Juan trató tanto a los serafines como a los querubines como símbolos puros, y al construir su símbolo de los seres vivientes, tomó prestado libremente de ambos» [Gilbert, G. H. (1895). "The Originality of the Apocalypse. II". *TBW*. Vol. 5, N. 2, p. 116].

101. Existe una gran colección de escritos que tratan este fantástico tema; a continuación, se recomienda ver los siguientes: Paciorek, P. (2001). "Les diverses interprétations patristiques des quatre vivants d'Ézéchiel 1,10 et de l'apocalypse 4,6-7 jusqu'au XII e siècle". *Augustiniana*. Vol 51. N 1/2, pp. 151-218. En este artículo, el autor asegura que los Padres de la Iglesia hicieron una conexión simbólica entre los cuatro seres vivientes y los cuatro Evangelios, y que adjudicaron a cada uno el simbolismo de los seres (el que tiene apariencia humana, el león, el toro y el águila). Se interpreta según el simbolismo del número cuatro, que representa la totalidad, de tal manera que los cuatro evangelios simbolizan la totalidad del mensaje de Dios. Uno de esos trabajos es el de Scholtus, S. (2013). "Los seres vivientes del Apocalipsis. Posibles relaciones de tiempo entre las escenas segunda y cuarta". *DL*. Vol. XII. N. 1-2, pp. 147-167. La profesora Scholtus hace un exégesis desde el idioma griego y estudia exhaustivamente cada ser viviente mencionado en el Apocalipsis (que, como ya se ha dicho, son figuras tomadas del libro de Ezequiel); termina su artículo afirmando, entre otras cosas, que la función de los seres vivientes en Apocalipsis tiene que ver mayormente con colaborar con Dios en la difusión y preservación del mensaje, y en actividades de juicio. De ahí su ubicación y relación directa con el trono de Dios.

tema exclusivamente, se considera imposible entrar en la mente del autor y descifrar el enigma del lenguaje y afirmar su significado. Los límites de nuestra investigación solo nos permiten establecer la relación de subordinación del Apocalipsis de san Juan con el texto de Ezequiel.

El sello en la frente

El tema del sello en la frente es una figura muy importante en el Apocalipsis,[102] que tiene su origen en el libro de Ezequiel; la encontramos en el capítulo 9, donde se lee de la siguiente manera:

> Había un varón vestido de lino, el cual traía a su cintura un tintero de escribano... y llamó Jehová al varón vestido de lino, que tenía a su cintura el tintero de escribano, y le dijo Jehová: Pasa por en medio de la ciudad, por en medio de Jerusalén, y ponles una señal en la frente a los hombres que gimen y que claman a causa de todas las abominaciones que se hacen en medio de ella... matad a viejos, jóvenes y vírgenes, niños y mujeres, hasta que no quede ninguno; pero a todo aquel sobre el cual hubiere señal, no os acercaréis.

Queda claro que el sello es el símbolo de la validación del pueblo de Dios que no se contaminó con la idolatría ni la vanidad del cosmos y que sufre persecución por su lealtad a YHWH o Yahvé. Juan entiende bien la figura y la aplica a los mártires de su época. En Apocalipsis 7:3 ss., leemos: «No hagáis daño a la tierra, ni al mar, ni a los árboles, hasta que hayamos sellado en sus frentes a los siervos de nuestro Dios. Y oí el número de los sellados: ciento cuarenta y cuatro mil sellados de todas las tribus de los hijos de Israel». Y en el 14:1: «Después miré, y he aquí el Cordero estaba en pie sobre el monte de Sion, y con él ciento cuarenta y cuatro mil, que tenían el nombre de él y el de su Padre escrito en la frente».

Como puede verse, la figura del *sello en la frente* no es algo que Juan mira en una visión fantástica cuando experimenta un éxtasis, sino que es una figura que toma del libro de Ezequiel al momento de hacer la redacción en su escritorio, conectándola con otra figura simbólica, la de los 144 000 salvos. Todo el mensaje del sello en la frente es la validación que Dios hace

---

102. Uno de los trabajos eruditos sobre el tema lo presenta el prof. André Feuillet, quien inicia su artículo afirmando que «el capítulo VII del Apocalipsis es evidentemente una visión destinada al consuelo de los cristianos: debe convencerlos de que, en sus arduas luchas, tienen asegurado el triunfo». En este artículo, reconoce la dependencia de Ezequiel que tiene el redactor del Apocalipsis, además de desarrollar toda una temática alrededor de esta figura. Cf. Feuillet, A. (1967). "Les 144.000 Israélites Marqués d'un Sceau". *Novum Testamentum*. Vol. 9. N. 3, 191 ss.

del pueblo perseguido, de aquellos que son leales a Él, de aquellos que no venden sus principios y se mantienen firmes en su fe; Dios les asegura su salvación mediante el símbolo del sello.

Gog y Magog

Uno de los pasajes más enigmáticos que encontramos en el Apocalipsis de san Juan es el que reza de la siguiente manera: «Cuando los mil años se cumplan, Satanás será suelto de su prisión, y saldrá a engañar a las naciones que están en los cuatro ángulos de la tierra, a Gog y a Magog, a fin de reunirlos para la batalla; el número de los cuales es como la arena del mar».[103] *Gog y Magog*[104] representa una alusión directa al libro de Ezequiel, quien dedica dos capítulos para hablar de estas naciones. Su discurso comienza diciendo: «Vino a mí palabra de Jehová, diciendo: Hijo de hombre, pon tu rostro contra Gog en tierra de Magog, príncipe soberano de Mesec y Tubal, y profetiza contra él, y di: Así ha dicho Jehová el Señor: He aquí, yo estoy contra ti, oh, Gog, príncipe soberano de Mesec y Tubal. Y te quebrantaré, y pondré garfios en tus quijadas».[105]

Sobre lo anterior podemos concluir lo siguiente: 1) Gog es un pueblo enemigo de Dios, cuyo carácter e idiosincrasia son descritos en los capítulos 38 y 39 de Ezequiel en lo que justamente podría llamarse *pasajes imprecatorios*. 2) La analogía hecha por el redactor del Apocalipsis de san Juan calza perfectamente con el pasaje que está escribiendo; al final de los mil años, Satanás hace una alianza con Gog para pelear en una batalla que es llamada en el Apocalipsis *la batalla final*. 3) El redactor del Apocalipsis conocía perfectamente el pasaje de Ezequiel y lo usa como fuente en la redacción de su escrito.

---

103. Apocalipsis 20:7, 8.

104. Sobre Gog y Magog, cf. Moskala, J. (2007). "Toward the Fulfillment of the Gog and Magog Prophecy of Ezekiel 38–39". *JATS*. Vol. 18, N° 2, pp. 243-273. Este autor asevera que la expresión «así ha dicho el Señor», que se traduce del hebreo *Adonai Yahveh*, aparece siete veces en Ezequiel 38–39 (38:3, 10, 14, 17; 39:1, 17, 25), así que estos dos capítulos se dividen en siete secciones y Moskala las identifica de la siguiente manera: (1) Presentación de Gog y sus aliados (38:3-9); (2) Orgullo y conspiración de Gog (38:10-13); (3) Gog viene contra Israel (38:14-16); (4) Destrucción de las fuerzas de Gog por el juicio de Dios (38:17-23); (5) Destrucción y entierro de Gog y sus aliados (39:1-16); (6a) Confederación de Gog en el banquete sacrificial de Yahvé (39:17-22); (6b) Israel en el exilio por sus pecados (39:23, 24); (7) Restauración de la fortuna de Israel después del cautiverio (39:25-29). La división del tema en siete partes nos muestra el prejuicio redaccional del redactor de Ezequiel, quien deliberadamente usa el número siete, que simboliza perfección o plenitud, para hablar del tema de la restauración de Israel.

105. Ezequiel 38:1-4.

La última conclusión que hemos expuesto nos muestra a un hombre que está sentado junto a un escritorio en pleno uso de todas sus facultades mentales, haciendo ejercicios con la razón (en este caso, analogías), lo que deja suficientemente en claro que no hay tal éxtasis espiritual en el que recibe una revelación en una gruta de la isla griega de Patmos. El redactor ha hecho un trabajo de investigación, tiene una serie de fuentes a su disposición y simplemente redacta un escrito que la iglesia canoniza después. Nada malo con esto; no demerita en un ápice la obra de iluminación del Espíritu Santo y la posterior declaración de inspiración y canonización de la iglesia.

La lluvia del granizo

Otro texto interesante es el que se refiere a la séptima copa de ira, en el cual el séptimo ángel desata un juicio en contra de aquellos que persiguen al pueblo de Dios: «Y cayó del cielo sobre los hombres un enorme granizo como del peso de un talento; y los hombres blasfemaron contra Dios por la plaga del granizo; porque su plaga fue sobremanera grande».[106] Cuando leemos el libro de Ezequiel, nos damos cuenta de que existe un juicio similar a este, solo que en contextos diferentes. El texto reza de la siguiente manera: «Y yo litigaré contra él con pestilencia y con sangre; y haré llover sobre él, sobre sus tropas y sobre los muchos pueblos que están con él, impetuosa lluvia, y piedras de granizo, fuego y azufre. Y seré engrandecido y santificado, y seré conocido ante los ojos de muchas naciones; y sabrán que yo soy Jehová».[107]

Lo anterior prueba lo siguiente: 1) Aunque los escenarios son diferentes, el lenguaje es el mismo. El redactor del Apocalipsis está usando el mismo lenguaje y tipo de juicio usado por el redactor del libro de Ezequiel. 2) El contexto de ambos juicios es la lucha entre el bien y el mal; en el Apocalipsis se dice: «Son espíritus de demonios, que hacen señales, y van a los reyes de la tierra en todo el mundo, para reunirlos a la batalla de aquel gran día del Dios Todopoderoso»,[108] lo que conecta perfectamente con el texto de Ezequiel 38:22 que ya hemos citado, donde Dios está librando una batalla contra Gog. En Apocalipsis se está librando una batalla contra todo aquello que se opone a Dios. Es exactamente el mismo concepto.

---

106. Apocalipsis 16:21.
107. Ezequiel 38:22.
108. Apocalipsis 16:14.

Las correspondencias que hemos citado entre los redactores del Apocalipsis y de Ezequiel,[109] con muchos años de diferencia entre uno y otro, muestran de una forma palmaria que quien redactó el Apocalipsis era un experto en la literatura apocalíptica y que manejaba con experticia el lenguaje. Es por eso que tiene el bagaje cultural, intelectual y espiritual para redactar un escrito como el Apocalipsis de san Juan: una obra maestra de este género y un derroche de arte literario que, aun después de dos mil años, no nos deja de asombrar.

Correspondencias diversas

Para cerrar el discurso sobre la relación entre el libro de Ezequiel y el Apocalipsis de san Juan, huelga señalar que las correspondencias hasta ahora mencionadas no agotan en ningún momento el tema. Existen muchos otros pasajes que demuestran palmariamente la dependencia de Juan al libro de Ezequiel, *v. g.*: (1) Sonido, estruendo de muchas aguas: Ez. 1:24 y Ap. 1:15; 19:6. (2) Delante y detrás, o dentro y fuera, un libro escrito: Ez. 2:9, 10 y Ap. 5:1. (3) Señal o sello en la frente: Ez. 9:4 y Ap. 7:3; 9:4; 14:1. (4) Carbones encendidos o fuego del altar: Ez. 10:2 y Ap. 8:5. (5) Rollo o librito a comer, dulce como la miel: Ez. 3:3 y Ap. 10:8-10. (6) Cielos se abrieron o cielo abierto: Ez. 1:1 y Ap. 19:11. (7) Aguas que salían del umbral del trono de Dios: Ez. 47:1 y Ap. 22:1; entre muchos otros ejemplos. Con estos queda suficientemente demostrada la dependencia de uno frente al otro, confirmando la tesis central de esta investigación: que Juan redactó su narración sobre la base de documentos que tenía sobre su mesa.

2.3. El libro de Zacarías

El profeta Zacarías[110] es uno de los tres profetas postexílicos de Israel que regresaron con Zorobabel después del edicto de Ciro. Este ejerció una fun-

---

109. En el libro de Apocalipsis se encuentran citadas al menos 29 veces declaraciones del libro de Ezequiel; ya sea en forma explícita o con alguna variación en el uso de vocablos, pero expresando la idea del profeta exiliado en Babilonia. Juan, en el Apocalipsis, realiza una "actualización profética", que es confirmar el texto remozado. En la siguiente tabla se puede observar. Cf. Presser, N. (2013). "La escatología apocalíptica de Ezequiel en la revelación de san Juan". *DL*. Vol. XII, p. 131. En la nota 97, Albert Vanhoye afirma que son 44 alusiones. Al final del día, el número exacto de citas no importa. Lo que sí importa es que existe una subordinación clara y precisa del redactor del Apocalipsis al libro de Ezequiel, convirtiéndolo *ipso facto* en fuente primigenia de su redacción. Véase *supra* nota 96.

110. Se recomienda el texto clásico de Baron, D. (1918). *Visions and Prophecies of Zachariah*. Morgan and Scott Ltd. David Baron fue un judío-cristiano que efectuó en su comentario una interpretación premilenial del libro de Zacarías y señaló que era un

ción espiritual muy importante en el contexto sociorreligioso en el cual vivía Israel en aquel momento. El profeta Hageo había jugado un papel muy importante al animar al liderazgo del pueblo a dirigir los trabajos de la construcción del segundo templo; Zacarías, por su parte, vino a completar la función de Hageo y se convirtió en el profeta de la esperanza, pues con su mensaje mesiánico y apocalíptico dio sentido al presente y al futuro del pueblo.

El libro del profeta Zacarías es considerado como el Apocalipsis del Antiguo Testamento y fue, sin lugar a duda, una fuente muy importante para la redacción del Apocalipsis de san Juan. Zacarías comienza con el típico inicio de cualquier escrito apocalíptico:[111] «Una noche tuve una visión, en la que vi a un hombre montado en un caballo rojo... yo pregunté: "¿Qué significan estos jinetes, mi señor?". El ángel que hablaba conmigo me respondió: "Voy a explicarte lo que significan"». En la literatura apocalíptica, vamos a encontrar siempre estos elementos: la visión, el lenguaje simbólico y el ángel, en este caso explicando un misterio; encontramos lo mismo en Apocalipsis 17:7: «Y el ángel me dijo: ¿Por qué te asombras? Yo te diré el misterio de la mujer, y de la bestia que la trae, la cual tiene las siete cabezas y los diez cuernos».

Entrando en materia, el libro de Zacarías comienza su relato con ocho visiones;[112] la similitud con el Apocalipsis de san Juan es tal que no deja duda de que uno es fuente del otro. No será necesario ir una por una ni detalle por detalle; sin embargo, seleccionaremos las más significativas para que el propósito de nuestra investigación sea cumplido.

---

libro de suprema importancia por dos razones fundamentales: porque da un testimonio claro de Jesucristo y porque nos muestras los eventos concernientes al final. Cf. pp. 5-6. También es útil Petersen, D. L. (1984). "Zechariah's Visions: A Theological Perspective". *VTS*. N. 34. N. 2, pp. 195-206. Entre otras cosas cree que las visiones de Zacarías giran alrededor de la construcción del templo después del exilio. Véase también Haupt, P. (1913). "The Visions of Zechariah". *JBL*. Vol. 32. N. 2, pp. 107-22; May, H. G. (1938). "A Key to the Interpretation of Zechariah's Visions". *JBL*. 57. N. 2, pp. 173-84; Cheyne, T. K. (1888). "The Origin of the Book of Zechariah". *JQR*. N. 1, pp. 76-83; *inter alia*.

111. La visión, el lenguaje simbólico, el ángel, etc.

112. Las ocho visiones que nos muestra Zacarías son las siguientes: (1) La visión en los mirtos, (2) la visión de los cuernos y los carpinteros, (3) la visión del hombre con el cordel de medir, (4) la visión del sumo sacerdote Josué frente al Ángel del Señor, (5) la visión del candelabro de oro y los olivos, (6) la visión del rollo volante, (7) la visión de la efa y, finalmente, (8) la visión de los cuatro carros. Para un estudio exhaustivo, cf. Baron, D. *Visions and Prophecies of Zechariah. Op. cit.*

La visión de los cuatro carros y sus caballos

La visión de los cuatro caballos de Zacarías es muy significativa por la semejanza con los cuatro caballos del Apocalipsis de san Juan. La narración reza de la siguiente manera:

> De nuevo alcé mis ojos y miré, y he aquí cuatro carros que salían de entre dos montes; y aquellos montes eran de bronce. En el primer carro había caballos alazanes, en el segundo carro caballos negros, en el tercer carro caballos blancos, y en el cuarto carro caballos overos rucios rodados. Respondí entonces y dije al ángel que hablaba conmigo: Señor mío, ¿qué es esto? Y el ángel me respondió y me dijo: Estos son los cuatro vientos de los cielos, que salen después de presentarse delante del Señor de toda la tierra. El carro con los caballos negros salía hacia la tierra del norte, y los blancos salieron tras ellos, y los overos salieron hacia la tierra del sur. Y los alazanes salieron y se afanaron por ir a recorrer la tierra. Y dijo: Id, recorred la tierra. Y recorrieron la tierra. Luego me llamó, y me habló diciendo: Mira, los que salieron hacia la tierra del norte hicieron reposar mi Espíritu en la tierra del norte.[113]

El énfasis de la visión está aquí en los cuatro carros, no en los caballos como en el Apocalipsis; sin embargo, la mención que el redactor hace a los caballos presenta una semejanza muy importante. Primero, porque el número cuatro simboliza la totalidad;[114] y segundo, porque los colores coinciden con los del Apocalipsis. Sobre este pasaje específico, don Luciano Jaramillo señala lo siguiente:

> Aquí el número cuatro totalizador, abarca todo el universo. Dios aparece como el soberano que controla todos los eventos de la historia y nada se escapa a su juicio y castigo. Cada caballo es enviado a una región específica que representa los cuatro confines del universo sim-

---

113. Zacarías 6:1-8.

114. El cuatro es el número de la totalidad concreta de lo creado y lo perecedero. Un cuadrado con sus cuatro lados iguales da la sensación de finalizado. El nombre de Dios, por ejemplo, tiene cuatro letras. Según don Luciano Jaramillo, el número cuatro «tiene el sentido de totalidad, pero siempre en relación con el número tres». En la literatura apocalíptica, es muy común encontrar el cuatro. En Ezequiel 1:5, encontramos cuatro seres vivientes con cuatro caras, cuatro alas, cuatro manos, conectada a cuatro ruedas. En Zacarías 1:18, encontramos cuatro cuernos y cuatro herreros. Sabemos que cuerno simboliza el poder y aquí los cuatro cuernos simbolizan los imperios de Asiria, Egipto, Babilonia y los de Media-Persia. Estos se oponen a los cuatro herreros que son los poderes suscitados por Dios para liberar a las naciones. Véase Jaramillo Cárdenas, L. (2012). *El mensaje de los números*, ubicación Kindle 1361. Edit. Vida.

bolizados por los colores que también pueden representar una clase específica de castigo como guerra, muerte, peste, etc.[115]

Lo que don Luciano afirma en relación con la visión de Zacarías sobre los cuatro carros se aplica sin ningún problema a la visión de los cuatro caballos del Apocalipsis porque el concepto es el mismo, al igual que el patrón. Lo que está haciendo san Juan es tomar la figura de Zacarías y hacer el *midrash*[116] correspondiente para utilizarlo en su narración. Es esta la manera como la narración de Zacarías se convierte *ipso facto* en una fuente documental del Apocalipsis de san Juan.

Sobre este tema hay un artículo erudito escrito por el profesor Garrick V. Allen de la Universidad de Dublín, en el que explica magistralmente cómo el texto hebreo de Zacarías pasó al griego de Apocalipsis, arrojando mucha luz sobre el *modus operandi* de la redacción de un trabajo que utiliza fuentes, como es el caso del Apocalipsis de san Juan. Garrick comienza afirmando que «existe un amplio acuerdo en que Apocalipsis 6:1-8 es, en parte, una alusión extendida a las visiones de los caballos de Zacarías 1:8; 6:1-5, 24. La identificación del *vorlage* que Juan usó para construir los cuatro jinetes en Apocalipsis 6:1-8 es más complicada que sus contrapartes traducidas».[117]

---

115. *Ibid.*, Ubicación Kindle 1374 ss.

116. La palabra *midrash* viene de la raíz hebrea que significa *investigar, escrutar, buscar*. Este término aparece por primera vez en 2 Crónicas. El *midrash* ha sido considerado normalmente como una peculiaridad de la hermenéutica judía y, más concretamente, rabínica. No hace muchos años, empezó a hablarse de su presencia en la Biblia hebrea, y más recientemente también en el Nuevo Testamento. La naturaleza del *midrash* debe ser planteada siempre en el contexto de la interpretación de la Biblia por la Biblia. Cf. Raurell, F. (2006). "Midrash i literatura apócrifa". *CAatT*. Vol. 31. N. 2, pp. 283-296. Bloch sostiene que en la literatura rabínica, *midrash* tiene el significado general de "investigación", con el doble matiz de estudio y explicación; de ahí el uso actual de Bet ha —*Midrash*— (cf. Eclo 51, 22), la "casa de estudio", en el sentido de una casa donde uno se dedica al estudio de la Escritura. A diferencia de la explicación literal, denominada posteriormente *peshat*, el término *midrash* designa una exégesis que, yendo más allá del simple significado literal, intenta penetrar en el espíritu de la Escritura, es decir: existe la voluntad ir más allá de la letra, pero no sin la letra. Cf. Bloch, R. (1957). "Midrash", en *DBS Dictionnaire de la Bible. Supplément*, V, pp. 1263-1280.

117. Allen, G. (2017).'"Zechariah's Horse Visions and Angelic Intermediaries: Translation, Allusion, and Transmission in Early Judaism". *TCBQ*. Vol. 79, pp. 230 ss. El autor hace un trabajo erudito de crítica lingüística en el que muestra, *inter alia*, la dificultad de traducir del hebreo al griego los colores de los caballos y lo que esto representa. Por tal razón es que encontramos discrepancias entre el libro de Zacarías y Apocalipsis.

La alta alcurnia de la academia ha concluido que los caballos del Apocalipsis son una alusión directa a los caballos de Zacarías,[118] probando nuestra tesis de que el Apocalipsis no es el trabajo autómata de un "visionario", sino de una persona sumamente inteligente que no solo redactó una narración, sino que hizo una investigación profunda, utilizó fuentes, incluso fue más allá e hizo trabajo crítico para poder hacer los *midrash*[119] no solo de los libros canónicos, como el que nos ocupa, sino de los pseudoepígrafos.

Los dos olivos

Siguiendo con el discurso, corresponde hablar del tema de los dos olivos. Al respecto, Juan señala: «Y daré a mis dos testigos que profeticen por mil doscientos sesenta días, vestidos de cilicio. Estos testigos son los dos olivos, y los dos candeleros que están en pie delante del Dios de la tierra»;[120] esta es una cita tomada del libro de Zacarías, que literalmente dice: «Hablé más, y le dije: ¿Qué significan estos dos olivos a la derecha del candelabro y a su izquierda? Hablé aún de nuevo, y le dije: ¿Qué significan las dos ramas de olivo que por medio de dos tubos de oro vierten de sí aceite como oro? Y me respondió diciendo: ¿No sabes qué es esto? Y dije: Señor mío, no. Y él dijo: Estos son los dos ungidos que están delante del Señor de toda la tierra».[121] Se cree que los dos testigos a los que se refiere Zacarías son el gobernador Zorobabel y el sumo sacerdote Josué.[122]

118. Aune afirma que «los cuatro caballos descritos en Apocalipsis 6:1-8 son en parte una alusión a Zacarías 1:7-11; 6:1-8» [Aune, D. (1998). "Revelation 6-16". *World Biblical Commentary* 52B, p. 390. Thomas Nelson]. Osborne concuerda en que «el imaginario de los cuatro caballos es sacado de Zacarías 1:7-11 y 6:1-8» [Osborne, G. (2002). "Revelation". *Baker Exegetical Commentary on the New Testament*, p. 274. Baker Book House]. Beale señala que la descripción de Juan de los cuatro caballos está tomada de Zacarías 1:8-15 y 6:1-8 [Beale, G. K. (1999). *The Book of Revelation*, p. 372. Eerdmans Publishing House]. Muchos otros eruditos hacen la conexión entre Apoc. 6:1-8 y Zac. 1:8; 6:1-5.

119. Existe una estrecha relación entre un *midrash* y un *derás*. La palabra *derás* significa, además de investigación del sentido inagotable de la Biblia, el sentido mismo resultante de dicha investigación. De ahí que se hable del sentido *pesat* (obvio o literal) y del sentido *derás* (que efectivamente estaba en el texto, pero que había que investigar para percibirlo). Cf Del Agua Pérez, A. (1982). "El derás cristológico". *SCRIPTA*. Vol. 14. N. 1, p. 204.

120. Apocalipsis 11:3 ss.

121. Zacarías 4:11-14.

122. En la visión cuarta, la del candelabro de oro y los dos olivos, queda claro que Zacarías concibe el gobierno como una diarquía: el gobernador y el sumo sacerdote son los dos ungidos al servicio del dueño de todo el mundo (4:14). Como señala Sicre Díaz: «Esta idea repercutirá siglos más tarde en la comunidad de Qumrân, donde se hablará de los dos mesías, de Israel y de Aarón, el regio y el sacerdotal» [Sicre Díaz, J. L. (2007). "La profecía en la época de la restauración". *Proyección*. Año LIII. N. 227, pp. 301-303].

La cita es directa y lo que hace el redactor del Apocalipsis es un *midrash*[123] para decir que tales personajes profetizarán por «mil doscientos sesenta días».

Ya lo hemos señalado anteriormente: el redactor del Apocalipsis está junto a una mesa escribiendo, no tirado en el suelo en un éxtasis espiritual. El hombre conoce el escrito de Zacarías y hace un *midrash*, es decir, lo usa como fuente literaria.

El estudio minucioso del capítulo 14 de Zacarías nos muestra el espíritu apocalíptico del escrito[124] y la conexión con el espíritu apocalíptico del Apocalipsis de san Juan. Veamos algunas de sus declaraciones más relevantes:

> He aquí, el día de Jehová viene, y en medio de ti serán repartidos tus despojos. Porque yo reuniré a todas las naciones para combatir contra Jerusalén; y la ciudad será tomada. Después saldrá Jehová y peleará con aquellas naciones, como peleó en el día de la batalla. Y se afirmarán sus pies en aquel día sobre el monte de los Olivos, que está en frente de Jerusalén al Oriente; y el monte de los Olivos se partirá por en medio, hacia el Oriente y hacia el Occidente, haciendo un valle muy grande; y la mitad del monte se apartará hacia el norte, y la otra mitad hacia el sur y acontecerá que en ese día no habrá luz clara, ni oscura. Será un día, el cual es conocido de Jehová, que no será ni día ni noche; pero sucederá que al caer la tarde habrá luz. Acontecerá también en aquel día, que saldrán de Jerusalén aguas vivas, la mitad de ellas hacia el mar oriental, y la otra mitad hacia el mar occidental, en verano y en invierno. Y Jehová será rey sobre toda la tierra. En aquel día Jehová será uno, y uno su nombre y esta será la plaga con que herirá Jehová a todos los pueblos que pelearon contra Jerusalén: la carne de ellos se corromperá estando ellos sobre sus pies, y se consumirán en las cuencas sus ojos, y la lengua se les deshará en su boca. Y acontecerá en aquel día que habrá entre ellos gran pánico enviado por Jehová; y trabará cada uno de la mano de su compañero, y levantará su mano contra la mano de su

---

123. Un trabajo erudito que nos muestra el *modus operandi* de cómo se efectúa un *midrash* es Del Agua Pérez, A. (2019). *El método midrásico y la exégesis del Nuevo Testamento*. Verbo Divino. Divide su libro en dos partes y nos habla de cómo se utiliza este método tanto en el Antiguo como en el Nuevo Testamento. Del mismo autor, cf. Del Agua Pérez, A. (1998). "Interpretación del Nuevo Testamento y métodos". *REE*. Vol. 73, pp. 3-42.

124. Cf. Schaefer, K. R. (1993). "Zechariah 14 and the Composition of the Book of Zechariah". *RBT*. Vol. 100. N. 3, pp. 368-98. En este artículo, el prof. Schaefer sostiene que la persona que escribió el capítulo 14 es diferente de la persona que escribió el resto de las visiones. Asegura que el capítulo 14 fue escrito teniendo como contexto las visiones de los capítulos anteriores. Las razones por las que llega a esta conclusión tienen que ver con las diferencias de estilo de redacción, el lenguaje y otros detalles que delatan la pluralidad de autores. Finalmente, afirma que la característica principal del capítulo 14 es su énfasis en el *Día del Señor*, diferente a los capítulos 12 y 13.

compañero Y todos los que sobrevivieren de las naciones que vinieron contra Jerusalén, subirán de año en año para adorar al Rey, a Jehová de los ejércitos, y a celebrar la fiesta de los tabernáculos.

Al leer cuidadosamente este pasaje de Zacarías nos damos cuenta de que su trama es idéntica a la del Apocalipsis de san Juan, convirtiéndose *ipso facto* en fuente de este último. Los elementos que podemos identificar son los siguientes: 1) La aseveración de que el día del juicio viene. En Apocalipsis, el juicio comienza cuando se abre el primer sello; luego se describen cualquier cantidad de juicios, hasta el último de todos, cuando Dios suprime toda autoridad al maligno y a sus seguidores. 2) La unión de las naciones paganas para destruir al pueblo de Dios; el Señor interviene para repeler el ataque del agresor. A lo largo de todo el Apocalipsis, vemos a los mártires del Altísimo sufrir hasta el final de los tiempos; encontramos este concepto a lo largo del relato de san Juan. 3) La intervención de Yahveh en contra de sus enemigos; es un tiempo de gran estruendo y cataclismos que conmoverá las entrañas de la tierra. Vemos esta figura de la intervención de Dios con el objeto de destruir a sus enemigos en todo el escrito del Apocalipsis. 4) La bendición de los que sobreviven y adoran al Señor. En los relatos apocalípticos, los santos del Altísimo disfrutan las bendiciones de su obediencia y filiación a la causa de Dios.

Zacarías nos muestra la dinámica de la literatura apocalíptica a la que está apegada el redactor del Apocalipsis de forma irrestricta, probando que este era un hombre altamente educado que conocía la dinámica de este género, tenía la capacidad para hacer los *midrash* correspondientes y lograr que las interpretaciones alegóricas transmitiesen el mensaje de Dios al pueblo que desesperadamente lo necesitaba (y aún lo necesita). Luego, no vemos a un redactor tirado en el suelo en un éxtasis espiritual que, después de despertar, comienza a escribir con punto y coma todo lo que ha visto; vemos a un hombre inteligente dejándose usar por el Espíritu del Señor para escribir un relato que iba a trascender el espacio y el tiempo e iba a ser canonizado como Palabra de Dios.

En este segundo capítulo hemos visto cómo tres libros canónicos del Antiguo Testamento sirvieron de fuente para redactar el Apocalipsis. Esto es de capital importancia porque demuestra que la revelación de san Juan no surge *ex nihilo*, sino que está fundamentada en escritos redactados cientos de años antes y canonizados como sagrados.[125] También demuestra que el

---

125. Según el profesor de Nuevo Testamente Tenney, existen cuatrocientas alusiones al Antiguo Testamento en el Apocalipsis de san Juan. Cf. Tenney, M. C. (1989). *Nuestro Nuevo Testamento. Estudio panorámico del Nuevo Testamento*. Edit. Portavoz, p. 455.

marco literario que envuelve el Apocalipsis no es un invento del redactor; más bien, este enmarca su relato dentro de un género literario bien establecido y conocido por el pueblo judío. Todo esto tuvo beneficios prácticos, pues hizo que los destinatarios del Apocalipsis no tuvieran problemas de entendimiento, puesto que estaban familiarizados no solamente con el género, sino también con los símbolos.

El siguiente capítulo será dedicado al estudio del libro de Daniel; aunque forma parte de los libros canónicos del Antiguo Testamento, se decidió estudiarlo de forma exclusiva por la importancia que tiene en la redacción del Apocalipsis de san Juan.

3. Tercera fuente
El libro de Daniel

Sumario:
3.1. El *Sitz im Leben* del libro de Daniel. 3.2. La creación del género apocalíptico. 3.3. El patrón apocalíptico. 3.4. Daniel como fuente directa del Apocalipsis de san Juan.

La fuente más importante del libro de Apocalipsis es, sin duda, el pseudoepígrafo de Daniel, que a su vez es considerado como el prototipo de la literatura apocalíptica.[126] El redactor o redactores finales[127] hizo/hicieron

---

126. Daniel es un libro escrito en dos idiomas, a saber, el arameo y el hebreo. Por ejemplo, del 2:4ª hasta el 7:28, está escrito en arameo; el resto del libro está escrito en hebreo. Es igual que el libro de Esdras, que está escrito del 4:7 al 6:8 en arameo y el resto en hebreo. Véase el artículo clásico de Price, I. M. (1899). "The Book of Daniel". *TBW*. The University of Chicago. Vol. 14, N. 1, p. 28. Lo anterior es válido para aquellos que siguen el canon judío. Para los que aceptan la Biblia griega, Daniel fue escrito en tres idiomas. Nos referimos específicamente a los capítulos 13 y 14. Sobre este tema, nada mejor que el artículo de Courtray, R. (2007). "Jérôme, Traducteur Du Livre de Daniel". *Pallas*, No. 75, pp. 105-24. Aquí el autor realiza un estudio profundo de la traducción que Jerónimo efectuó del libro de Daniel al latín, arrojándonos una luz muy importante sobre el texto y su legitimidad. Es importante señalar que Jerónimo tradujo este libro de la versión de Teodoción. Sobre la composición de este libro existe un trabajo erudito de finales del siglo XIX que nos habla de una pluralidad de autores, *v. g.*, el capítulo 1 data del período de Artajerjes, el capítulo 2 pertenece a la época de Tolomeo Filadelfus, el capítulo 3 pertenece al mismo período griego, pero más tarde que el capítulo 2, etc. Considera que los capítulos 1–4 son del período griego de Alejandría. A los capítulos 5 y 6 no les atribuye mayor antigüedad que en el caso del apartado anterior, pero señala que fueron escritos por autores diferentes. El capítulo 7 se atribuye a la época de Antíoco Epífanes. El capítulo 8 fue escrito después de Antíoco Epífanes. El capítulo 9 después de la profanación del templo en el tiempo de Antíoco Epífanes. Los capítulos 11 y 12 se adjudica al mismo reinado, pero a un período algo posterior. Como puede verse, esta hipótesis nos presenta una pluralidad de autores, lo que hace al libro de Daniel el resultado de una redacción erudita por parte de un escriba judío. A esto hay que sumarle los agregados que le hicieron en Alejandría, que aparecen en la Biblia griega. Véase Barton, G. A. (1898). "The Composition of the Book of Daniel". *JBL*. Vol. 17. No. 1, p. 63. Véase también Zossi, M. (2023). "Daniel 4 y sus lectores (de ayer y de hoy). Un mensaje arraigado en su historia". *RB*. Vol. 85 N, 1-2, pp. 71-113. En este último artículo y, entre otras cosas, desde la crítica histórica, se reconocen las concepciones teológicas presentes en Daniel 4 como respuesta a circunstancias y eventos históricos que reflejan matrices sociales y contextos culturales del período del Segundo Templo.

127. Sobre el redactor final del libro de Daniel, Philips Barry asevera que el principal oponente de Antíoco «fue el autor desconocido del hermoso Apocalipsis de Daniel» [Barry, P. (1910). "Antiochus IV, Epiphanes". *JBL*. Vol. 29. N. 2, p. 127].

un trabajo espectacular creando un género nuevo que iba a marcar un hito histórico en el pueblo judío y en la literatura universal. Es, *mutatis mutandis*, como cuando Rubén Darío publica *Prosas profanas* en su estadía en Argentina y crea un nuevo movimiento literario, el *modernismo*.[128] Daniel da inicio y sirve de inspiración a un movimiento literario que marcó el período intertestamentario.

Al ser el Apocalipsis de san Juan un libro escrito bajo la firma de este género, *strictu sensu* tiene que seguir y enmarcarse en los mismos parámetros, *v. g.*, una revelación dada por ángeles, una frenética lucha entre el bien y el mal donde al final el bien triunfa sobre el mal, el lenguaje codificado para que solo lo entiendan aquellos que lo conocen, *inter alia*.

En suma, podemos afirmar que el libro de Daniel es una fuente principal para el redactor del Apocalipsis de san Juan; en tal sentido, se vuelve un imperativo insoslayable su estudio individualizado. Nuestro propósito es hacerlo en cuatro apartados principales, que nos ubicarán en el contexto y arrojarán la luz necesaria que nos dará comprensión exacta del *modus operandi* de este género literario.

3.1. El *Sitz im Leben* del libro de Daniel

El contexto vital que da origen a este libro es la persecución inmisericorde que desencadenó el tristemente célebre Antíoco Epífanes,[129] quien, moti-

---

128. Antes de *Prosas profanas*, el movimiento que caracterizaba el mundo de las letras era el Romanticismo. Empero, con la publicación de dicho libro, Rubén Darío creó un nuevo movimiento literario, el modernismo, marcando la ruta del mundo de las letras. Lo mismo ocurrió con la literatura sagrada judía, en la que el género profético tuvo que ceder ante el género apocalíptico.

129. Antíoco IV, apodado Epífanes, es un personaje tétrico de la historia judía, que dio lugar a un período político-religioso de mucha agitación social. Era descendiente de Seleuco, uno de los diadocos, y parte de la dinastía de los seléucidas. Este personaje invadió Israel y la sometió a su gobierno. Manipuló las instituciones religiosas de los judíos y persiguió sin misericordia a todo aquel que no se sometiera a su gobierno. Para más información sobre este personaje, véase un clásico escrito por Barry, P. "Antiochus IV, Epiphanes". *Op. cit.*, pp. 126-38. En este antiguo, pero muy profundo documento se nos dice que Antíoco es el prototipo del mito del anticristo, y que su ambición era la unificación de un imperio en Asia, como aparece en 1 Macabeos 1:41, que reza: «El rey publicó entonces en todo su reino un decreto que ordenaba a todos formar un solo pueblo, abandonando cada uno sus costumbres propias. Todas las otras naciones obedecieron la orden del rey, y aun muchos israelitas aceptaron la religión del rey». Al final no logró su objetivo y pasó a la historia como un vulgar perseguidor del pueblo de Dios. Otros documentos altamente recomendados son Sieveking, J. (1903). "Portraits d'Antiochus IV Épiphane". *RA*. Vol. 1, pp. 343-46; Shailer, M. (1899). "Antiochus Epiphanes and the Jewish State". *TBW*. Vol 14. N. 1, pp. 13-26; Morgan, M. G. (1990). "The Perils of Schematism: Polybius, Antiochus Epiphanes and the 'Day of Eleusis'". *Historia: Zeitschrift Für Alte Geschichte*. Vol. 39. N. 1, pp. 37-76; entre otros muchos trabajos sobre el tema.

vado por intereses económicos y haciendo gala de una megalomanía insolente, cometió un error histórico: *se metió* con el pueblo de Dios,[130] lo que equivale a decir, se metió con Dios.

Al profanar el templo y perseguir al pueblo, este no se quedó de brazos cruzados, sino que organizó una revuelta hasta entonces sin precedentes en la historia de Israel: la revuelta de los macabeos. Durante varios años, existió un enfrentamiento sin cuartel que terminó con el triunfo de los judíos, lo que dio lugar a un período de independencia y paz hasta la llegada de Pompeyo, que obligó a los judíos a vivir bajo la bota imperialista de Roma.

Las atrocidades que los judíos experimentaron durante la revuelta de los macabeos los llevaron a filosofar y luego a hacer teología. Este ejercicio dio como resultado la escritura de historias fantásticas, como las relatadas en el libro de Daniel, historias ficticias escritas en clave o codificadas en un lenguaje *sui generis* con un mensaje potente de Dios para su pueblo: un mensaje de esperanza y confirmación que traía consuelo a sus escogidos. El libro de Daniel, sin duda, fue de inspiración para una serie de individuos que comenzaron a escribir en la misma línea, dando como resultado una rica literatura apocalíptica, conocida como *libros apócrifos del Antiguo Testamento* por los católicos y *libros pseudoepígrafos del período intertestamentario* por la iglesia protestante. En la actualidad, existe una biblioteca apocalíptica que da testimonio de todos los avatares por los que los judíos y los cristianos han tenido que pasar en esa interminable lucha entre el bien y el mal.

Una vez establecido el *Sitz im Leben* del libro de Daniel, *i. e.*, el contexto vital que le da origen, huelga centrarnos en el género apocalíptico como tal, lo que nos permitirá entender la esencia de este tipo de literatura y específicamente del libro que es centro de nuestra investigación: el Apocalipsis de san Juan.

---

130. La persecución de Antíoco IV o Epífanes es un episodio bien fundamentado en la historia, tanto secular como religiosa. En esta última, los libros de los macabeos son altamente ilustrativos. Sobre el tema de la persecución de los seléucidas a los judíos, se recomienda ver Gruen, E. S. (2016). "Hellenism and Persecution: Antiochus IV and the Jews". *The Construct of Identity in Hellenistic Judaism: Essays on Early Jewish Literature and History*, pp. 333-58. De Gruyter; Bar-Kochva, B. (2016). "The Religious Persecutions of Antiochus Epiphanes as a Historical Reality". *Tarbiz*. Mandel Institute for Jewish Studies. N. 3. En este interesante artículo, se exponen las últimas tesis desarrolladas, donde se niega la historicidad de las persecuciones de Antíoco Epífanes a los judíos. La Revista *Tarbiz* está consagrada a estudios de la religión judía; la razón de citar este artículo es porque es importante conocer los diferentes ángulos de las cosas que se afirman o se niegan.

3.2. La creación del género apocalíptico

El género literario[131] es la categoría en la que se puede clasificar una obra literaria. Para categorizar un cuerpo literario, este debe tener características propias que lo identifiquen y que permitan primero categorizarlo y después clasificarlo. En la Biblia se encuentran diversos géneros literarios que fueron surgiendo en el transcurso del tiempo, *v. g.*, el sapiencial (que tuvo su origen en Alejandría), el poético y (aquel al que nos estamos refiriendo ahora) el apocalíptico, *inter alia*. Cada género literario tiene sus propias características que lo distinguen de los demás; de ahí que el género apocalíptico tenga unas cualidades bien peculiares, a las que vamos a referirnos a continuación.

La seudonimia

Esto no es otra cosa más que escribir una obra en nombre de otro, como es el caso del libro de Daniel, o libros como el Apocalipsis de Abraham, el IV libro de Esdras o el libro de Baruc, entre muchos otros de la literatura apocalíptica.

Comprendo que esto pueda parecer chocante para algunos, puesto que siempre se nos enseñó que el libro de Daniel fue escrito por Daniel, sin ningún margen de discusión. En la práctica docente que se realizó en la iglesia de dónde venimos había que aceptar las cosas porque sí, sin ningún tipo de discusión; de ahí que haya creencias bien enquistadas en el imaginario colectivo, como esa de entender las cosas literalmente, ignorando una de las prácticas rabínicas más comunes y sencillas, la seudonimia, incluso cuando en nuestra cultura existe la práctica de la seudonimia —*v. g.*, Pablo Neruda se llamaba Neftalí Reyes; Gabriela Mistral se llamaba Lucila de María del Perpetuo Socorro Godoy Alcayaga; y Rubén Darío se llamaba Félix Rubén Sarmiento—.

Ahora, la pregunta lógica es: ¿Cuál es la razón de esta práctica? Una de las razones que se da, y que tiene mucho sentido, es que en un período de

---

131. Los géneros literarios representan los distintos grupos o categorías en que podemos clasificar las obras literarias, atendiendo a su contenido y estructura. Estos se componen de diferentes grupos que permiten clasificar los textos literarios dependiendo de su contenido específico. En este estudio, la conceptualización del género literario representa una referencia y punto crítico para el análisis de la literatura. Estos, a su vez, desprenden otros subgéneros, en los cuales se destacan: 1) Los *narrativos*: cuentos, fábulas, epopeyas, novelas; 2) Los *líricos*: himnos, canciones, romances, odas, sátiras; 3) Los *dramáticos*: comedia, tragedia, tragicomedia, melodrama, farsa; y 4) Los *didácticos*: ensayos, biografías, crónicas, novelas escritas y diálogos. Cf. Navarro, D. (2022). "Análisis de los géneros literarios a través de la literatura comparada". *Cátedra*. Universidad de Panamá. N. 19, p. 157.

persecución nadie arriesgaría su integridad física asumiendo la escritura de un libro subversivo, lo que podría causar que pagara con su vida tal osadía.[132] La seudonimia era la mejor forma de protegerse de cualquier intento de revancha. Por ejemplo, hace 50 años, los libros de Carlos Marx eran subversivos en América Latina; los vasallos de la doctrina de la seguridad nacional encarcelaban a cualquier persona que tuviera el *Das Kapital* o el Manifiesto del Partido Comunista. Si Carlos Marx y Federico Engels hubieran vivido en esa época, hubieran sido víctimas de la Operación Cóndor, los hubieran desaparecido; así que, *mutatis mutandis*, en la época de persecución de Antíoco Epífanes y compañía era mejor usar el nombre de un prominente hombre del pasado como lo había sido Daniel. Tiene mucho sentido.

La teología política

Es un error craso interpretar de forma literal o espiritualizar el libro de Daniel o el Apocalipsis de san Juan ignorando que en ambos subyace una teología subversiva, antiimperialista y contraria a todos los valores que el imperio representa.[133] La historia ficticia de los tres hebreos en el horno

---

132. En este mismo sentido se pronuncia Xavier Alegre de la Facultad de Teología de Cataluña: «El motivo por el cual el nombre del autor de un libro... es fingido, es doble fundamentalmente. En primer lugar, un escrito de resistencia, crítico con un poder absolutamente dominante y opresor, no suele ser firmado. Lleva un seudónimo por prudencia. Y en segundo lugar, el atribuir la obra a uno de los grandes personajes del pasado de la historia religiosa del pueblo... les está diciendo con ello al lector que debe leer también este libro en clave de revelación religiosa, por cuanto se inspira en el mismo Dios... por eso la apocalíptica judía, tanto bíblica, como la no inspirada o apócrifa, atribuye los escritos a personajes como Adán, Enoc, Moisés, Baruc, Daniel, etc.» [Alegre, X. (1992). "El Apocalipsis, memoria subversiva y fuente de esperanza para los pueblos crucificados". *RLDT*. Vol. 9. N. 26. Año IX, pp. 209-210].

133. Lo primero que debemos tener en claro es que tanto el Imperio seléucida como el romano se creían con autoridad para organizar todos los aspectos sociales de sus pueblos, incluyendo la religión. Sobre este tema, el profesor de la Universidad de Comillas Fernando Rivas señala: «Augusto incorporará al Principado la dignidad de *Pontifex Maximus*, con todo lo que esto suponía, y durante el gobierno de Julio César se empieza a implantar, procedente de Oriente, el culto al emperador, considerado como Señor (*Kyríos*) y Salvador (*Sôter*) manifiesto (*Epifanês*) de sus súbditos, en un curioso mestizaje entre el culto a los héroes griegos, el culto a los soberanos helenísticos y el culto al genio de los Césares. Un culto al emperador que llegó hasta su divinización e inclusión en el panteón divino (*apotheosis*)» [Ribas Rebaque, F. (2011). "Teología política en el cristianismo primitivo". *REE*. Vol. 86. N. 337, p. 245]. Encontramos la respuesta a estas pretensiones insolentes en la literatura apocalíptica de Daniel o el Apocalipsis de san Juan, donde, además de transmitir esperanza al pueblo, había un mensaje político contrario a las pretensiones del Imperio. El mensaje era y sigue siendo: Jesucristo es el *Kyríos*, el *Sôter* y el *Epifanês*, no un simple mortal como Antíoco IV o Domiciano.

de fuego es un aldabonazo certero en la cabeza de un régimen político abusivo como el de Antíoco Epífanes. Desafortunadamente, en la escuela dominical no nos hablaron del potente mensaje de Dios detrás de tan extraordinario relato. La teología política[134] subversiva detrás de ese y otros relatos en relación con los exabruptos del reino seléucida es más clara que el agua del lago Nahuel Huapi de la Patagonia argentina. El Dios de Israel es el soberano, el verdadero Dios, el que dicta las pautas, no un rey pagano, quien quiera que este sea, quien no sabe la diferencia entre la izquierda y la derecha. En el Apocalipsis de san Juan, la terminología cambia; ya no se habla del Dios de Israel, sino de Jesucristo, el Hijo del Hombre, el Cordero degollado en oposición directa al gobernante de turno, que equivale a decir la bestia. El Apocalipsis de san Juan es aún más subversivo: Cristo es el Señor de señores y el Rey de reyes; esa expresión es una declaración de guerra al Imperio romano.

No se puede leer la literatura apocalíptica fuera del contexto sociopolítico y menos hacer caso omiso de la teología política que reduce a nada el gobierno humano, que es abusivo, idólatra, lleno de rivalidades y perversidad, y exalta el gobierno del que está sentado en el trono, el fiel y verdadero, Cristo. La teología política aparece en toda la literatura apocalíptica, es característica de esta. Este tema será abordado con mayor profundidad en el capítulo siete de esta investigación.[135]

El lenguaje codificado

Así como en el pasado se inventó un lenguaje llamado *clave de Morse* para comunicarse a través de un instrumento de comunicación llamado telégrafo, así el redactor de Daniel, en el caso de que este haya sido el primer libro de este género, inventó el lenguaje apocalíptico.[136]

---

134. La teología política es la reflexión que hace un teólogo sobre todo lo relacionado con la administración del Estado, cuyo objeto principal es el bien de los ciudadanos. De ahí que la vida política se defina como «la relación libre e igualitaria entre seres heterogéneos y singulares, como un espacio intermedio entre esos dos extremos de la vida humana, que son el nacimiento y la muerte, dos extremos que según ella aíslan y uniformizan a los humanos en cuanto meros seres vivos» [Campillo, A. (2016). "Animal político. Aristóteles, Arendt y nosotros". *ARETE*. Vol. 39. N. 2, p. 174, 177. En el caso que nos ocupa, los administradores del imperio tenían una política bien delineada, que consistía en que cualquier cosa contraria a esa política iba a ser contrarrestada; es por eso por lo que surgió el Apocalipsis, como instrumento contrario a la política del imperio. De ahí viene el nombre de teología política subversiva.

135. Véase *infra* el punto 7.4.

136. El lenguaje se codifica para ser incomprensible al enemigo, pero comprensible para los destinatarios; por eso era necesario utilizar símbolos conocidos solo por ellos. El lenguaje codificado ofrece la ventaja de universalizar e intemporalizar el mensaje

Es imposible entender este lenguaje si no se estudia y conoce el significado de sus símbolos. Es cierto que algunos símbolos son explicados en el mismo texto; empero, a otros hay que descubrirlos en el tiempo. Esto es complicado, aunque necesario, puesto que si no sabemos el significado del símbolo en la época en que se utilizó, nunca entenderemos el significado en nuestro tiempo.

De igual manera, esta práctica del leguaje codificado suscita una pregunta: ¿Qué le dio origen? Es lo mismo que la seudonimia: a raíz de la hostilidad del régimen político dominante había que esconder el mensaje para protección. Lo importante era que los destinatarios entendieran el lenguaje y pudieran interpretarlo, y así alcanzar el objetivo primigenio del redactor del libro. Este hecho representa uno de los grandes desafíos para nosotros, que vivimos siglos después de los acontecimientos. Es un acto de verdadera irresponsabilidad interpretar o darle explicación a hechos que están codificados; ha surgido una teología irresponsable que ha incurrido en exabruptos y abusos al identificar a la bestia del Apocalipsis con x o y persona, o dar fecha para x o y acontecimiento. Un verdadero derroche de ignorancia. Lo más lamentable de todo esto es que engañan a los indoctos y presentan boberías teológicas como si fueran verdades esenciales; incluso han creado escuelas teológicas que han alcanzado renombre a través de pensamientos teológicos lógicamente estructurados, aunque al final del día sean pura fantasía, ya que ignoran o desconocen el lenguaje codificado de este tipo de literatura.

3.3. El patrón apocalíptico

Este es un tema que fue abordado en el libro *Las fuentes que dieron origen al Nuevo Testamento*, en el que afirmamos que el redactor del libro de Daniel estableció un paradigma (al que llamamos *patrón apocalíptico*) seguido por todas aquellas personas que escriben bajo este género. Básicamente, el patrón o paradigma sigue el siguiente lineamiento:

---

concreto. De manera que, al hablar de Babilonia para referirse a Roma, cualquier ciudad con las características de Roma puede ser una Babilonia; no es necesario que Roma exista. Por otro lado, tenemos el tema de los números, que sirvieron para codificar el mensaje; es una especie de matemática simbólica que es necesario descifrar. Finalmente, es necesario tener presente que el simbolismo del Apocalipsis es fluido y flexible, es decir, una misma realidad puede ser representada por diferentes símbolos; una iglesia puede ser representada por un candelero, una estrella o un ángel, y un símbolo puede significar varias cosas (como una bestia, que puede ser un rey o un imperio). Cf. Gutiérrez Velasco, F. (2012). "Claves de lectura del Apocalipsis de san Juan". *Phainomenon*. Vol. 11. N. 1, pp. 128 ss.

1) La simbología en el lenguaje, fundamental para interpretar el mensaje del relato. Aquí por ejemplo nos presenta el poder representado por fieras y el poder *per se* por cuernos. 2) Los ángeles, aquí vemos, entre otros hechos, la acción del Arcángel Miguel y el ángel Gabriel que son muy importantes. 3) La persecución del pueblo, que se mira cuando señala que el malvado hablará palabras contra el Altísimo y a los santos del Altísimo quebrantará. 4) La sesión de la corte celestial, muy importante porque muestra una realidad de gobierno espiritual que dejaba claro que el poder político representado por los animales no es el que decide las cosas. 5) El Anciano de Días de pelo blanco, nos muestra de una forma palmaria que sobre el poder temporal del hombre está Dios y lo simboliza en esta figura. 6) El rollo que se abre representa el plan trazado por Dios, que ha de cumplirse. 7) La destrucción de las fieras y los cuernos. Este mensaje es fundamental porque está diciendo al pueblo que todos aquellos poderes terrenales que han hostigado a Israel serán destruidos por Dios. 8) La salvación de los santos del Altísimo. Esta es la esperanza que debe alimentar el espíritu de los hijos de Dios y este es el momento que debemos ver cuando seamos perseguidos. 9) La aparición del Hijo del hombre. Esta es la figura del Mesías que libera a su pueblo del poder de los opresores.[137]

Si efectuamos un análisis crítico de este paradigma, vamos a llegar a conclusiones interesantes que corroboran las cosas que hemos señalado anteriormente. En primer lugar, como ya mencionamos, que el lenguaje codificado solo podía ser entendido por los destinatarios pues el contenido era altamente subversivo y había que proteger la integridad de los implicados. El segundo elemento es la intervención de seres ultraterrenos, los ángeles, a quienes el redactor da nombres (no solamente en el libro de Daniel, sino también en el de Enoc etíope). Esto suscita una serie de preguntas: ¿Por qué ángeles? Si estas son historias ficticias, ¿realmente existen los ángeles? Realmente no sabemos el porqué de estos ángeles interactuando con seres humanos en la literatura de género apocalíptico; podríamos especular, incluso filosofar, pero creemos que dicho hecho rebasa el propósito de este libro. Por ese motivo dejaremos el tema aquí. En relación con la segunda pregunta, podemos afirmar que la existencia de los ángeles es un dogma bien establecido dentro de la teología cristiana.[138] La existencia

---

137. Zaldívar, R. (2020). *Las fuentes que dieron origen al Nuevo Testamento*, p. 114. Editorial CLIE.

138. Todas las teologías sistemáticas dedican sendos espacios a abordar el tema de los ángeles, creando de esta manera la *angelología*. Chafer es uno de los clásicos que dedica suficiente espacio para desarrollar toda una reflexión al respecto. Cf. Chafer, L. S. *Teología sistemática*. Tomo I. *Op. cit.*

de seres ultraterrenos que obedecen a propósitos nobles, así como de otros perversos (los demonios) es una verdad bien establecida en la teología. El tercer elemento es la persecución de los santos. Es este elemento precisamente el que dio origen al género apocalíptico. En el caso de Daniel, la persecución que originó el libro fue la de Antíoco Epífanes; en el caso del Apocalipsis de san Juan, la del emperador Domiciano. En cuarto lugar, el juicio, es decir, el acto mediante el cual el soberano evalúa la conducta de los hombres y dictamina una sentencia. El quinto elemento es la presencia e intervención de un ser soberano que "tiene la sartén por el mango"; en el libro de Daniel, se lo llama *Anciano de días*; en el libro de Enoc, *cabeza de días*; en el Apocalipsis, *Hijo del Hombre, Cordero que fue inmolado*,[139] inter

---

139. En el libro de Daniel leemos: «Seguí mirando hasta que se establecieron tronos, y el Anciano de Días se sentó. Su vestidura era blanca como la nieve, y el cabello de su cabeza como lana pura, su trono, llamas de fuego, [y] sus ruedas, fuego abrasador» (7:9). «Seguí mirando en las visiones nocturnas, y he aquí, con las nubes del cielo venía uno como un Hijo de Hombre, que se dirigió al Anciano de Días y fue presentado ante Él» (7:13). «Hasta que vino el Anciano de Días y se hizo justicia a favor de los santos del Altísimo, y llegó el tiempo cuando los santos tomaron posesión del reino» (7:22). En el libro de Enoc tenemos exactamente la misma figura. Para efectos de esta investigación, hemos seleccionado un solo pasaje: «Allí vi a alguien que tenía una Cabeza de los Días y su cabeza era blanca como lana; con Él había otro, cuya figura tenía la apariencia de un hombre y su cara era llena de gracia como la de los santos ángeles. Le pregunté al ángel que iba conmigo y que me mostraba todas las cosas secretas con respecto a este Hijo del Hombre: "¿Quién es éste, de dónde viene y por qué va con la Cabeza de los Días?". Me respondió y me dijo: "Este es el Hijo del Hombre, que posee la justicia y con quien vive la justicia y que revelará todos los tesoros ocultos, porque el Señor de los espíritus lo ha escogido y tiene como destino la mayor dignidad ante el Señor de los espíritus, justamente y por siempre"» (Enoc 46:1-3). Al igual que en Daniel y Enoc, tenemos la misma figura en el Apocalipsis de san Juan: «En medio de los candelabros estaba alguien "con aspecto de un hijo de hombre" vestido con una túnica que le llegaba hasta los pies y ceñido con una banda de oro a la altura del pecho. Su cabellera lucía como la lana blanca, como la nieve; y sus ojos resplandecían como llama de fuego. Sus pies parecían bronce al rojo vivo en un horno y su voz era tan fuerte como el estruendo de muchas aguas. En su mano derecha tenía siete estrellas y de su boca salía una aguda espada de dos filos. Su rostro era como el sol cuando brilla en todo su esplendor. Al verlo, caí a sus pies como muerto; pero él, poniendo su mano derecha sobre mí, me dijo: "No tengas miedo. Yo soy el Primero y el Último. Yo soy el que vive. Estuve muerto, pero ahora vivo por los siglos de los siglos y tengo las llaves de la muerte y sus dominios"» (Apoc. 1:13-17). En los libros de Daniel y Enoc se diferencian las figura del Hijo del Hombre y el Anciano de Días o Cabeza de Días; en cambio, en el Apocalipsis solo aparece la figura del Hijo del Hombre con las mismas características del Anciano de Días y la Cabeza de Días. Por razonamiento deductivo, se puede decir que ha habido progreso en la revelación; al haberse adjudicado a Jesucristo el título de Hijo del Hombre, Juan simplemente hace una simbiosis de personajes. La expresión «Yo soy el que vive. Estuve muerto, pero ahora vivo por los siglos de los siglos y tengo las llaves de la muerte y sus dominios» no deja ninguna duda: Jesucristo es el Hijo de Hombre, el Anciano de Días, la Cabeza de Días y el Dios Todopoderoso.

alia. El sexto elemento nos habla del plan de Dios, que es una muestra de que nada de lo que ocurre es un accidente; los malos no son los que deciden las cosas, sino que Dios controla todo y todo obedece a un plan. El séptimo punto es la destrucción de los malos. Esta es una parte esencial del género apocalíptico. El pueblo necesita escuchar que los malvados no se saldrán con la suya, que sus crímenes no quedarán impunes, sino que serán destruidos, aniquilados, raídos de la faz de la tierra por haber cometido la osadía de perseguir y martirizar a los santos de Dios. Finalmente, el octavo elemento es la salvación de los santos: la esperanza ultraterrena que los hijos de Dios tenemos en relación con la resurrección del cuerpo en el día señalado.

Palabras más, palabras menos, este es el lineamiento que se sigue en todos aquellos libros pertenecientes a este género, así como en todos aquellos pasajes del Nuevo Testamento[140] donde encontremos textos bajo este género. Así que, en relación con el Apocalipsis de san Juan, todos estos elementos están presentes con las peculiaridades propias del libro y de la época en la que fue redactado.

3.4. Daniel como fuente directa del Apocalipsis de san Juan

La parte apocalíptica propiamente dicha del libro de Daniel comienza en el capítulo siete con una visión. Nuestro objetivo en este apartado es identificar ciertos pasajes de Daniel que sirven de base al redactor del Apocalipsis de san Juan en su redacción. Para lograr nuestro cometido, dividiremos nuestro material en seis elementos que nos dejarán en claro la subordinación del Apocalipsis de san Juan al libro de Daniel.

La visión

Toda narración apocalíptica comienza con una visión;[141] la de Daniel reza de la siguiente manera: «En el primer año de Belsasar rey de Babilonia

---

140. Como es el caso del sermón escatológico de Mateo 24, o las alocuciones teológicas de Pablo en las cartas a los tesalonicenses, donde aparece bien delineado el patrón apocalíptico al que nos hemos referido.

141. Tanto la Biblia como la literatura apocalíptica están llenas de arrebatos o traslados a lugares celestiales, desde los arrebatos de Enoc, Elías, Daniel, san Pablo al tercer cielo, san Juan, *inter alia* que encontramos en la literatura canónica hasta los que están en pseudoepígrafos como el Apocalipsis de Abraham, Baruc, IV Esdras, *inter alia*. Sobre esto existe un artículo sumamente interesante del profesor César Carbullanca Núñez, en el que hace un estudio casuístico de los arrebatos o ascensos que encontramos no solamente en la Biblia, sino en la literatura pseudoepígrafa como el libro de Enoc. El autor asegura que esto se debe a un contexto de crisis que padece el pueblo de Israel después de su regreso del destierro. Entre otras cosas señala lo siguiente: «Para un estudio

tuvo Daniel un sueño, y visiones de su cabeza mientras estaba en su lecho; luego escribió el sueño, y relató lo principal del asunto».[142] Esta es la típica forma como comienza una narración en un escrito apocalíptico. De la misma manera comienza el Apocalipsis: «Yo Juan... estaba en la isla llamada Patmos... Yo estaba en el Espíritu en el día del Señor, y oí detrás de mí una gran voz». Como ya lo hemos aseverado, esta es solamente una fórmula literaria de este género y nunca debe ser entendida de forma literal.

Las bestias que suben del mar

El símbolo de las bestias es una constante en la literatura apocalíptica. En Daniel leemos: «Y cuatro bestias grandes, diferentes la una de la otra, subían del mar». Ya sabemos que una bestia simboliza un poder político temporal, sea un imperio, un reino o incluso el titular de ese poder. En Apocalipsis 13:1, encontramos a una bestia saliendo del mar: «Me paré sobre la arena del mar, y vi subir del mar una bestia que tenía siete cabezas». Es exactamente la misma figura de Daniel. La pregunta sería: ¿Por qué saliendo del mar? En el caso de Daniel son cuatro; en el Apocalipsis, dos. Es una práctica común en este género adjudicarle figuras de animales a la bestia o persona que gobierna y se opone a Dios. En Daniel, las bestias están simbolizadas por los siguientes animales: león, oso, leopardo y una

---

metafórico del arrebato, es significativo constatar el hecho que los libros apocalípticos acostumbran a nombrar a hombres carismáticos que son arrebatados al cielo, y que escuchan o ven las realidades divinas; se da en un contexto de crisis de las instituciones religiosas judías y políticas en Israel... por tanto, dicha metáfora no debe ser descontextualizada de la pragmática político-social en la cual emerge y de la cual el visionario pretende trasladar al lector. En este sentido, una explicación espiritual del arrebato no hace justicia al sentido político que tiene la metáfora. Como hemos dicho, la metáfora responde a una contrapropuesta ideológica de grupos marginados y perseguidos, opuesta a la de reyes, poderosos que se exaltan a sí mismos por sobre el plan divino. Esto muestra claramente que la sociedad judía era una sociedad fragmentada; no por casualidad en escritos judíos como el Tárgum de Onkelos o la Misná no hay dichos traslados. No obstante sus diferencias, en estos grupos marginales hay un denominador común: un sentimiento de que las mediaciones como el Templo de Jerusalén y la Ley han perdido su validez para conocer la voluntad divina y ya no es posible el encuentro con Yahvé a través de estos. No significa que todos estos grupos sean radicales y rupturistas, pero ciertamente se manifiestan críticamente al *statu quo* judío» [Carbullanca Núñez, C. (2013). "Arrebato al cielo y justicia de Dios. estudio del imaginario del ascenso". *ADT*. Vol. 15. N. 1, p. 71].

142. Encontramos la visión en Daniel 7:1-14 y su interpretación en los vv. 15-28. La sección que corresponde a la visión se puede subdividir en dos partes principales, a saber: la que se refiere a las cuatro bestias (vv. 1-8) y la interpretación de la visión (vv. 9-14). Todo lo relacionada con la visión del capítulo siete es de mucha utilidad; cf. Beasley-Murray, G. R. (1983). "The Interpretation of Daniel 7". *TCBQ*. Vol. 45. N 1, pp. 44-58.

última (a la que no adjudica un animal, pero afirma que es terrible).[143] En el Apocalipsis, la bestia tiene una semejanza a un leopardo, pies de oso y boca de león. Usa exactamente las mismas figuras para una sola bestia. En síntesis, Apocalipsis 13:1 y ss. es una copia al carbón de Daniel. Luego, Daniel continúa con su relato: «Y he aquí la cuarta bestia, espantosa y terrible y en gran manera fuerte... y era muy diferente de todas las bestias que vi antes de ella, y tenía diez cuernos». Esta es otra figura típica en este género: el cuerno. En el Apocalipsis se lee: «Después vi otra bestia que subía de la tierra; y tenía dos cuernos semejantes». Existe un consenso en que el cuerno simboliza poder; en tal sentido, las narraciones se están refiriendo a poderes temporales. La conclusión lógica es que san Juan utilizó a Daniel en su composición literaria pues resulta inverosímil que dos personas distintas tengan visiones tan similares, usando exactamente el mismo lenguaje, con 250 años de diferencia. No tiene sentido.

La figura del trono

Encontramos la figura del trono en la literatura apocalíptica; en Daniel 7 leemos: «Estuve mirando hasta que fueron puestos tronos, y se sentó un Anciano de días, cuyo vestido era blanco como la nieve, y el pelo de su cabeza como lana limpia; su trono llama de fuego». También hallamos esta figura en el capítulo 5 del Apocalipsis: «Y vi en la mano derecha del que estaba sentado en el trono... Y miré, y vi que en medio del trono...

---

143. Al prestar atención a los cuatro reinos, obtenemos una idea de cómo se replicó el paradigma para hablar sobre el imperio en diferentes textos del judaísmo primitivo. Pero más significativamente, vemos cómo los cambios en el paradigma señalan un cambio en la forma como se concebía el fenómeno imperial. La comprensión de los cuatro imperios de Daniel 7 no pudo sostenerse en el período romano. Tal vez Roma era demasiado poderosa o la destrucción del segundo templo y la pérdida de la revuelta romana fueron demasiado traumáticas. Cualesquiera sean las razones, los autores de IV de Esdras y Apocalipsis eligieron retratar el imperio como un reino colectivo. Lo que esto quiere decir es que en Apocalipsis 13 se habla de una sola bestia con características de varios animales, a diferencia de la literatura del período intertestamentario que asignaba un animal a cada imperio. Además, al prestar atención a las imágenes de animales incorporadas en el motivo de los cuatro reinos, vemos que los animales son "buenos para pensar" con ellos. Todos estos escritores comparten un conjunto común de imágenes: los imperios eran bestias antinaturales y temibles como ninguna en el mundo conocido. Esto es precisamente lo que hace un discurso: gobierna la producción de la verdad en una sociedad. Este discurso fue capaz de imaginar nuevas criaturas. Algunos se basaron en los animales encontrados por una sociedad agrícola. Sobre este tema de las cuatro bestias de Daniel 7, se recomienda Frisch, A. (2021). "The Four (Animal) Kingdoms: Understanding Empires as Beastly Bodies". En Perrin, A. B.; Stuckenbruck, L. T.; Bennett, S. & Hama, M. *Four Kingdom Motifs Before and Beyond the Book of Daniel*, pp. 75 ss. Brill. Véase también DiTommaso, L. (2021). "The Four Kingdoms of Daniel in the Early Mediaeval Apocalyptic Tradition". En *Ibid.*, pp. 205 ss.

al que está sentado en el trono, y al Cordero, sea la alabanza, la honra, la gloria y el poder, por los siglos de los siglos». El verso 13 es el climático. La pregunta que surge es: ¿Por qué es importante la figura del trono en una narración de carácter apocalíptico? Para dar una respuesta, usaremos el silogismo de Aristóteles: si la persecución del pueblo de Dios es orquestada por un poder temporal simbolizado por un trono, y el trono es el símbolo de la autoridad y de poder, luego entonces el trono del Anciano de Días o del Cordero es la autoridad y el poder representado, y como es presentado en el Apocalipsis es el que tiene la autoridad final porque el Cordero es el *Alfa y la Omega* y, por si esto no se entiende bien, es el *Rey de reyes y Señor de señores*. No es trono en plural, sino en singular. Es *el trono*, llámese Anciano de Días, Cabeza de Días o Cordero. Al final es la misma persona.

El Hijo del Hombre

La figura del Hijo del Hombre[144] es toral en el género apocalíptico de la literatura pseudoepígrafa, tanto canónica como no canónica. Como hemos afirmado en los otros libros de la serie *Las fuentes que dieron origen a...*, Hijo del Hombre es un título mesiánico[145] que encierra un concepto potente y que Jesucristo se adjudicó en reiteradas ocasiones frente a discípulos y frente al pueblo. En el libro de Daniel, en el mismo capítulo 7, leemos:

---

144. El erudito profesor André Feuillet, traductor del libro de Jonás en la Biblia de Jerusalén y miembro de la academia pontificia de Roma, escribe un extraordinario artículo en la *Revue Biblique* sobre el Hijo del Hombre. Inicia su discurso planteando el problema: «La conexión de Daniel VII con Ezequiel resultó ser extremadamente fructífera, ya que nos hizo descubrir una concepción completamente nueva del carácter del Mesías: se nos apareció como un ser divino preexistente, una manifestación de la gloria de Yahvé. Pero queda un problema fundamental, que hasta ahora hemos resuelto de manera imperfecta: ¿Cómo explicar esta transformación tan profunda de la expectativa mesiánica?». Dicho de otra manera, ¿cómo es que la declaración *Hijo del Hombre* de Ezequiel, consagrada en Daniel, se convirtió en un título mesiánico? Concluye afirmando que los oráculos mesiánicos del Antiguo Testamento no nos caen del cielo, sino que existe un enlace orgánico entre el pasado y el presente. Asegura que el Hijo del Hombre de Daniel se sitúa dentro de una larga tradición, en la que el punto de partida es la gran visión del profeta Ezequiel sobre la gloria de Dios en forma humana, así que «esta visión preparó el anuncio más claro que tenemos bajo el antiguo pacto del misterio de la encarnación» [Feuillet, A. (1953). "Le fils de l'homme de Daniel et la tradition biblique". *RB*. Vol. 60. N. 2, pp. 170, 202].

145. Aunque hay sector de la academia que no lo cree así, Daniel Boyarín sostiene que existen dos interpretaciones sobre esta figura: «Una línea de interpretación sostiene que el Uno como un Hijo del Hombre es un símbolo de un colectivo, a saber, los israelitas fieles en el momento de la revuelta de los macabeos. La otra línea básica de interpretación ve al Uno como un Hijo del Hombre como una figura divina de un tipo u otro, un segundo Dios, un hijo de Dios o un arcángel» [Boyarin, D. (2012). "Daniel 7, Intertextuality, and the History of Israel's Cult". *THTR*. Vol. 105, N. 2, p. 139].

«Miraba yo en la visión de la noche, y he aquí con las nubes del cielo venía uno como un hijo de hombre, que vino hasta el Anciano de días, y le hicieron acercarse delante de él. Y le fue dado dominio, gloria y reino, para que todos los pueblos, naciones y lenguas le sirvieran; su dominio es dominio eterno, que nunca pasará, y su reino uno que no será destruido». Esta descripción de Daniel encaja a la perfección con la del Apocalipsis, donde vemos al Hijo del Hombre desde el primer capítulo: «Y en medio de los siete candeleros, a uno semejante al Hijo del Hombre, vestido de una ropa que llegaba hasta los pies, y ceñido por el pecho con un cinto de oro». Luego, el Hijo del Hombre se presenta a Juan de la siguiente manera: «No temas; yo soy el primero y el último; y el que vivo, y estuve muerto; más he aquí que vivo por los siglos de los siglos, amén. Y tengo las llaves de la muerte y del Hades». Esta descripción calza con la de Jesucristo, quien también se había adjudicado dicho título; en consecuencia, el Hijo del Hombre de Daniel es el mismo que el de Apocalipsis. Ahora, la persona que redacta Daniel no sabe nada de Jesucristo, pero el que redacta el Apocalipsis sí lo sabe, y lo que hace es un *midrash*, demostrando uno de los postulados de la teología, que enseña que la revelación de Dios es de carácter progresivo y dinámico. En definitiva, el Hijo del Hombre de Apocalipsis no surge *ex nihilo*; el redactor sabía el significado del concepto pues no estaba escribiendo en un *vacivus* teológico. Más bien, hace la conexión o el *midrash*, por lo que tenemos un texto al que podemos llamar sin ningún tipo de problema sagrado y considerarlo como inspirado por el Espíritu Santo.

El juicio y el día de la redención

La *raison d'être* de la literatura apocalíptica es dejar en claro que la venganza pertenece a Dios, quien dará su merecido a los perseguidores, que deberán afrontar el juicio divino. Al final del juicio, Dios reivindicará a su pueblo mediante la instauración de su reino, en el cual suprimirá el poder de los opresores. En tal sentido, en el mismo capítulo 7 leemos:

> Hasta que vino el Anciano de días, y se dio el juicio a los santos del Altísimo; y llegó el tiempo, y los santos recibieron el reino... Pero se sentará el Juez, y le quitarán su dominio para que sea destruido y arruinado hasta el fin, y que el reino, y el dominio y la majestad de los reinos debajo de todo el cielo, sea dado al pueblo de los santos del Altísimo, cuyo reino es reino eterno, y todos los dominios le servirán y obedecerán.

En Apocalipsis 19, 20 y 21, vemos el juicio de Dios contra los enemigos de su pueblo; acto seguido, vemos su redención a través de un nuevo orden de cosas. Leemos lo siguiente:

> Y la bestia fue apresada, y con ella el falso profeta... Estos dos fueron lanzados vivos dentro de un lago de fuego que arde con azufre... Y el diablo que los engañaba fue lanzado en el lago de fuego y azufre, donde estaban la bestia y el falso profeta; y serán atormentados día y noche por los siglos de los siglos... y el que no se halló inscrito en el libro de la vida fue lanzado al lago de fuego... Vi un cielo nuevo y una tierra nueva; porque el primer cielo y la primera tierra pasaron, y el mar ya no existía más... Y el que estaba sentado en el trono dijo: He aquí, yo hago nuevas todas las cosas.

Palabras más, palabras menos, es la misma trama: el juicio de Dios contra los malos, la redención de su pueblo y un nuevo orden de cosas. Por supuesto que en el Apocalipsis de san Juan la temática aparece mucho más desarrollada que en el libro de Daniel —v. g.: habla específicamente del *diablo* (que es el elemento entrópico en el escenario humano), agrega una figura hasta ahora desconocida como parte de ese juicio (el falso profeta) y menciona el nuevo orden de cosas (cuando habla de los nuevos cielos y la nueva tierra)—. En resumen, Juan hace una síntesis interpretativa de la literatura apocalíptica que él conocía y la enriquece con nuevos elementos, poniendo a Jesucristo en el centro de la narrativa, entregando así a la iglesia un escrito sumamente valioso tanto para su teología como para su liturgia.

El ángel con el librito

El episodio del ángel con el librito que encontramos en Apocalipsis 10:1-4 es una revelación importante, conectada con el libro de Daniel.

> Vi descender del cielo a otro ángel fuerte, envuelto en una nube, con el arco iris sobre su cabeza; y su rostro era como el sol, y sus pies como columnas de fuego. Tenía en su mano un librito abierto; y puso su pie derecho sobre el mar, y el izquierdo sobre la tierra; y clamó a gran voz... sella las cosas que los siete truenos han dicho, y no las escribas.

El poderoso ángel que desciende del cielo tiene los mismos atributos que Cristo en Apocalipsis 1:7; 1:16; 14:14; 22:4. El hecho de que tenga un pie sobre el mar y el otro sobre la tierra significa que lo domina todo. Su mensaje, que es una buena noticia (cf. 10:7 con 14:6) anunciada ya por los profetas, debe predicarse antes de que suene la última trompeta de la consumación del misterio (cf. 10:8-11). Lleva en la mano un librito abierto; a diferencia del libro que se menciona en Apocalipsis 5, aquí está abierto, ya que su contenido se puede conocer perfectamente: se trata del ángel fuerte, como un león que ruge (v. 3), simboliza la voz divina (cf. Jer. 25:30; Am. 1:2; 3:8; Jl. 3:16); los siete truenos (v. 3); la plenitud.[146]

El capítulo se inspira sin duda en Daniel 12:4-9, que reza de la siguiente manera:

> Pero tú, Daniel, cierra las palabras y sella el libro hasta el tiempo del fin... y yo Daniel miré, y he aquí otros dos que estaban en pie, el uno a este lado del río, y el otro al otro lado del río. Y dijo uno al varón vestido de lino, que estaba sobre las aguas del río: ¿Cuándo será el fin de estas maravillas? Y oí al varón vestido de lino, que estaba sobre las aguas del río, el cual alzó su diestra y su siniestra al cielo, y juró por el que vive por los siglos, que será por tiempo, tiempos, y la mitad de un tiempo. Y cuando se acabe la dispersión del poder del pueblo santo, todas estas cosas serán cumplidas.

Cuando efectuamos el estudio comparado entre ambos textos, nos damos cuenta de la dependencia literaria de Juan frente a Daniel. En el Apocalipsis nos habla de un ángel que desciende con un librito en la mano y con un pie en el agua y el otro en el mar dando la orden de sellar las cosas para que no sean reveladas. En el libro de Daniel, este recibe una orden de sellar las palabras hasta el tiempo del fin. Daniel vio dos personajes de pie, uno a un lado del río y otro al otro lado, mostrándonos una similitud muy importante entre ambos relatos.

Existen muchísimas otras cosas en el libro de Daniel que se repiten casi literalmente en el Apocalipsis. Empero, no es nuestro propósito estudiar hasta el último punto correlativo, puesto que tal cosa, además de excesiva, es innecesaria. Nuestro punto ha quedado demostrado con creces: san Juan utilizó el pseudoepígrafo de Daniel como fuente bibliográfica de su narración, que no se escribió en un *vacivus* cultural, político y mucho menos literario. La Biblia es un libro escrito por simples mortales que tienen la clarividencia de observar e interpretar hechos que plasman en sendos escritos, sancionados por un cuerpo autorizado como sagrados e inspirados para que sirvan a perpetuidad como fuente de la teología para el catecismo y la liturgia de la iglesia.

Antes de terminar el discurso, se considera importante señalar algunos puntos que deben ser tomados en cuenta por estar relacionados con el carácter apocalíptico del libro.

---

146. Cf. Alegre, X. (2004). "Poble de Déu i escatologia en l'apocalipsi de Joan. El llibre de l'esperanca i de la resistencia cristiana en un món injust". *RCatT*. Vol. 29. N. 1, p. 43.

(1) La historicidad del personaje

No existe un consenso sobre la historicidad del personaje porque al ser este libro un pseudoepígrafo, eso da pie a pensar en su inexistencia. Algunos sugieren que la construcción de su personaje tiene que ver con la mención que existe en Ezequiel 28:3 de un hombre sabio.[147] Como es el caso con otros escritos apocalípticos judíos, un antiguo santo y sabio ha sido seleccionado para ser el portador de un mensaje a una audiencia que vive en una era totalmente diferente. Lo que sí es cierto y no puede ser negado es que detrás de este libro hay un mensaje potente de Dios para el hombre de todos los tiempos; de ahí que su inspiración no esté en tela de duda. El tema de la historicidad pasa a un segundo plano, como en cualquiera de los escritos apocalípticos.

(2) La pluralidad de autores

Como ya se explicó en esta investigación, el libro de Daniel es una compilación de varios documentos, escritos en tiempos diferentes y en tres idiomas. Sobre la pluralidad de autores, W. S. Towner afirma que «el libro de Daniel contiene los escritos de varios autores que trabajaron en diferentes épocas. El contenido radicalmente divergente de las dos mitades del libro exige esta tesis».[148]

Si vamos a ser objetivos, es una necesidad imperiosa dejar el romanticismo con que nos enseñaron la Biblia los misioneros que vinieron a América Latina y ser sensatos. Es un insulto a la inteligencia que un libro escrito en arameo, hebreo y griego, sin unidad literaria ni lingüística, haya sido escrito por una sola persona. La declaración anterior no tiene nada que ver con ser liberal o conservador, tiene que ver con hechos indubitados. El tema de la pluralidad de autores no solamente se da en el libro de Daniel; ocurre también en una obra como el pseudoepígrafo de Enoc el etíope, que es una compilación de varios documentos. Solo nos resta ratificar lo que hemos venido diciendo desde el principio de esta investigación: tal pluralidad de autores en los libros canónicos como Daniel no menoscaba en lo más mínimo la majestad del texto ni su inspiración.

Así que, una vez demostrado el uso de la literatura canónica y especialmente del libro de Daniel en la redacción del Apocalipsis de san Juan es que avanzaremos en nuestro estudio e incursionaremos en el uso de las fuentes pseudoepígrafas en la redacción del último escrito del Nuevo Testamento.

147. Léase la introducción de Towner, W. S. (1984). *Daniel. Interpretation: A Bible Commentary for Teaching and Preaching.* John Knox Press.

148. *Ibid.*

4. Cuarta fuente
La literatura pseudoepígrafa

Sumario:
4.1. El libro de Enoc etíope. 4.2. El Apocalipsis de Abraham.
4.3. El Apocalipsis siríaco de Baruc.

A esta altura de la película, tenemos bien claro que el redactor del Apocalipsis de san Juan no escribe con la mente como *tabula rasa* ni en un *vacivus* literario; todo lo contrario: el redactor conoce la amplia biblioteca apocalíptica[149] que existe y la utiliza como fuente en la redacción final de su escrito. Tenemos en claro el riesgo que corremos y a lo que nos enfrentamos al efectuar una aseveración de tal naturaleza, pues la misma contradice la literalidad de lo que el redactor afirma en la introducción de su relato:

> Jesucristo envió a su ángel para dar a conocer la revelación a su siervo Juan, quien por su parte da fe de la verdad, escribiendo todo lo que vio, a saber, la palabra de Dios y el testimonio de Jesucristo... estaba en la isla de Patmos por causa de la palabra de Dios y del testimonio de Jesús. En el día del Señor vino sobre mí el Espíritu, y oí detrás de mí

---

149. La biblioteca apocalíptica es amplia; para efectos de esta investigación, se puede dividir en dos partes: (1) Aquellas narraciones que fueron escritas antes del Apocalipsis de san Juan; y (2) Aquellas que fueron escritas después. A nosotros nos interesan las primeras, como es obvio. En el idioma inglés existe una obra monumental, editada por James H. Charlesworth: *The Old Testament Pseudepigrapha. Apocalyptic Literature and Testament*. Estamos hablando de dos volúmenes en los que académicos de renombre efectúan un estudio crítico de cada libro o narración de la literatura apocalíptica, tanto antes como después de Cristo, que poseemos hoy día. En el idioma castellano, el libro más importante de todos es el de don Alejandro Díez Macho, un extraordinario profesor que dedicó toda su vida al estudio de los libros apócrifos del Antiguo Testamento, como él los llamaba. A don Alejandro lo sorprendió la muerte en pleno trabajo de la obra más grande sobre este tema, su *Introducción general a los apócrifos del Antiguo Testamento*. La investigación consta de 6 volúmenes y miles de páginas, constituyéndose en la obra más completa en castellano. No menos importante es la de su discípulo, Antonio Piñero, quien es ya toda una eminencia. Él escribió *Los Apocalipsis*, una obra condensada donde efectúa una sinopsis descriptiva de toda esta literatura.

una voz fuerte, como de trompeta, que decía: «Escribe en un libro lo que veas y envíalo a las siete iglesias».[150]

Si seguimos a la escuela de interpretación de Antioquía,[151] incurrimos *ipso facto* en una herejía al negar la literalidad del pasaje anterior y afirmar que el redactor del Apocalipsis de san Juan se sentó a hacer una redacción, usando fuentes literarias que le sirvieron de base para escribir el Apocalipsis. Dicho de otra manera, que Juan nunca cayó en un éxtasis, en el cual vio una visión, y que cuando despertó se puso a escribir como un loco y con una exactitud tal que dio como resultado el Apocalipsis del Nuevo Testamento.

La escuela de Antioquía tropieza con dos hechos bien claros: primero, el factor humano, y segundo, la razón. Hablando del factor humano, la creencia del éxtasis en la isla de Patmos suprime de tajo el factor humano. Juan es simplemente un autómata que escribe literalmente lo que ve y nada más que eso. La misma escuela de Antioquía reconoce el factor humano en las Sagradas Escrituras;[152] las epístolas de Pablo son un ejemplo palmario de lo que estamos afirmando. Así que, venir a decir que el Apocalipsis de san Juan es un mero vaciamiento de un éxtasis es una contradicción a lo que siempre se ha dicho. En segundo lugar, la razón; resulta inverosímil creer que un simple mortal al despertar del éxtasis pudo recordar cada detalle y escribirlo sin error. Y digo *sin error* porque la Palabra de Dios no tiene errores. Empero, lo más lapidario contra esta postura es la siguiente pregunta: ¿Cómo es posible que en la redacción de una visión, producto de un éxtasis, haya conceptos teológicos, enseñanzas propias de los libros pseudoepígrafos? ¿Por qué el ángel que le muestra la visión a Juan sigue el patrón o paradigma apocalíptico establecido en el pseudoepígrafo de Daniel? ¿Cómo es posible que un ángel haga tal cosa? En dicho caso, el autómata sería el ángel, que está siguiendo la ruta de la literatura apocalíptica pseudoepígrafa.

Los dos hechos anteriormente expuestos nos dejan en claro la imposibilidad del éxtasis de Juan, pero nos deja con el problema de lo que la

---

150. Apocalipsis 1:1, 2, 9-11.

151. La escuela de Antioquía surge en el s. IV d. C. y se opuso a las escuelas cristianas de influencia platónica y al método de interpretación alegórico de la escuela de Alejandría. La escuela de Antioquía se caracterizó por la literalidad del texto, lo que dio origen a los métodos de interpretación gramático-histórico, por ejemplo. Para más información sobre este tema, véase Zaldívar, R. (2024). *Las fuentes griegas que dieron origen a la Biblia y a la teología cristiana*. Editorial CLIE.

152. Una regla de hermenéutica para interpretar los Salmos, especialmente los imprecatorios, es tomar en cuenta el estado de ánimo del autor del Salmo; esto es *factor humano*. Véase Martínez, J. (1984). *Hermenéutica bíblica*, pp. 328 ss. Editorial CLIE.

Biblia dice (y nos referimos a la literalidad del texto). Sobre este tema, solo queda conectarlo con lo que ya hemos aseverado: que el relato está escrito en código, en lenguaje simbólico; luego, no se puede entender literalmente por las circunstancias sociopolíticas que el pueblo de Dios estaba viviendo al momento del redactarse el Apocalipsis de san Juan. De manera que, si el Apocalipsis está escrito en lenguaje codificado, ¿dónde está la herejía al afirmar que el redactor utilizó fuentes literarias pseudoepígrafas? Simplemente no hay herejía.

Antes de entrar en materia, es de suma importancia afirmar que la literatura apocalíptica puede ser dividida en tres hitos. El primer hito histórico sucedió cuando Antíoco Epífanes desató una cruenta persecución contra el pueblo judío y surgió el primer set de literatura apocalíptica, a saber, el libro de Daniel, considerado como el prototipo de la literatura apocalíptica; junto a él, también surgieron otras obras, como el Testamento de Moisés, 1 Enoc 83–90 e incluso el Libro de los Jubileos. A la época griega le sucedió el período asmoneo, cuando la guerra civil entre los hermanos Aristóbulo e Hircano II motivó la conquista de Jerusalén en el año 63 a. C. a manos del general romano Pompeyo Magno. De esta manera se dio la ocupación de la Ciudad Santa y la profanación del templo; fue este segundo hecho histórico el que dio origen al segundo set de libros apocalípticos: los Salmos de Salomón, los capítulos 37–71 de Enoc. Finalmente, el último hito histórico se dio con el asedio y la destrucción del templo de Jerusalén del año 70. En ese momento surgió el último set de libros; estamos hablando de IV de Esdras, II y III de Baruc y el Apocalipsis de Abraham.[153]

Una vez ubicada la principal literatura apocalíptica en orden cronológico, procederemos a estudiar tres de los libros más importantes de esa biblioteca que tienen una íntima relación con el Apocalipsis de san Juan.

4.1. El libro de Enoc etíope

Para comenzar, el libro de Enoc etíope[154] no es un libro único, sino que es el resultado de una compilación de diversos libros escritos en diferentes épocas. El erudito profesor Antonio Piñero señala al respecto:

---

153. Cf. Wiesse León, A. "La visión del Hijo del Hombre y las cartas a las siete iglesias. Análisis exegético y retórico de Ap. 1,9–3,22". *Op. cit.*, pp. 71-74.

154. Se lo llama Enoc etíope o I de Henoc porque esta es la versión en el idioma etíope. Este libro es el más famoso y el que sirve de fuente para el Apocalipsis de san Juan. Data del s. II a. C. Existen dos libros más de Enoc: el eslavo —que data de finales del primer siglo, es decir, es contemporáneo del de san Juan— y el hebreo —que data del siglo V o VI d. C.—. Los últimos dos libros de Enoc, aunque son considerados literatura apocalíptica, no nos sirven para el propósito de esta investigación. Para más información de estos tres libros de Enoc, cf. Charlesworth, J. (Ed.). *The Old Testament*

1 de Enoc es un complejo mosaico de obras de procedencia diversa, algunas muy antiguas, del siglo III antes de C. o de comienzos del II. Por lo menos, cinco o seis libros judíos antiguos hoy... han sido reunidos en este Libro de Enoc ya en época cristiana por una mano desconocida que los ensambló, retocó e interpoló. Pero todavía somos capaces de distinguir unos fragmentos de otros y atribuirles una fecha aproximada. Cuando los judíos se desentendieron de estos libros por considerarlos heréticos (siglo II d. de C.), los escribas cristianos los conservaron apreciando su notable riqueza teológica y el influjo que habían ejercido ya entre el pueblo tanto judío como cristiano.[155]

En definitiva, el actual libro de Enoc[156] es el producto de una redacción final que, como muy bien señala el profesor Piñero, un escriba cristiano «ensambló, retocó e interpoló», dando como resultado el libro que hoy poseemos.[157]

Pseudepigrapha. Apocalyptic Literature and Testament. Double Day & Company; Isaac, E. "Ethiopic Apocalypse of Enoch. Second Century B.C.- First Century A.D.", pp. 5 ss.; Pravednoe, M. Appendix: 2 Enoch in F. /. Andersen, "Slavonic Apocalypse of Enoch. Late First Century A.D.", pp. 91 ss.; Alexander, P. "Hebrew Apocalypse of Enoch. Fifth to Sixth Century A.D.", pp. 223 ss. Sobre aspectos históricos de este libro, nada mejor que la explicación encontrada en la obra del profesor Díez Macho: «Hasta el siglo XVII, no poseíamos más que noticias o citas dispersas tanto en obras judías posteriores (Jub, 4 Esd, ApBar) como en autores cristianos de los primeros siglos, así como algunos restos de una venerable versión griega, recogidos por Gregorio Syncellus (ca. 806). Fue, pues, en ese siglo XVII cuando llegaron a Europa las primeras noticias de que la iglesia de Abisinia conservaba en su canon este escrito completo. Pero solo en 1773 pudo el viajero inglés James Bruce traer a Europa el primer manuscrito etíope de la obra, que se publicó por primera vez en 1838... desde ese momento, despertó el libro un considerable interés y ha sido considerado casi unánimemente como una de las fuentes más importantes para conocer el mundo teológico judío inmediatamente anterior al cristianismo». Alejandro Díez Macho. *Op. cit.,* p. 13.

155. Cf. Piñero, A. *Los Apocalipsis: 45 textos apocalípticos, apócrifos judíos, cristianos y gnósticos. Op. cit.,* p. 27.

156. Sobre el libro de Enoc, existe una abundante bibliografía, que representa lo más granado de la academia, *inter alia,* Stuckenbruck, L. T. (2010). "The 'Epistle of Enoch': Genre and Authorial Presentation". *Dead Sea Discoveries.* Vol. 17. N. 3, pp. 358-88.

157. Entre los documentos o fragmentos que pueden distinguirse y que forman lo que se llama Libro de Enoc están los siguientes: el Libro de los vigilantes, el Libro del curso de las luminarias celestes y el Apocalipsis de las diez semanas del mundo. En este mismo sentido se pronuncia el profesor Ciucurescu, quien asegura lo siguiente: «Los llamados libros de Enoc son... un conjunto de escritos y obras creadas en distintas épocas... originalmente fueron autónomos, pero se fueron agrupando en torno a la figura de un personaje bíblico... se emplean muchas fuentes mitológicas y religiosas... procedentes de diversos paradigmas, fruto del entorno mesopotámico, israelita y helenista» [Ciucurescu, C. A. (2021). *La escatología apocalíptica en las Sagradas Escrituras. Un*

Para efectos de esta investigación, no distinguiremos los diferentes fragmentos en que el libro de Enoc etíope fue compuesto; simplemente identificaremos aquellos pasajes que consideremos que entran en la nomenclatura de *fuentes*. Sabemos que los diferentes documentos fueron compuestos en fechas diferentes, empero todas antes del Apocalipsis de san Juan. Luego, podemos utilizar el libro en su totalidad.

Para iniciar con nuestro estudio y para efectos de orden, hemos hecho la siguiente clasificación: (1) Narraciones similares a las del Apocalipsis de san Juan. (2) Conceptos teológicos idénticos. (3) Lenguaje apocalíptico similar.

Narraciones similares a las del Apocalipsis

Encontramos la primera similitud en el mismo principio del libro de Enoc, donde se lee de la siguiente manera:

Enoc: la visión de Enoc

Enoc, un hombre justo, cuyos ojos fueron abiertos por Dios, vio la visión del Santo en los cielos, que los ángeles me mostraron, y de ellos oí todo, y de ellos entendí como vi, pero no para esta generación, sino para una remota.[158]

Apocalipsis: la visión de Juan

Jesucristo envió a su ángel para dar a conocer la revelación a su siervo Juan... quien por su parte da fe de la verdad, escribiendo todo lo que vio, a saber, la palabra de Dios y el testimonio de Jesucristo... estaba en la isla de Patmos por causa de la palabra de Dios y del testimonio de Jesús. En el día del Señor vino sobre mí el Espíritu, y oí detrás de mí una voz fuerte, como de trompeta.

Vemos que Enoc comienza como lo hacen todos los libros apocalípticos, teniendo la famosa visión, que en este caso es una «visión del Santo en los cielos»; lo mismo ocurre con san Juan en la isla de Patmos: el Espíritu viene sobre él y tiene una visión. Enoc dice que los ángeles le mostraron la visión en el cielo; en cambio, en el Apocalipsis dice que un ángel le dio a conocer la visión. Como puede observarse, cambian los actores y las circunstancias, pero al final del día es el mismo patrón apocalíptico.

---

estudio sobre los escritos apocalípticos y bíblicos veterotestamentarios y neotestamentarios y su repercusión en el cristianismo, p. 23. Tesis doctoral. Universidad de Comillas, Madrid].

158. Cap. 1:1.

Enoc y el trono

Y vi hasta que se erigió un trono en la tierra agradable, y el Señor de las ovejas se sentó en él, y el otro tomó los libros sellados y abrió esos libros delante del Señor de las ovejas... Y ellos fueron arrojados a ese abismo de fuego. Y vi en ese momento cómo se abrió un abismo semejante en medio de la tierra, lleno de fuego, y trajeron esas ovejas ciegas, y todas fueron juzgadas y encontradas culpables y arrojadas a este abismo de fuego, y ardieron; ahora este abismo estaba a la derecha de esa casa. Y vi a esas ovejas y a sus huesos quemarse. (Enoc IV, 90, 20. 25-27)

Juan y el trono blanco

Y vi un gran trono blanco y al que estaba sentado en él, de delante del cual huyeron la tierra y el cielo, y ningún lugar se encontró para ellos. Y vi a los muertos, grandes y pequeños, de pie ante Dios; y los libros fueron abiertos, y otro libro fue abierto, el cual es el libro de la vida; y fueron juzgados los muertos por las cosas que estaban escritas en los libros, según sus obras. Y el mar entregó los muertos que había en él; y la muerte y el Hades entregaron los muertos que había en ellos; y fueron juzgados cada uno según sus obras. Y la muerte y el Hades fueron lanzados al lago de fuego. Esta es la muerte segunda. Y el que no se halló inscrito en el libro de la vida fue lanzado al lago de fuego.[159]

Está claro que Juan no pudo inventarse el juicio del trono blanco sin conocer el fragmento del libro de Enoc. Los tres conceptos idénticos son los siguientes: un trono, el hecho de que los libros son abiertos y finalmente el castigo de los malos en el infierno. Los elementos nuevos en la narración de san Juan son el libro de la vida, la resurrección de los muertos con el objeto de ser juzgados y la muerte segunda. La conclusión más plausible de todo lo anterior es que el redactor del Apocalipsis efectuó un *midrash* del pasaje de Enoc y lo adaptó al lenguaje y la teología del Nuevo Testamento.

Enoc y el cuerno

Y vi hasta que los cuernos crecieron sobre esos corderos, y los cuervos arrojaron sus cuernos; y vi hasta que brotó un gran cuerno de una de esas ovejas, y sus ojos se abrieron. Y los miró [y sus ojos se abrieron], y gritó a las ovejas, y los carneros lo vieron y todos corrieron hacia él... Y esos cuervos pelearon y batallaron con él y trataron de acallar su cuerno, pero no tenían poder sobre él. Todas las águilas, buitres, cuervos y milanos se juntaron, y vinieron con ellos todas las ovejas del

---

159. Apocalipsis 20:11-15.

campo, sí, todas se juntaron y se ayudaron unos a otros a romper el cuerno del carnero. (Enoc IV, 90, 9-11)

La figura del cuerno es muy común en el leguaje apocalíptico, así que no nos extrañe encontrarla en el libro de Enoc. El libro de Daniel hace muchas alusiones a la figura del cuerno (cf. 7:7-11, 20-24). En ambas escenas, podemos apreciar el uso de la figura del cuerno como imagen de poder o autoridad. En el libro de Daniel, de entre los diez cuernos sale uno más, que profiere insolencias. De tal modo que este se muestra más poderoso que los otros diez. Aquí, el cuerno es una figura negativa. Profiere insolencias y lucha contra los santos, pues le pertenece a la bestia. En cambio, en el libro de Enoc, el cuerno es una figura positiva. Él le pertenece al carnero, que se convierte en príncipe de las ovejas después de ser atacado por ellas y por los otros animales. Mientras que el cuerno de Daniel profiere insolencias contra los santos, el de Enoc es atacado por los demás para ser acallado. Sobre este paralelismo entre Enoc y Daniel, el profesor Ciucurescu apunta:

> Dado que es bastante seguro que el libro fuese escrito en época precristiana, podemos al menos apuntar al hecho de que, probablemente, los escritos formaban parte de escuelas comunes o de círculos proféticos que se conocían entre ellos y utilizaban las mismas fuentes, dada la similitud entre ambos fragmentos y el hecho de que provengan del mismo periodo.[160]

El profesor Ciucurescu nos habla de escuelas o de círculos proféticos que se conocían entre sí y usaban las mismas fuentes en sus escritos. Tal aseveración concuerda con la tesis que venimos desarrollando a lo largo de toda esta investigación, en el sentido de que la literatura apocalíptica es el resultado de un trabajo de redacción inteligente, en el cual su o sus redactores finales usaron fuentes literarias que les sirvieron para hacer la confección final de sus escritos. De tal manera que es el mismo lenguaje el que encontraremos en el Apocalipsis.

Apocalipsis: el cuerno de la bestia

Después vi otra bestia que subía de la tierra; y tenía dos cuernos semejantes a los de un cordero, pero hablaba como dragón. Y ejerce toda la autoridad de la primera bestia en presencia de ella, y hace que

---

[160]. Ciucurescu, C. A. *La escatología apocalíptica en las Sagradas Escrituras. Un estudio sobre los escritos apocalípticos y bíblicos veterotestamentarios y neotestamentarios y su repercusión en el cristianismo. Op. cit.*, p. 32.

la tierra y los moradores de ella adoren a la primera bestia, cuya herida mortal fue sanada.[161]

En el Apocalipsis, la figura del cuerno como imagen de poder se le atribuye a un perverso, siguiendo la misma línea del libro de Daniel. En este caso específico, no podemos asegurar que la figura de autoridad del cuerno haya sido tomada por san Juan del libro de Enoc; parece, más bien, tomada del libro de Daniel. La única razón por la que hemos insertado el tema de la figura del cuerno es por lo que el profesor Ciucurescu señala: «Los escritos formaban parte de escuelas comunes o de círculos proféticos que se conocían entre ellos y utilizaban las mismas fuentes»,[162] *i. e.*, que las narraciones apocalípticas eran confeccionadas por individuos que pertenecían a escuelas de *soferim* o escribas que redactaban sobre la base de fuentes y tendencias de la época.

Conceptos teológicos

Por conceptos teológicos nos referimos a expresiones o figuras que se encuentran en la literatura apocalíptica y representan un concepto de carácter teológico relevante para el judaísmo o el cristianismo. Bajo estos parámetros, vamos a identificar varios en el libro de Enoc.

Enoc y el Hijo del Hombre

Y en ese lugar vi la fuente de justicia que era inagotable: Y a su alrededor había muchas fuentes de sabiduría: Y todos los sedientos bebieron de ellos, y se llenaron de sabiduría, y sus moradas estaban con los justos, santos y escogidos. Y en aquella hora fue nombrado el Hijo del Hombre en presencia del Señor de los Espíritus, y su nombre ante la Cabeza de los Días.[163]

Este es un pasaje extraordinario porque nos muestra en primer lugar la figura del Hijo del Hombre, título mesiánico que Jesús se adjudicó en reiteradas ocasiones. Es la misma persona a la que Juan ve en su visión de la isla de Patmos: «En medio de los candelabros estaba *alguien semejante al Hijo del hombre*, vestido con una túnica que le llegaba hasta los pies». Es importante tener en claro que este fragmento del libro de Enoc fue escrito unos

---

161. Apocalipsis 13:11, 12.

162. Ciucurescu, C. A. *La escatología apocalíptica en las Sagradas Escrituras. Un estudio sobre los escritos apocalípticos y bíblicos veterotestamentarios y neotestamentarios y su repercusión en el cristianismo. Op Op. cit.*, p. 32.

163. Capítulo 42:2 ss.

200-300 años antes que el Apocalipsis; eso quiere decir que Juan conocía perfectamente el concepto teológico y lo está usando deliberadamente en su relato ya que los destinatarios de esta redacción iban a entenderlo a la perfección. Otra curiosidad de este pasaje de Enoc es la mención que este hace de la Cabeza de los Días, un nombre que se adjudica a Dios y que en el libro de Daniel aparece como el Anciano de Días. En el Apocalipsis no aparece ninguno de los dos nombres.

Enoc y el juicio

Y cuando todos sus hijos hayan sido aniquilados y hayan visto la perdición de sus predilectos, átalos por setenta generaciones bajo los collados de la tierra hasta el día de su juicio definitivo, hasta que se cumpla el juicio eterno. En ese día serán enviados al abismo del fuego, al tormento, y serán encadenados en prisión eternamente. Entonces, desde ese momento arderá él y se desharā juntamente con ellos, y quedarán atados hasta la consumición de las generaciones. Aniquila a todas las almas lascivas y a los hijos de los Vigilantes por haber oprimido a los hombres. Elimina toda opresión sobre la faz de la tierra; desaparezca todo acto de maldad, surja el vástago de justicia y de verdad.

Este pasaje es rico en conceptos teológicos que aparecen plasmados en el Apocalipsis y son dogmas cardinales de la fe cristiana. En primer lugar, el concepto de las *setenta generaciones*; todo lo que tiene que ver con el número siete o sus múltiplos es un concepto judío de perfección que se encuentra a lo largo de toda su literatura. El Apocalipsis gira alrededor del número siete. Luego se menciona el *juicio definitivo y el juicio eterno*, que aparecen reflejados en Apocalipsis 20 cuando se nombra el juicio del trono blanco. En otras palabras, existía en la dogmática apocalíptica el concepto de un juicio final.

Acto seguido y como complemento de lo anterior, aparecen tres conceptos claramente identificados en el Apocalipsis: *abismo, tormento y prisiones eternas*. Existen en el Apocalipsis al menos cinco menciones a la palabra *abismo*;[164] en el idioma griego ἄβυσσος significa algo profundo y sin fondo. El uso semántico de esta palabra en Apocalipsis está para señalar el mal, algo relacionado con el mundo de las tinieblas (que es exactamente el uso semántico que hallamos en el libro de Enoc). El segundo concepto es *tormento*, que viene de la palabra griega βασανιστήριο, que significa tortura o causarle intencionalmente a una persona agonía. Aparece seis veces en el Apocalipsis; empero, la vez que calza a la perfección con el concepto que es objeto de estudio es cuando se menciona a la bestia en Apocalipsis

---

164. Apocalipsis 9:2, 11; 17:8; 19:1; 20:1.

14:11: «Y el humo del tormento de ellos sube para siempre jamás. Y los que adoran a la bestia y a su imagen, no tienen reposo día ni noche, ni cualquiera que tomare la marca de su nombre». Lo último que aparece son las *prisiones eternas*; en el Apocalipsis aparece la palabra φυλακή, que se traduce como *prisión*, para referirse al lugar donde Satanás estará atado por mil años. Esta misma expresión, tal como aparece en Enoc, aparece íntegra en Judas 1:6.[165]

Lo anterior nos ha dejado en claro que Apocalipsis no puede ser construido como una visión personal en éxtasis. A todas luces, estamos ante un trabajo de redacción efectuado por una persona erudita, que manejaba con pericia la literatura apocalíptica, a tal extremo que no se salió del formato; todo lo contrario: lo siguió a pie juntillas.

Expresiones litúrgicas

Bajo esta figura serán objeto de estudio las expresiones litúrgicas que aparecen en el libro de Enoc y se repiten de forma exacta, aproximada o con el mismo significado en Apocalipsis, probando de esta manera el hecho de que el libro de Enoc es una fuente literaria del último libro del canon cristiano.

Enoc: Señor de señores

Señor de señores, Dios de dioses, Rey de reyes, [y Dios de los siglos], el trono de Tu gloria [está] por todas las generaciones de los siglos, y ¡Tu nombre santo y glorioso y bendito por todos los siglos! Tú hiciste todas las cosas, y tienes poder sobre todas las cosas: y todas las cosas están desnudas y abiertas a Tus ojos, y Tú ves todas las cosas, y nada puede ocultarse de Ti.[166]

Al menos cuatro veces aparece esta expresión litúrgica en el Apocalipsis. En 1:5, dice: «El soberano de los reyes de la tierra»; aunque no es la frase exacta, el concepto es el mismo. En 17:4 sí la leemos literalmente: «Estos pelearán contra el Cordero, y el Cordero los vencerá, porque Él es Señor de señores y Rey de reyes». Así aparece también en 19:16: «Y en su manto y en su muslo tiene un nombre escrito: Rey de reyes y Señor de señores».

No es razonable que una persona tenga una visión personal y se usen las mismas expresiones usadas en visiones de 200 o 300 años antes; es sencillamente un sinsentido. Lo lógico es pensar que el autor del Apocalipsis

---

165. Este es un pasaje muy peculiar y sin duda está tomado de la literatura apocalíptica del P. I., especialmente del libro de Enoc.

166. Véase cap. IX, sección I.

de san Juan conoce la expresión litúrgica *Rey de reyes y Señor de señores* de los pseudoepígrafos del P. I., los cuales usa como fuentes para la redacción de su "visión", que el mundo conoce como Apocalipsis de san Juan.

Volviendo a Enoc, leemos en la segunda parte la siguiente oración que también encontramos en el Apocalipsis: «¡Tu nombre santo y glorioso y bendito por todos los siglos! Tú hiciste todas las cosas, y tienes poder sobre todas las cosas». En Apocalipsis 4:1, leemos: «Digno eres, Señor y Dios nuestro, de recibir la gloria, la honra y el poder, porque tú creaste todas las cosas; por tu voluntad existen y fueron creadas». Palabras más, palabras menos, está diciendo la misma cosa, confirmando una vez más el uso del libro de Enoc en la redacción del Apocalipsis.

4.2. El Apocalipsis de Abraham

El tema central del Apocalipsis de Abraham[167] parece ser la elección de Israel y su pacto con Dios. El escrito se puede dividir en dos partes principales: del capítulo 1 al 8, y del 9 al 32. La primera parte nos narra la historia de la juventud de Abraham y su percepción de la idolatría. Su conclusión es que los ídolos de su padre no son dioses. Abraham le suplica a Dios que se revele a sí mismo; Dios le habla y le instruye a abandonar la casa de su padre.

Abraham recibe la instrucción de ofrecer sacrificios para que Dios pueda mostrarle cosas que aún no ha visto: «En este sacrificio, yo te mostraré los siglos futuros, y te mostraré muchos secretos. Y verás grandes cosas, que hasta ahora nunca has visto, porque buscaste de mí, y yo te he llamado mi amigo».[168]

A partir de este momento es que comienza la revelación de Dios, cuando entra un ángel en escena en el 15:4 y lo lleva «al borde de las llamas de fuego»; allí dice que ascendió y «vio una luz fuerte que no se puede describir y en medio de la luz un infierno de fuego», y en el infierno vio una multitud de hombres. A partir de allí, ya en el capítulo 16 del libro, comienza la visión de Abraham.

---

167. El libro se ha conservado en lengua eslava, traducción de una versión griega. La lengua original debió de ser hebreo o arameo, según dejan ver numerosos semitismos o juegos de palabra. Es obra de los círculos esenios apocalípticos. Escrita no mucho después del 70 d. C., nace entre el dolor del desastre del pueblo elegido y la esperanza de un mundo nuevo. Es el mismo contexto de IV de Esdras. Cf. Navarro, M. A. & Pérez Fernández, M. (1984). *Introducción general a los apócrifos del Antiguo Testamento*, pp. 301-302. Díez Macho, A. (Ed.). Ediciones Cristiandad. También véase Poirier, J. C. (2004). "The Ouranology of the 'Apocalypse of Abraham'". *JFSJ*. Vol. 35. N. 4, pp. 391-408.

168. Apocalipsis de Abraham, cap. 9:6.

Apocalipsis de Abraham: los cuatro seres vivientes en el trono de Dios

Vi debajo de las llamas un trono de fuego, y alrededor de él seres de muchos ojos, entonando un cántico, y bajo el trono cuatro seres vivientes que cantaban. El aspecto de cada uno de ellos era el mismo; cada uno tenía cuatro rostros: uno era el de un león, otro de un hombre, otro un buey y otro de un águila. Cada uno tenía cuatro cabezas en su cuerpo, por lo que los cuatro seres tenían juntos dieciséis cabezas. Y cada uno tenía seis alas: dos en los hombros, dos en sus costados y dos en la cintura. Con las alas de sus hombros cubrían sus rostros, con las dos alas de su cintura cubrían sus piernas, y a las dos alas de sus costados las extendían para volar. Cuando terminaron el cántico, se miraron y comenzaron a amenazarse los unos a los otros. Y sucedió que cuando el ángel que estaba conmigo vio que se amenazaban mutuamente, me dejó, y se fue corriendo hacia ellos, y a cada uno de los seres vivientes desvió el rostro de la faz que tenía en frente de manera que ya no podían verse unos a otros sus rostros amenazantes. Y les enseñó el cántico de Paz, que tiene su origen [en el Eterno]. Mientras estaba solo, miré, y vi detrás de los seres vivientes un carro con ruedas de fuego, y cada rueda estaba llena de ojos en su entorno y en lo alto de las ruedas estaba el trono que había visto, miré, y estaba cubierto de fuego y el fuego rodeó su entorno; era un fuego indescriptible que contenía una gran cantidad de fuego poderoso. Oí sus voces santas, como la voz de un solo hombre.[169]

El relato anterior corresponde a la visión del trono que Abraham vio cuando el ángel lo llevó al cielo. La similitud con Apocalipsis 4 es tan impresionante que podría decirse que esta última es un *midrash* de la primera, es decir: que san Juan toma el capítulo 18 del Apocalipsis de Abraham y hace una reinterpretación en el capítulo 4, poniendo a Jesucristo en el centro de la ecuación. Evidentemente, existen diferencias entre ambos relatos, pero la esencia de estos es sencillamente idéntica. Veamos el capítulo 4 de Apocalipsis y procedamos a su análisis.

Apocalipsis de san Juan: visión del trono de Dios

Después de esto miré, y allí en el cielo había una puerta abierta. Y la voz que me había hablado antes con sonido como de trompeta me dijo: «Sube acá: voy a mostrarte lo que tiene que suceder después de esto». Al instante vino sobre mí el Espíritu y vi un trono en el cielo, y a alguien sentado en el trono. El que estaba sentado tenía un aspecto se-

---

169. Esta visión se encuentra en el capítulo 18 del relato.

mejante a una piedra de jaspe y de cornalina. Alrededor del trono había un arco iris que se asemejaba a una esmeralda. Rodeaban al trono otros veinticuatro tronos, en los que estaban sentados veinticuatro ancianos vestidos de blanco y con una corona de oro en la cabeza. Del trono salían relámpagos, estruendos y truenos. Delante del trono ardían siete antorchas de fuego, que son los siete espíritus de Dios, y había algo parecido a un mar de vidrio, como de cristal transparente. En el centro, alrededor del trono, había cuatro seres vivientes cubiertos de ojos por delante y por detrás. El primero de los seres vivientes era semejante a un león; el segundo, a un toro; el tercero tenía rostro como de hombre; el cuarto era semejante a un águila en vuelo. Cada uno de ellos tenía seis alas y estaba cubierto de ojos, por encima y por debajo de las alas. Y día y noche repetían sin cesar: «Santo, santo, santo es el Señor Dios Todopoderoso, el que era y que es y que ha de venir».

Ambos relatos se dan en el trono de Dios; por lo tanto, corresponden a la visión del trono. Abraham vio un trono de fuego con seres de muchos ojos que entonaban un canto. Dice que vio en el trono cuatro seres vivientes que cantaban. San Juan incluye un elemento que no aparece en la visión de Abraham, «el que está sentado en el trono», que al final de cuentas, es lo que hace la diferencia entre un relato y otro: la figura de Jesucristo, el Cordero de Dios. Ahora, lo que sí es asombroso es que en ambos relatos hay cuatro seres vivientes. En el Apocalipsis de Abraham, el aspecto que tenían era de león, hombre, buey y águila. En el Apocalipsis de san Juan, el aspecto de los seres vivientes era de león, toro, hombre y águila. Son exactamente las mismas figuras, exceptuando una. Pero el asunto no termina allí; en ambos relatos, los seres vivientes tienen 6 alas que cubrían partes de su cuerpo y, finalmente, en ambos se afirma que los seres vivientes cantaban.

La evidencia nos muestra que el Apocalipsis de Abraham fue escrito unos años antes que el de san Juan;[170] luego, podemos afirmar que el primero sirvió de fuente al segundo —a menos que haya habido en Israel una tradición oral con esa figura de los cuatros seres vivientes con 6 alas que cantan delante del trono—. Es demasiada coincidencia que dos personas diferentes, en contextos diferentes, hayan tenido la misma visión; es completamente un sinsentido, máxime cuando un relato fue canonizado y el otro no. El único razonamiento científico aceptable es que uno fue fuente

---

170. No se sabe con certeza la fecha en que fue escrito, aunque la tendencia de la academia es datarlo después de la destrucción del templo del año setenta. Se recomienda ver el análisis que sobre este tema hizo Rubinkiewicz, R. (1983). "Apocalypse of Abraham". *The Old Testament Pseudepigrapha. Apocalyptic Literature and Testament*, pp. 681 ss. Double Day.

del otro. Cualquier otro razonamiento sería infundado y caería *ipso facto* en la arena movediza de la especulación.

Además de lo anteriormente señalado, hay fórmulas apocalípticas comunes en este tipo de literatura, incluido el Apocalipsis de san Juan. Un ejemplo es la siguiente: «También debes saber qué será de tu generación y lo que le va a suceder en los últimos tiempos. Y lo que no puedas entender, yo te lo voy a revelar, porque eres agradable delante de mis ojos, y voy a decirte lo que he guardado en mi corazón». En el Apocalipsis de san Juan, leemos: «La revelación de Jesucristo que le dio para manifestar a sus siervos las cosas que van a suceder pronto; y la declaró enviándola por medio de su ángel a su siervo Juan». En la fórmula apocalíptica, se revela siempre lo que va a suceder; esta fórmula debe interpretarse en su contexto porque no se está refiriendo a una profecía *per se*, sino a la interpretación de los hechos sociopolíticos que están ocurriendo con el objeto de traer esperanza al pueblo que está siendo perseguido y asesinado por los agresores. En otras palabras: está hablando del día de la redención del pueblo.

Apocalipsis de Abraham: la fórmula apocalíptica
Por lo tanto, te revelaré lo que vendrá, y como será en los últimos días. Mira ahora todo en la visión. Y miré y vi lo que existía antes que yo en la creación.[171]

La anterior cita corresponde al capítulo 24 del Apocalipsis de Abraham; es la típica fórmula que caracteriza a la literatura apocalíptica. El Apocalipsis de san Juan comienza diciendo: «La revelación de Jesucristo que Dios le dio para manifestar a sus siervos las cosas que deben suceder». La palabra clave en esta literatura es *revelación*; de ahí la palabra *apocalíptica*. Lo que se revela siempre es *lo que va a suceder*, como aparece en ambos textos. La revelación se da siempre en una visión que una persona recibe. En el caso del Apocalipsis, Juan tiene una visión el primer día de la semana y se le pide que escriba la visión (v. 10, 11). En 1:19, se repite la orden: «Escribe las cosas que has visto... y las que han de suceder».

Lo anteriormente expuesto revela que el Apocalipsis de san Juan no es una revelación que surge *ex nihilo*. Más bien, es un escrito que sigue los parámetros de la literatura apocalíptica y tiene sus características.[172] El

---

171. Cap. 24. El texto íntegro comentado de este apócrifo del Antiguo Testamento puede verse en el idioma inglés en Box, G. H. (1919). *The Apocalypse of Abraham*. Society for Promoting Christian Knowledge.

172. En la obra editada por Alejandro Díez Macho, *Los apócrifos del Antiguo Testamento*, encontramos las cuatro características de cualquier libro apocalíptico, incluido el Apocalipsis de san Juan: (1) *El lenguaje apocalíptico*. Es repetitivo, hay largos discursos,

único elemento que lo distingue de las demás revelaciones y el motivo por el cual seguramente fue canonizado es el hecho de que toda la revelación gira alrededor de la personalidad de Jesucristo, el Alfa y la Omega, el Cordero degollado, el Señor de señores. Por lo demás, el Apocalipsis de san Juan sigue el mismo patrón establecido en el libro de Daniel y en toda la literatura apocalíptica del P. I.

Apocalipsis de Abraham: apunta al pasado

Miré y vi, y he aquí la visión comenzó a moverse, y desde el lado izquierdo surgió una multitud de paganos, que saquearon a los que estaban en el lado derecho, a hombres, mujeres y niños. A algunos los mataron y a otros los mantuvieron con ellos [como esclavos]. Vi corriendo hacia ellos cuatro generaciones; prendieron fuego al templo y saquearon los objetos sagrados que había en él.[173]

El consenso de los académicos sobre este Apocalipsis es que el templo al que se refiere el capítulo 27 es el templo de Jerusalén que destruyó Tito en el año 70. Esto desencadenó una persecución contra los judíos que trajo consigo una gran cantidad de muertos. Este hecho dio como resultado una diáspora del pueblo judío que duró casi dos mil años.

Lo anterior tiene capital importancia porque demuestra que las narraciones apocalípticas no siempre miran hacia el futuro, sino al pasado. En el momento en que esta narración está siendo redactada, los acontecimientos de la destrucción del templo y la diáspora ya han ocurrido. El escritor está haciendo un *midrash*.

En ese mismo sentido, vamos a encontrar en el Apocalipsis de san Juan pasajes que nos están hablando de hechos ya acaecidos, no hechos futuros. Por ejemplo:

---

predominan las cifras y listas; hay simbolismo de números, además de aves, bestias o dragones simbólicos. (2) *Aspectos estructurales*. No se menciona el autor de la obra —en esto, el Apocalipsis de Juan es una excepción—; el discurso se pone en boca de un personaje de la Antigüedad (Noé, Lamec, Enoc) o, al menos, de tiempos bíblicos exílicos (Baruc, Daniel, Esdras); el héroe es transportado al cielo, donde se le muestran misterios que se le han de explicar después; el intérprete es con frecuencia un ángel; los ángeles son piezas básicas en la mecánica de muchos apocalipsis; el visionario queda perturbado, se desvanece, cae sobre su rostro, etc. (3) *Contenido narrativo*. A menudo aparece un hilo narrativo nuevo con largas secuencias históricas, generalmente en formas simbólicas crípticas, en las que animales en lucha simbolizan las luchas de los hombres; hay descripciones de los cielos, de vientos y extrañas montañas, del árbol de la vida, etc. (4) *Doctrinas*. Conciernen a la resurrección, la proximidad del nuevo eón y la gran crisis que se cierne sobre la historia del mundo. Cf. Navarro, M. A. & Pérez Fernández, M. *Introducción general a los apócrifos del Antiguo Testamento*. Op. cit., p. 46.

173. Cap. 27:1, 2.

Apocalipsis de san Juan: los que han salido de la tribulación

Entonces uno de los ancianos me preguntó: —Esos que están vestidos de blanco, ¿quiénes son, y de dónde vienen? —Eso usted lo sabe, mi señor —respondí. Él me dijo: —Aquellos son los que están saliendo de la gran tribulación; han lavado y blanqueado sus túnicas en la sangre del Cordero. Por eso están delante del trono de Dios, y día y noche le sirven en su templo; y el que está sentado en el trono les dará refugio en su santuario. Ya no sufrirán hambre ni sed. No los abatirá el sol ni ningún calor abrasador. Porque el Cordero que está en el trono los pastoreará y los guiará a fuentes de agua viva; y Dios les enjugará toda lágrima de sus ojos.[174]

Si seguimos la misma lógica de la literatura apocalíptica, en este caso del Apocalipsis de Abraham, lo primero que tenemos que hacer con el de san Juan es ubicarlo en el tiempo. En relación con este tema, el consenso de la academia es situarlo a finales del siglo I durante la persecución que desató el emperador Domiciano (es decir, unos 30 años después del Apocalipsis de Abraham). En cuanto al contexto geográfico, el Apocalipsis de Abraham surge en Israel; el otro, en Roma (según algunos académicos),[175] aunque la narración menciona el Asia Menor.

Una vez que situamos el Apocalipsis de san Juan en el tiempo, nos vamos a dar cuenta de que «los que están saliendo de la gran tribulación» son los mártires que han dado su vida por causa del testimonio del Evangelio en la persecución de Domiciano; de ahí viene una palabra de esperanza para ellos: «Y el que está sentado en el trono les dará refugio en su santuario. Ya no sufrirán hambre ni sed». ¿De dónde sacamos tal conclusión? De varios principios de la literatura apocalíptica a los que ya nos hemos referido, como el hecho de que los apocalipsis no son proféticos, sino apocalípticos, es decir, escritos originados en una situación de persecución para traer un mensaje de esperanza a aquellos que están sufriendo una tribulación por causa del evangelio en el presente, no en el pasado ni en el futuro.

Otra de las cosas que se hace con textos de esta naturaleza, al igual que con cualquier otro de la Biblia, es quitarle el ropaje cultural que le da origen; luego, es necesario identificar el *kerigma* y aplicarlo a una situación presente determinada. Voy a poner un ejemplo para explicarme mejor. En los años comprendidos entre 1915 y 1918, los Jóvenes Turcos,[176] como se

---

174. Apocalipsis 7:13-17.

175. En este sentido se pronuncia Bandera, A. "La iglesia de Roma en el Apocalipsis: un proyecto que espera desarrollo". *Op. cit.*, p. 23.

176. El 24 de abril de 1915, justo un día antes del desembarco aliado en la península turca de Galípoli durante la Primera Guerra Mundial, las autoridades otomanas, bajo

denominó a quienes gobernaban Turquía al final del Imperio otomano, desataron una cruenta persecución contra los armenios y asesinaron a más de un millón y medio de personas por razones de su fe cristiana. El genocidio armenio es uno de los actos más salvajes y bárbaros no reconocidos como genocidio por los asesinos. A ese genocidio puede aplicársele perfectamente el *kerigma* contenido en el Apocalipsis de san Juan, ya que al final del día no existe mayor diferencia entre la persecución de Domiciano y la de los Jóvenes Turcos. Lo único que cambia son los actores, pero el motivo es exactamente el mismo.

En la persecución de Domiciano, los actores eran el Imperio romano, dirigido por Domiciano, y los cristianos, localizados en Roma y en el resto del Imperio. La razón de la persecución era la negativa de los cristianos a someterse a los principios religiosos del culto al emperador. El resultado fue un genocidio de seres humanos. No existen registros exactos, pero el Apocalipsis de san Juan nos dice que fueron muchos. En el genocidio armenio, los actores eran los gobernantes (los denominados *Jóvenes Turcos*, la última generación de líderes políticos del célebre Imperio otomano) y los armenios, una etnia que vivía en el Imperio otomano, especialmente en grandes ciudades como Ankara y Estambul. La razón del genocidio fue estrictamente religiosa. Los turcos son musulmanes por antonomasia y los armenios, cristianos; he ahí el *Sitz im Leben* de la política de exterminio.

Ahora, ¿por qué toda esta perorata? Sencillo: para demostrar con un solo ejemplo (aunque existen muchos) que en el transcurso de la historia el pueblo de Dios ha sufrido, que sufre en el presente y que sufrirá persecución por causa de su fe en el futuro. Siempre que haya persecución y muerte se necesitará un apocalipsis, porque un apocalipsis trae esperanza a los perseguidos, los redime, da sentido a la muerte y sentencia al lago de fuego a los impíos, a todos aquellos «cuyos nombres no aparecieron en el libro de la vida». Luego, los principios del Apocalipsis de san Juan pueden ser aplicados al genocidio armenio y también en el presente ante cualquier persecución que el pueblo de Dios sufra.

---

las órdenes de los Jóvenes Turcos —así se conocía a ese partido político nacionalista revolucionario y reformador otomano de principios del siglo XX—, el partido que ostentaba el poder en Turquía en aquel momento, arrestaron a la élite intelectual y política de la comunidad cristiana armenia. Hasta un total de 250 personas fueron conducidas a centros de detención en Ankara (la actual capital turca), donde posteriormente fueron ejecutadas. Al final murieron más de un millón y medio de personas. Hasta el día de hoy, Turquía se niega a reconocer que los hechos ocurridos entre 1915 y 1916 representan un delito de lesa humanidad; más bien, ha tratado de revestir las medidas tomadas en ese entonces de legalidad, afirmando que los ejecutados estaban acusados de traición y los traslados forzosos se basaron en cuestiones de seguridad nacional por considerar a los armenios un grupo rebelde. Cf. Sadurni, J. M. (22 de abril del 2021). "El genocidio armenio". *National Geographic*.

Entonces, el Apocalipsis de san Juan no es un libro que se interpreta en el pasado ni en el futuro. Se interpreta en el presente, aunque haya cosas en el Apocalipsis que por vía analógica tienen aplicación en el futuro, como es el tema del juicio final. Lo que no se puede hacer es sacarlo de su contexto apocalíptico y comenzar a decir que de la Unión Europea saldrá el anticristo, que unirá una serie de estados en un gobierno mundial que declarará la guerra a Israel y que en algún momento desatará una persecución y un genocidio mayor que el de Hitler, o que los rusos invadirán Israel y que cuando la madre de todas las batallas tome lugar, en ese momento ocurrirá la parusía del Señor. Todo ese discurso es en realidad una trama novelesca al mejor estilo de Harold Lindsey y sus quince millones de copias vendidas.[177] El estudio reposado de la literatura apocalíptica nos demuestra palmariamente que dicha trama es gratuita, novelesca, infundada y que no tiene nada que ver con la literatura apocalíptica.

Apocalipsis de Abraham: las plagas
En aquellos días, enviaré sobre todas las criaturas de la tierra diez plagas, por medio de la desgracia, la enfermedad y el gemido de dolor de sus almas.[178]

Es una característica en la literatura apocalíptica el hecho de que Dios envíe plagas al hombre como retribución por su mal proceder. Aquí se habla de diez plagas, y diez es un número simbólico. La misma figura se encuentra en el Apocalipsis de san Juan.

---

177. Entre la literatura fantástica con interpretación futurista y fascinante, podemos citar: Almeida de, A. (1989). *Israel, Gog y el Anticristo*. 7ma ed. Edit. Vida; Carballosa, E. L. (1979). *Daniel y el reino mesiánico*. Edit. Publicaciones Portavoz Evangélico; Hagee, J. (1966). *Principio del fin*. Betania. Hunt, D. (1990). *Global Peace & the Rise of Antichrist*. Edit. Harvest House Publishers; James, E. C. (1994). *Arab, Oil & Armageddon*. 8va ed. Edit. Moody Press; LaHaye, T. (2002). *The Rapture*. Harvest House Publishers; Lindsell, H. (1981). *The Gathering Storm*. 2da ed. Edit. Tyndale House Publishers Inc.; Lindsey, H. (1973). *The Late Great Planet Earth*. 35va Ed. Edit. Zondervan Publishing House; Lindsey, H. (1974). *The Liberation of the Planet Earth*. Zondervan Publishing House; Pentecost, J. (1966). *Prophecy for Today*. 6ta Ed. Edit. Zondervan Publishing House; Pentecost, D. J. (1985). *Eventos del porvenir*. Edit. Vida; Vander Lugt, H. (1983). *There Is a New Day Coming. A Survey of the End Times Events*. New York International Bible Society; Walvoord, J. F. & Walvoord, J. E. (1981). *Armagedón*. 5ta ed. Edit. Vida. Parte de esta bibliografía es clásica y fue éxito de ventas (por ejemplo, los libros de Hal Lindsey). Los escritos de Pentecost también son muy respetados y han marcado pautas en el magisterio de la iglesia protestante. La gran mayoría de ellos han tenido una fuerte influencia de la escuela de Dallas y son responsables de que la tesis premilenial-dispensacional alcanzara el prestigio que ha alcanzado.

178. Cap. 29:15.

Apocalipsis de san Juan: las plagas
En el cielo vi otra señal, grande y asombrosa: Eran siete ángeles, que tenían las siete últimas plagas, con las cuales la ira de Dios quedaba satisfecha.

En este pasaje son siete plagas, y el número siete es también simbólico. El concepto es el mismo: el juicio de Dios contra aquellos que persiguen a los santos del Altísimo, que lleva a que la ira de Dios quede satisfecha.

Este tipo de discurso era de suma importancia para los mártires, pues la injusticia que se estaba cometiendo en contra de ellos no quedaba impune. Dios estaba presente y listo para actuar. La teología de «mía es la venganza»[179] llegaba a tener sentido completo.

En conclusión, el Apocalipsis de Abraham es un pseudoepígrafo rico en figuras y símbolos propios de la literatura apocalíptica. Hemos visto cómo esas mismas figuras y símbolos fueron usados en el Apocalipsis de san Juan, lo que deja en claro que este no es el resultado de un éxtasis, sino de un trabajo de redacción inteligente, en el que el escritor tiene sobre su mesa una serie de fuentes documentales, pero también un bagaje religioso, cultural e intelectual que le permite construir un escrito que, aunque causó problemas a la iglesia, al final esta reconoció su inspiración y lo canonizó como parte del Nuevo Testamento. A esta altura de la película, nadie duda de su autenticidad; creemos a pie juntillas que es la Palabra de Dios. Aunque no sabemos exactamente quién lo escribió, eso no es importante ni afecta nuestra fe cristiana.

4.3. El Apocalipsis siríaco de Baruc

Hay dos apocalipsis de Baruc: el siríaco[180] y el griego.[181] Ambos surgen a raíz de la tribulación provocada por la destrucción del templo en el año 70 y son, por lo tanto, anteriores a la redacción del Apocalipsis de san Juan.

---

179. Romanos 12:19.

180. Es importante señalar que la versión siríaca es una traducción del griego. Aunque quedan fragmentos de papiros griegos de Baruc, no existe el texto griego de donde este apocalipsis fue traducido. Véase la obra editada por Díez Macho, A. *Introducción general a los apócrifos del Antiguo Testamento. Op. cit.*, p. 284.

181. Al igual que el siríaco, está motivado por la destrucción del templo en el año 70 y la persecución de los judíos. Se cree que fue redactado en Egipto, como el siríaco y el cuarto libro de Esdras. Aunque para efectos del estudio que estamos realizando en esta investigación tiene poca relevancia, hay un tema que consideramos digno de señalar: la visión que Baruc tiene en los cinco cielos. Aunque el Apocalipsis de san Juan no recoge nada en relación con la estratificación de los cielos, el apóstol Pablo sí la menciona en 2 Corintios 12:2: «Fui arrebatado hasta el tercer cielo». La pregunta obvia es: ¿Por qué no

A diferencia del Apocalipsis de Abraham, donde hay figuras idénticas a las encontradas en el Apocalipsis de san Juan, el siríaco de Baruc tiene todos los rasgos apocalípticos y la misma temática que encontramos en nuestro Apocalipsis —por ejemplo: la relación pecado-castigo, la Jerusalén celestial, la justicia divina, *inter alia*—.

A continuación, hemos seleccionado cinco temas del libro siríaco de Baruc que también son abordados en nuestro Apocalipsis, demostrando por enésima vez la subordinación de Juan a los libros apócrifos del A. T. y, específicamente, al libro siríaco de Baruc.

El Apocalipsis de Baruc: el éxtasis

De repente un fuerte espíritu me elevo y me hizo subir por encima de los muros de Jerusalén. Cuando miré, he aquí cuatro ángeles que estaban de pie sobre los cuatro ángulos de la ciudad y cada uno de ellos sostenía una antorcha de fuego en sus manos. Otro ángel bajó del cielo y les dijo: —Coged vuestras antorchas y no las encendáis hasta que os lo diga, pues he sido enviado en primer lugar para decir una palabra a la tierra y colocar en ella lo que me ha ordenado el Señor Altísimo... —¡Tierra! ¡Tierra! Escuchad la palabra del Dios poderoso, recibe estas cosas que te he confiado y guárdalas hasta los tiempos postreros... Álzate, Baruc, y escucha la palabra de Dios poderoso..., serás conservado hasta la plenitud de los tiempos para que actúes como testigo.

Aquí observamos lo típico de la literatura apocalíptica: el éxtasis —el espíritu que lo eleva—, la visión —vio cuatro ángeles—, los ángeles —que estaban de pie— y la palabra que viene de Dios para los habitantes de la tierra —aquí un ángel afirma ser el enviado de Dios como comunicador de la palabra que el Altísimo ha ordenado, en este caso, a través de Baruc—. Se señala que las palabras deben tenerse en cuenta hasta los tiempos postreros (*i. e.*, tienen vigencia siempre). La expresión «álzate, Baruc» nos muestra que es el personaje central de la visión, *i. e.*, a quien se le da la revelación.

En el Apocalipsis de san Juan se dice que Juan estaba en el espíritu (v. 10); es una alusión directa a un éxtasis. De la misma manera que ocurre con Baruc, vemos a un ángel (v. 1) enviado de parte de Dios a hacer una revelación a su siervo Juan. Cuando leemos «las cosas que has visto... han de ser después de estas» (v. 19), se está diciendo lo mismo: que la revelación de

---

el segundo o el cuarto cielo? Pablo conocía la apocalíptica judía a la perfección y, por tal razón, puede identificar el tercer cielo. Lo curioso es que Pablo tuvo una visión (de la que ignoraba si fue en el cuerpo o fuera del cuerpo) y que vio cosas inefables «que no le es dado al hombre expresar».

san Juan tiene vigencia *ad perpetuam*. Su *kerigma* es para los días postreros. Así como se clarifica en el relato de Baruc que esta es la figura central de la visión, en el Apocalipsis canónico se deja en claro desde el principio que el recipiente de la revelación es Juan (v. 1).

El Apocalipsis de Baruc: los libros

He aquí vienen días en los que se abrirán los libros en los que están escritos los pecados de todos los que pecaron y también los tesoros en los que se reúne la justicia de los que fueron justificados en medio de la creación.

La figura de los libros es muy interesante; también la encontramos en el Apocalipsis de san Juan: «Aquel cuyo nombre no estaba escrito en el libro de la vida era arrojado al lago de fuego». La figura de los libros no es exclusiva del Apocalipsis de san Juan; aunque Baruc no menciona el «libro de la vida», el concepto es idéntico. Hay un recuento por parte de Dios de quiénes son los buenos y quiénes son los malos.

El Apocalipsis de Baruc: los juicios

Ese tiempo está dividido en doce etapas, y cada una está reservada para lo que se ha establecido para ella: en la primera etapa comenzarán las perturbaciones. En la segunda etapa, el asesinato de los nobles. En la tercera, la caída de muchos en la muerte. En la cuarta, el envío de la espada. En la quinta, el hambre y la sequía. En la sexta, los terremotos y los horrores. En la octava, abundantes fantasmas y visita de demonios. En la novena, caída de fuego. En la décima, rapiña y abundante opresión. En la undécima, iniquidad y lujuria. Y en la duodécima, la mezcla de todo lo que se ha dicho antes. Las etapas de ese tiempo están reservadas: se mezclarán ambas y se utilizarán la una con la otra.

No hay literatura apocalíptica sin juicios. Este es el sello distintivo o la *signature* de esta literatura. Aquí tenemos doce juicios que corresponden a las doce etapas de la visión. Los juicios son siempre contra los enemigos del pueblo de Dios, aquellos que los persiguen y asesinan. En el Apocalipsis de san Juan, los juicios comienzan cuando el primer sello se abre en el capítulo seis: «Vi cuando el Cordero abrió uno de los sellos» (6:1).

El Apocalipsis de Baruc: la *parusía* del Mesías

Acaecerá que, tras cumplirse lo que debe suceder en esas etapas, comenzará a manifestarse el Mesías. Behemot se manifestará desde su lugar y Leviatán ascenderá desde el mar: los dos grandes cetáceos que creé el quinto día de la creación y que reservé para este tiempo. Entonces servirán de alimento para todos los que queden... Tras esto sucederá que se cumplirá el tiempo de la llegada del Mesías, que volverá gloriosamente. Entonces, todos los que durmieron con la esperanza resucitarán. En aquel tiempo sucederá que se abrirán los depósitos en los que se guardaban las multitudes de las almas de los justos, y saldrán: podrá contemplarse la multitud de las almas unida en una asamblea unánime; las primeras se alegrarán y las últimas se entristecerán. Sabrán, pues, que ha llegado el momento del cual se dijo que sería el fin de los tiempos. Mucho se consumirán las almas de los malvados al ver todo esto. Sabrán que ha llegado su suplicio y que su perdición ha venido.

Es interesante que el escritor nos menciona al Mesías, que para él no es Jesucristo (aunque al momento de escribir esta narración Cristo ya había muerto). Nos habla de bestias que saldrán del fondo marino según el típico lenguaje apocalíptico.[182] Asegura que el Mesías volverá gloriosamente para redimir a aquellos que murieron en la persecución; a estos se les asegura que resucitarán. El resto del pasaje se centra en el final de los tiempos y en el día cuando los justos resplandecerán y los impíos serán condenados. Este es el mensaje central de la apocalíptica: el día de la redención de los justos y el castigo contra los opresores, los perseguidores, los enemigos del pueblo de Dios.

El Apocalipsis de san Juan: el triunfo final del Mesías

Después de esto oí en el cielo un tremendo bullicio, como el de una inmensa multitud que exclamaba: «¡Aleluya! La salvación, la gloria y el poder son de nuestro Dios, pues sus juicios son verdaderos y justos: ha condenado a la famosa prostituta que con sus adulterios corrompía la tierra; ha vindicado la sangre de los siervos de Dios derramada por ella». Y volvieron a exclamar: «¡Aleluya! El humo de ella sube por los siglos de los siglos». Entonces los veinticuatro ancianos y los cuatro seres vivientes se postraron y adoraron a Dios, que estaba sentado en el trono, y dijeron: «¡Amén, Aleluya!». Y del trono salió una voz que decía: «¡Alaben ustedes a nuestro Dios, todos sus siervos, grandes y pequeños, que con reverente temor le sirven!». Después oí voces como el rumor de una inmensa multitud, como el estruendo de una catarata

---

182. En el pasaje paralelo de Apocalipsis 19, no existe mención alguna de una bestia que emerge del mar; sin embargo, en el capítulo 13 sí aparece, y dice: «Me paré sobre la arena del mar y vi subir del mar una bestia que tenía siete cabezas». En Baruc se la llama *leviatán*; san Juan simplemente la llama *bestia*. Ambas simbolizan el mal y ambas emergen del mar. No caben dudas de que esta figura apocalíptica estaba en la mente de san Juan.

y como el retumbar de potentes truenos, que exclamaban: «¡Aleluya! Ya ha comenzado a reinar el Señor, nuestro Dios Todopoderoso. ¡Alegrémonos y regocijémonos y démosle gloria! Ya ha llegado el día de las bodas del Cordero. Su novia se ha preparado, y se le ha concedido vestirse de lino fino, limpio y resplandeciente». (El lino fino representa las acciones justas de los santos). El ángel me dijo: «Escribe: "¡Dichosos los que han sido convidados a la cena de las bodas del Cordero!"». Y añadió: «Estas son las palabras verdaderas de Dios». Me postré a sus pies para adorarlo. Pero él me dijo: «¡No, cuidado! Soy un siervo como tú y como tus hermanos que se mantienen fieles al testimonio de Jesús. ¡Adora solo a Dios! El testimonio de Jesús es el espíritu que inspira la profecía».

El capítulo 19 del Apocalipsis de san Juan anuncia el triunfo final del Mesías. Es el momento que los mártires están esperando: el fin del reino de Satanás y el comienzo del reino del Mesías. *Aleluya* es la expresión de alabanza que se exclama porque la prostituta ha sido condenada; los veinticuatro ancianos y los cuatro seres vivientes que están ante el trono se postran y celebran. Hay júbilo; los seres involucrados se regocijan, las bodas del Cordero han llegado: es la unión del Mesías con su iglesia. Esta palabra trae consuelo, esperanza y regocijo al pueblo que está siendo atormentado en la persecución.

La narración del Apocalipsis de san Juan es, *mutatis mutandis*, igual que la del Apocalipsis de Baruc. En Baruc se afirma que «tras esto sucederá que se cumplirá el tiempo de la llegada del Mesías, que volverá gloriosamente»; en la memoria colectiva del pueblo de Dios está bien claro que la *parusía* del Mesías será un evento glorioso, pero es también el fin de los malos. Es por ese motivo por el que san Juan escribe: «¡Aleluya! Ya ha comenzado a reinar el Señor, nuestro Dios Todopoderoso. ¡Alegrémonos y regocijémonos». En el libro de Baruc se afirma que en este momento ocurrirán cosas extraordinarias, como que «se abrirán los depósitos en los que se guardaban las multitudes de las almas de los justos... las primeras se alegrarán y las últimas se entristecerán... sabrán que ha llegado su suplicio y que su perdición ha venido». Todo esto es el resultado de la *parusía* del Mesías.

Lo que san Juan propone es un *midrash* del concepto de la *parusía* del Mesías que se encuentra en la literatura apocalíptica como Baruc, donde introduce la figura del Cordero, una figura completamente desconocida para la apocalíptica judía. Al poner a Jesucristo en el centro de la visión, todas las cosas tienen sentido. La narración es espectacular: es jubilosa, gloriosa, majestuosa. Levanta los ánimos de cualquiera y hace que se recobre la esperanza. Solo puedo imaginar a los espíritus de los mártires de la iglesia cuando leyeron esta oda a la *parusía* del Mesías. La buena noticia es que esta palabra no era para el pasado (aunque fue clave), ni será para el futuro (aunque ocurrirá tal cual), sino que es para hoy.

La biblioteca de la literatura apocalíptica es realmente amplia y variada en narraciones. Para efecto de esta investigación, seleccionamos tres escritos: Enoc el etíope, el Apocalipsis de Abraham y el Apocalipsis de Baruc. Esto es más que suficiente para demostrar la dependencia del Apocalipsis de san Juan a otras fuentes de la literatura apocalíptica judía. Ha quedado claro el patrón, el *modus operandi* de la visión, y el hecho de que las figuras y los símbolos son los mismos. La diferencia sustancial entre el Apocalipsis de san Juan y los otros libros es la figura del Cordero, Jesucristo, que es el cumplimiento de toda la revelación de Dios en todos los ámbitos del ser humano.

Esto nos lleva al siguiente capítulo, sobre el lenguaje simbólico: un código utilizado por los escritores de la apocalíptica judía que es necesario descifrar si es que deseamos entender lo que se está diciendo.

5. Quinta fuente
El lenguaje simbólico

Sumario:
5.1. Teoría general del símbolo. 5.2. Fuentes veterotestamentarias del simbolismo del Apocalipsis. 5.3. Fuentes paganas del simbolismo del Apocalipsis. 5.4. Descodificando el lenguaje simbólico.

La simbología es una rama importante de la hermenéutica, íntimamente relacionada con la tipología. De entrada, nos gustaría señalar algunas cuestiones. Primero, que el tema de la simbología no se debe tomar a la ligera; es menester estudiar su naturaleza, características y *modus operandi*, especialmente en la literatura apocalíptica.[183] En segundo lugar, es importante tener en claro que, si bien es cierto que el estudio de esta materia nos será de mucha utilidad, será imposible descifrar todos los símbolos de la literatura apocalíptica y especialmente los del Apocalipsis de san Juan, que tiene muchos símbolos propios de su época y contexto, rodeado por el Imperio romano;[184] la razón de lo anterior es que tales representaciones solo tenían sentido para aquella sociedad. Al no existir un libro con el significado de aquel lenguaje, nos vemos condenados a dos cosas: la ignorancia o la especulación.

En virtud de lo señalado anteriormente es que resulta un exabrupto cuando los indoctos hacen interpretaciones temerarias del Apocalipsis, sin respetar la simbología, lo que lleva a engañar a las personas. Se dice que cuando una mentira se repite muchas veces, la misma se convierte en verdad y en muchos casos, en una realidad irreversible. Es por esa razón que los "expertos" del Apocalipsis han causado daño a la iglesia y la sociedad con sus interpretaciones.

---

183. Cf. Alegre, X. (2002). "Resistencia cristiana y esperanza profética. Lectura del Apocalipsis de Juan desde las víctimas". *RLAT*. Vol. 19. N. 55, pp. 3-24.

184. A pesar de lo aseverado en estas líneas, existen trabajos como los del profesor François Martin, de la Universidad de Lyon, que ofrecen una lectura semiótica de todas las figuras simbólicas que se encuentran en la narración, subrayando la importancia teológica de la esperanza. Cf. Martin, F. (2006). *L'Apocalypse. Lecture sémiotique*. Profac. Recensions fait dans *RDSR*. Vol. 80. N. 1.

En lo que a nosotros respecta, cumpliremos con nuestra función pedagógica y hablaremos de la simbología desde la perspectiva de las fuentes del Apocalipsis. Empero, antes de entrar en materia, huelga citar la acotación del profesor James Hardy Ropes, que reza de la siguiente manera:

> Las figuras y símbolos, las langostas, el dragón, la mujer escarlata, el árbol de la vida, el mar de vidrio mezclado con fuego, los jinetes, los segadores, las puertas de perlas, los muros de piedras preciosas, el río de la vida, estos y muchos más... no se utilizan aquí [en el Apocalipsis de san Juan] por primera vez. No surgen directamente de las necesidades de la propia expresión del escritor. Son convencionales, tradicionales, derivados. Algunos de ellos representan la mitología y el folklore de muchos pueblos y épocas. Algunos de ellos son sugeridos por acontecimientos políticos y físicos de la época del escritor. Pertenecen al tipo apocalíptico. Es tarea del estudiante examinarlos en detalle para descubrir, si él puede, mediante estudio comparativo, conocer su origen.[185]

El profesor Ropes nos está diciendo que el simbolismo y las figuras del Apocalipsis tienen sus fuentes bien específicas y eso es precisamente lo que abordaremos. Por tanto, en el presente capítulo serán objeto de estudio tres temas principales, a saber: la teoría general del símbolo, el *Sitz im Leben* del simbolismo en la apocalíptica y, finalmente, la descodificación del lenguaje simbólico.

5.1. Teoría general del símbolo

No se puede (o no se debe) leer la literatura apocalíptica sin conocer la teoría general del símbolo; para fortuna nuestra, el profesor José María Martínez[186] desarrolla esta temática que nos permite comprender el fenómeno del simbolismo de una mejor manera.

Definición de símbolo

Para comenzar diremos que un símbolo es «un ser u objeto que representa un concepto abstracto, invisible, por alguna semejanza o correspondencia».[187] La definición nos deja ver una serie de elementos. El primero es que tanto una persona como un objeto pueden simbolizar algo: Judas simboliza la

---

185. Ropes, J. H. (1919). "The Reasonable Appeal of the Book of Revelation". *THTR*. Vol. 12, N. 4, pp. 412-413.
186. Martínez, J. M. (1984). *Hermenéutica bíblica*, pp. 181-192. Editorial CLIE.
187. *Ibid.*, p. 81.

traición; Adán, el pecado; una balanza, la justicia; en el caso del Apocalipsis, un cuerno simboliza el poder temporal.

El segundo elemento de la definición tiene que ver con la manera como un objeto abstracto puede corresponderse con un concepto y representarlo —*v. g.*, la hoz y el martillo simbolizan la unión obrero-campesina; este simbolismo establece una correspondencia con un hecho histórico, inmediatamente identificable con la revolución bolchevique de 1917, que tuvo trascendencia mundial—. En este mismo sentido, la esvástica simboliza el nazismo y el antisemitismo; siempre que veamos una esvástica vamos a sentir repulsión por lo que representa: el holocausto de seres humanos y la estupidez del hombre elevada a su máxima expresión.

Sabemos estas cosas porque son muy recientes y aún permanecen en el imaginario colectivo; los medios de comunicación actuales las registran y ponen a nuestra disposición. Imagínese el simbolismo de la literatura apocalíptica en una época en la que la imprenta no se había inventado; el significado de aquella simbología estaba condenado a perderse en el tiempo (aunque, afortunadamente, hemos rescatado mucho de ella).

Taxonomía del símbolo

Existen diferentes clases de símbolos y esta es toda una ciencia; no vamos a entrar en ella porque no corresponde a nuestro objeto de estudio. Sin embargo, haremos una clasificación *ad hoc*, es decir, acorde al propósito de nuestra investigación, que es el de conocer las fuentes que dieron origen al Apocalipsis.

Los números

El número 7

El primer número simbólico es el siete, que tiene una gran prominencia en el texto sagrado. Lo encontramos de entrada en el v. 4 del capítulo 1 del Apocalipsis de san Juan, cuando dice: «A las siete iglesias que están en el Asia». De ahí lo vemos en toda la trama del escrito: siete ángeles, siete espíritus, siete sellos, siete trompetas, siete copas de ira, etc. Sobre este número, el profesor Martínez observa:

> El número siete se encuentra en una u otra forma en casi seiscientos pasajes bíblicos. Cuando tiene un claro carácter simbólico, suele coincidir con el significado de totalidad, integridad o perfección que le atribuían los babilonios. En algunos casos, sin embargo, puede denotar intensidad, como sucede en la séptuple maldición pronunciada contra

quien matara a Caín (Gn. 4:15) o en la alabanza a Dios siete veces al día (Sal. 119:164).[188]

La cita anterior nos muestra la prominencia que este número tiene en el texto sagrado; empero, no hablamos solamente de este número *per se*, sino de sus múltiplos, como el número 14 (7+7) en la agrupación de tres sets de catorce generaciones desde Abraham hasta Cristo en el libro de Mateo. El número 49 (7x7) es otro ejemplo, como en los cuarenta y nueve años antes del Jubileo. También encontramos el número 70 en reiteradas ocasiones en la Biblia, como en las setenta semanas de Daniel.

Hablando de este último punto, es lamentable que las personas traten de darle una interpretación literal a las semanas, tratando de identificar acontecimientos históricos para apoyar una teología cuando el número es un mero simbolismo y lo que corresponde hacer es ver qué era lo que simbolizaba. Las setenta semanas de Daniel son simbólicas y cualquier interpretación que desconozca la simbología incurre en una falta de respeto al texto y un insulto a nuestra inteligencia.

En relación con el número siete en el Apocalipsis de san Juan, don Luciano Jaramillo Cárdenas escribe:

> El hecho concreto es que los autores bíblicos utilizan el siete para crear listas de cosas o personajes positivos; o de cosas negativas para expresar el colmo del mal o la desgracia. Estos matices los vemos especialmente en el libro de Apocalipsis. Un ejemplo elocuente es el de las siete iglesias... de seguro que estaban en su mente y propósito no solo siete iglesias en particular, sino la iglesia universal. Toda la iglesia es interpelada. Y si habla de siete espíritus, mejor podría interpretarse como el único espíritu septiforme que se manifiesta en la plenitud de su poder a través de sus diversos dones y virtudes. También en el caso negativo, siete sellos, siete trompetas, siete copas representan la plenitud de las desgracias que se ciernen sobre el mundo. Así como la culminación del castigo se representa con siete ángeles con las siete plagas, que son las últimas, pues con ellas se consuma la ira de Dios.[189]

Don Luciano Jaramillo nos clarifica que el número siete simboliza una cosa: la plenitud. Los ejemplos bíblicos abundan: son siete los días que el pacto con Abraham pide dejar después del nacimiento para la circuncisión (Gn. 17:12); siete sacerdotes con siete trompetas rodearon Jericó (Jos. 6:13-15);

---

188. *Ibid.*, p. 187.
189. Cf. Jaramillo Cárdenas, L. *El mensaje de los números. Op. cit.*, pp. 130-131.

las fiestas del pan sin levadura y los tabernáculos duraban siete días (Éx. 12:15-19); el día del arrepentimiento y la remisión de pecados ocurría el séptimo mes (Lev. 16:29); siete veces debía rociarse la sangre del toro (Lev. 4:6) y las ofrendas quemadas del cordero (Núm. 28:11); los leprosos debían rociarse siete veces para ser puros (Lev. 14:7); y faltaría tiempo para hablar de las siete vueltas a Jericó, las siete zambullidlas de Naamán el sirio en el Jordán, las siete caídas del justo, el perdón setenta veces siete, los siete maridos que tuvo aquella mujer, etc. Creo que es mejor parar aquí, pues queda suficientemente claro que el número siete en la Biblia no es una coincidencia: es un símbolo que representa algo. Es tan simple como eso.

En el caso específico del Apocalipsis de san Juan, el número siete no debe interpretarse literalmente; luego, no existen siete iglesias, sino que estas simbolizan a la iglesia universal. Es, por lo tanto, solamente un mensaje. Como muy bien señala don Luciano, los siete sellos, las siete trompetas, las siete copas solo simbolizan la plenitud de las desgracias que se ciernen sobre aquellos que persiguen a los santos del Altísimo. En palabras llanas, ¡ay de aquel o aquellos que se atrevan a perseguir a la iglesia porque la plenitud de las desgracias caerá sobre ellos! Esa es una parte esencial del mensaje apocalíptico (y, por ende, del Apocalipsis de san Juan): dejarle saber al pueblo de Dios que está bajo su cobertura, y que aquel que se atreva a tocarlo estará *ipso facto* bajo la ira de Dios.

Don Luciano agrega algo más: «En el libro de Apocalipsis tenemos cuarenta septenarios: siete sellos, siete trompetas, siete copas, siete visiones, etc. Todo el libro está compuesto sobre series de siete. En todo esto se percibe el mensaje de la plenitud de un tiempo o período de tiempo concluido».[190] Todo esto deja en evidencia el trabajo heurístico del redactor del Apocalipsis de san Juan; quien sea que haya sido, hizo un trabajo fino y bien pensado.

El número 12

El segundo número simbólico que queremos mencionar es el 12, que aparece a lo largo de la Biblia en numerosas ocasiones: los doce hijos de Jacob, las 12 tribus de Israel, los doce apóstoles, etc. En el Apocalipsis de san Juan aparece repetido muchas veces: los doce mil sellados de cada tribu de Israel (7:4-8); las doce estrellas sobre la cabeza de la mujer vestida de sol (12:1); las doce puertas con doce ángeles de la nueva Jerusalén (21:12); los fundamentos de la ciudad con los nombres de los apóstoles (21:14); sus dimensiones, que son múltiplos de doce (21:16, 17); las piedras preciosas de los cimientos (21:19, 20) y los doce frutos del árbol de la vida (22:2).

190. *Ibid.* Ubicación Kindle 2111.

Para el profesor Martínez, existe en el número doce un claro valor simbólico que denota al pueblo de Dios en su totalidad, en su unidad, grandeza y gloria a la que está destinado.[191]

Para efectos del estudio que estamos realizando, estos son los números simbólicos que tienen mayor trascendencia.

Los colores

En el Apocalipsis de san Juan, vamos a encontrar una serie de colores que simbolizan conceptos abstractos. Sobre este tema, Ignacio Rojas señala lo siguiente:

> Fundamental en la composición de la obra son los "colores" que, además del valor estético, adquieren un valor simbólico peculiar. Juan no ve la realidad en blanco y negro, no es baladí la utilización de un color u otro. La acentuación y el detalle cromático en las descripciones desvelan el deseo del autor por expresar por medio de los colores una fuerte carga emotiva; son una expresión externa de cuanto mueve el interior de la humanidad.[192]

El comentario de Rojas introduce el elemento humanidad al escrito de Juan; asegura que el uso de los colores no es algo baladí, sino una forma de expresar una fuerte carga emotiva. Esto tiene mucho sentido cuando se observa el relato con detenimiento.

Para comenzar el discurso, hablemos del color blanco, que aparece mencionado a lo largo de toda la narración. Los fieles a Cristo están vestidos de blanco (como consta en 3:4, 5; 3:18; 6:11; 7:9; 7;13, 14). El Hijo del Hombre tiene cabellos blancos (1:13). El blanco es un atributo de los vencedores, los que triunfan sobre el mal; lo vemos en los caballos de 6:2, donde uno de los jinetes monta un caballo blanco que salió para vencer. Se identifica a este personaje con Cristo. Lo anterior es más que suficiente para reconocer una imagen recurrente en la narración, un símbolo de la santidad.[193]

Encontramos el color negro en Apocalipsis 6 en referencia a un jinete que monta un caballo negro que simboliza la muerte, el luto y el hambre

---

191. Martínez, J. M. *Hermenéutica bíblica. Op. cit.*, pp. 187-188.

192. Rojas Gálvez, I. (2013). *Qué se sabe de los símbolos del Apocalipsis*, p. 123. Edit. Verbo Divino.

193. Cf. Ochoa Vega, C. A. (1999). *Apocalipsis, la batalla de Dios*, pp. 162 ss. Ediciones Universidad de Valladolid.

(6:5, 6). La profesora Clara Ochoa Vega discurre sobre la figura de los caballos de la siguiente manera:

> El caballo no solamente aparece tal cual, sino entrando a formar parte de animales compuestos. Los animales compuestos aparecen en todas las culturas y son símbolos complejos, que aúnan la significación asociada a cada uno de los animales que la forman. Estas creaciones intelectuales dan mayor aspecto caótico al animal. Ya que la mezcla heterogénea de elementos en su composición le proporciona un efecto de salvajismo y movimiento.[194]

Los caballos simbolizan el galope de los juicios; el caballo negro, en particular, simboliza la muerte y el hambre.

Otro de los colores que encontramos en el Apocalipsis es el púrpura o escarlata, que simboliza la realeza o la majestad, mientras el rojo, que hace pensar en la sangre, simboliza la guerra, como puede verse en Apocalipsis 6:4.

Los metales

Que algunos de estos elementos tienen un carácter emblemático es innegable; pero esta es quizá la parte más difícil de la simbología, dada la dificultad con que se tropieza a menudo para particularizar el simbolismo de cada uno de los materiales. Frecuentemente aparecen combinados, por lo que, en algunos textos, lo más aconsejable probablemente sea buscar el simbolismo del conjunto y no de cada una de las partes. Ejemplo de esto son las gemas que componen las puertas de la Jerusalén celestial (Ap. 21:14, 19, 20).

En el libro de Daniel, en el capítulo dos, aparece una visión en la que el vidente mira una estatua enorme cuya cabeza es de oro; los hombros y brazos, de plata; el vientre y los muslos, de bronce; las piernas, de hierro; y los pies eran una mezcla de hierro y barro. Por lógica aristotélica se concluye que el metal *per se* no simboliza nada, empero, la gradación de estos sí —*v. g.*, el oro tiene más valor que la plata, y la plata más valor que el bronce, y por supuesto el hierro y el barro son algo vil en comparación con el oro—. La estatua ha tenido una serie de interpretaciones en la teología, y meternos en ellas rebasa nuestro objeto de estudio. Lo que sí se puede afirmar es que la estatua representa el gobierno humano, y como estos son transitorios y van de los más esplendorosos a los menos esplendorosos, la gradación de los metales que hace el redactor de Daniel tiene entonces sentido.

---

194. *Ibid.*, p. 168.

Como señala el profesor Rubén Bernal: «Al estar los escritos en contextos de clandestinidad, angustia y opresión, necesitan de una simbología y estilo literario que haga referencia a sus perseguidores u opresores de forma velada. El uso de imágenes... sirve para quejar[se] del sistema imperial que los asfixiaba».[195]

Solo los judíos de aquella época podían identificar la razón del simbolismo de x o y metal con x o y imperio humano. En la actualidad, todo lo que podemos decir es que el simbolismo deja ver una gradación de más a menos esplendor en el gobierno que el hombre hace de la sociedad.

Existe una serie de simbolismos en relación con los metales en el Apocalipsis de san Juan, ante los que conviene sostener esta analogía entre la dignidad del metal y lo que este representa. Es lo único que podemos hacer al respecto de esta temática del simbolismo de los metales.

La hermenéutica del símbolo

Ya sabemos que el símbolo es el lenguaje utilizado por los escritores del género apocalíptico, una característica que nos deja menudo problema hermenéutico a los lectores, no solamente del presente, sino que también causó problemas muy serios en el pasado.[196]

El profesor Ignacio Rojas Gálvez de la Facultad de Teología de Granada[197] efectúa una exposición de las dos formas de leer el lenguaje simbólico del Apocalipsis. La primera es la *literalista*, a la que él llama *milenarista*,[198] que está fundamentada en la mala interpretación del pasaje de Apocalipsis 20:1-6,[199] que nos habla del reino milenial de Cristo, en el cual Satanás

---

195. Bernal, R. (2022). *Conocer la apocalíptica judía para descubrir el Apocalipsis*, p. 57. Editorial CLIE.

196. Lo que ocurrió con la iglesia de Tesalónica es un ejemplo de la mala interpretación del texto, sumada a la influencia de maestros réprobos que todo lo que hicieron fue provocar el caos y la anarquía. Esta confusión obligó al apóstol Pablo a escribir dos cartas para aclarar el tema de la *parusía* del Señor, pues su mala comprensión había dado lugar a la creencia de una venida tan inminente que algunos se paralizaron y comenzaron a esperar la parusía.

197. Rojas Gálvez, I. *Qué se sabe de los símbolos del Apocalipsis. Op. cit.*, pp. 16-19.

198. En la jerga protestante, a esta escuela se la llama premilenialista, aunque en este momento de la historia no existe ningún tipo de desarrollo teológico sobre el tema. Podemos decir que esta es la etapa embrionaria de la interpretación premilenialista y dispensacionalista que se iba a desarrollar en el s. XIX. Finalmente, hay que señalar que al milenarismo también se lo llamó *quialismo*, que viene de la palabra griega *Kilioi*, que significa *mil*.

199. Entre los Padres de la Iglesia que creían en la literalidad del milenio se encontraba Papías, de quien habla el historiador Eusebio de Cesarea diciendo «que después de la resurrección de los muertos habrá un milenio y que el reino de Cristo se establecerá

y el dragón estarán atados por la misma cantidad de años. Uno de los tristemente célebres personajes a quien la historia sindica como hereje fue Montano,[200] quien incurrió en una interpretación literal del milenio y promovió un movimiento que creía en la inminencia de la *parusía* del Señor y la llegada de la nueva Jerusalén, que se establecería en las ciudades de Peruza o Tymión en Frigia. Montano llegó a tener muchos adeptos y causó un enorme disturbio que puso a escribir a las plumas de los Padres de la Iglesia, que lo combatieron con firmeza y lo consideraron hereje.[201]

La segunda forma es la *alegórica*, que surge en la escuela de Alejandría[202] y tiene a Orígenes y a Dionisio, su discípulo, como máximos exponentes. La escuela alegórica se desmarcó de la literalista y reivindicó el sentido moral, espiritual y alegórico del Apocalipsis. Para esta escuela, el milenio es un símbolo que hay que interpretar correctamente.[203]

Para cerrar el tema del milenio, primero que nada hay tener en claro que en la época de Juan, el tiempo se medía de una manera diferente a como lo hacemos hoy en día en la cultura occidental. Así que, comenzando por ahí, no se refiere a años de 365 días. Ahora, la interpretación simbólica de los mil años no echa por tierra la realidad del reino de Dios y su establecimiento futuro, que es en realidad lo que nos importa. Una cosa no quita la otra.

---

corporalmente sobre esta tierra. Yo creo que Papías supone todo esto por haber tergiversado las explicaciones de los apóstoles, no percatándose de que estos lo habían dicho figurativamente y de modo simbólico» (Eusebio de Cesarea. (s/f). *Historia Eclesiástica*. Tomo III. Cap. 39). https://www.eltestigofiel.org/index.php?idu=pa_12839. Sobre el milenarismo de Papías y su entorno, cf. Daniélou, J. (1958). *Théologie du judéo-christianisme. Histoire des doctrines chrétiennes avant Nicée 1*, pp. 341-366. Desclée et Co.

200. Siguen siendo básicas para el estudio del montanismo las obras de Labriolle, P. (1913). *La crise montaniste*. Bibliothèque de la Fondation Thiers. Del mismo autor, Labriolle, P. (2018). *Les sources de l'histoire du Montanisme*. Forgotten Books. Sobre la fecha de aparición del montanismo, cf. Barnes, T. D. (1970). "The Chronology of Montanism". *JTS*. Vol. 11, pp. 403-408.

201. Para Rojas Gálvez, este tipo de interpretaciones es producto de los momentos de persecución, dificultad o catástrofe que generan grupos que creen en el inminente cumplimiento de lo que simbólicamente describe el libro. Cf. Rojas Gálvez, I. *Qué se sabe de los símbolos del Apocalipsis. Op. cit.*, p. 20.

202. Cf. Zaldívar, R. *Las fuentes griegas que dieron origen a la Biblia y a la teología cristiana. Op. cit.*, pp. 121 ss.

203. Entre los seguidores de esta escuela se encuentra Agustín de Hipona, para quien el milenio es la vida de la iglesia sobre la tierra, el tiempo que transcurre entre la encarnación de Cristo hasta su parusía. En la *Ciudad de Dios* presenta de manera simbólica el conflicto entre el bien y el mal, entre Jerusalén y Babilonia. Se recomienda ver Pierantoni, C. (2000). "El fin del mundo en san Agustín". *TYV*. Vol. 41. N. 1.

Para cerrar esta temática de la interpretación de Apocalipsis 20, es de sumo interés la descripción histórica que efectúa el profesor Rojas Gálvez sobre cómo este pasaje se ha interpretado en los diferentes períodos de la historia. Él demuestra como los acontecimientos sociopolíticos de la época van marcando el paso y la forma de interpretar, ya sea literalista o alegórica.[204] En la actualidad, predomina la interpretación literalista, mejor conocida como premilenialista-dispensacionalista, que asegura que el milenio es la última dispensación antes del final y que el mismo es literal.

Una vez hecho el estudio correspondiente de la hermenéutica del símbolo, es menester considerar las fuentes lingüísticas de las que se valió el redactor del Apocalipsis para construir su narración, *i. e.*, la fuente del lenguaje simbólico utilizado en su escrito.

5.2. Fuentes veterotestamentarias del simbolismo del Apocalipsis

Ya ha quedado demostrado que una fuente principal para la redacción del Apocalipsis fue el Antiguo Testamento, lo cual incluye el tema de los símbolos.[205] El redactor selecciona y toma figuras simbólicas del Antiguo Testamento, y las incluye en su relato, dándoles un significado *sui generis*. Para nuestro estudio de los símbolos que sirven de fuente primigenia para la redacción del Apocalipsis, hemos seleccionado dos de forma específica (la serpiente y el árbol) y una de forma genérica (los animales).

La serpiente

En el libro de Génesis se menciona tres veces a la serpiente: en 3:1 —donde esta seduce a la mujer—, en 3:13 —cuando la mujer la culpa por su desliz—

---

204. Rojas Gálvez, I. *Qué se sabe de los símbolos del Apocalipsis. Op. cit.*, pp. 21 ss.

205. Sobre el tema de las figuras simbólicas del A.T., el libro de José María Martínez es muy ilustrativo y señala lo siguiente: «Otros símbolos importantes los encontramos en las visiones de los restantes profetas: en las de Jeremías (la vara de almendro y la olla hirviente —Jer. 1:10-12—, cuyo significado es explicado por Dios mismo; las dos cestas de higos —cap. 24—); en las de Amós (el canastillo de fruta madura —8:1-3—, símbolo de la inminencia del juicio de Dios sobre Israel); en las de Ezequiel (los huesos secos que se recubren de tendones, carne y piel para alojar un nuevo espíritu —37:1-14—, figura de un Israel restaurado) o en las de Zacarías (jinetes y cuernos —cap. 1—, un cordel de medir —2:1—, las vestiduras sucias de Josué, sus ropas de gala y su mitra —3:1-10—, el candelero de oro y los dos olivos —4:1-14—, el rollo volante —5:1-4—, el efa —5:4-11—, los carros que salen de entre montes de bronce —6:1-8—, las coronas recordatorias —6:9-15—)». Alguna de esta simbología fue utilizada como fuente por san Juan, como ya explicamos en el capítulo 2 de este trabajo. Cf. Martínez, J. *Hermenéutica bíblica. Op. cit.*, p. 184.

y finalmente en 3:24 —cuando Dios pronuncia un juicio contra ella—. Es de suma importancia hacer notar que en ninguna parte del Génesis se identifica a la serpiente con Satanás, pues en esta época el concepto de Satanás no existía; este surge y se desarrolla en el período intertestamentario. En 2 Corintios 11:3, encontramos nuevamente la figura de la serpiente; se habla de su astucia de manera similar a lo que se nos dice en el libro de Génesis. Recién en Apocalipsis 12:9, el redactor del escrito la identifica con Satanás. Sobre este tema es importante citar al profesor Javier Alonso López:

> Varios siglos después de la redacción de estos textos, la tradición cristiana primitiva dio un paso más al identificar a la serpiente con el demonio. El texto clave en este sentido se encuentra en el Apocalipsis: «Fue expulsado el gran dragón, la serpiente antigua que se llama diablo y Satán y engaña a todo el mundo; fue expulsado a la Tierra y sus ángeles fueron expulsados con él». Una vez observada la similitud de esta frase con lo ocurrido en el jardín del Edén, se completó la identificación, y la serpiente se convirtió en Satán. A partir de ese momento, su presencia se hace abrumadora, por ejemplo, en casi todas las narraciones de los Hechos Apócrifos de los Apóstoles, donde los discípulos de Jesús se enfrentan una y otra vez al mal representado por serpientes cada vez en mayor número y con rasgos más horribles. Se cumplía, de ese modo, la maldición bíblica pronunciada sobre el reptil: «Enemistad pondré entre ti y la mujer, entre tu prole y su prole». La serpiente pasó a ocupar, para siempre, un lugar maldito en su relación con los humanos.[206]

En Apocalipsis 12:9 encontramos la expresión ὁ ὄφις ὁ ἀρχαῖος, que se traduce al castellano como *la serpiente antigua*, y el mismo redactor nos dice que simboliza a Διάβολος καὶ ὁ Σατανᾶς, que se traduce como *diablo y satanás*. San Juan ha tomado la figura de la serpiente del Génesis y ha hecho una analogía con Satanás; por eso en la teología actual, la serpiente simboliza al engendro de maldad. La misma expresión se repite en 12:15, donde solo menciona ὁ ὄφις, i. e., la serpiente, y finalmente vuelve hacerlo en 20:2, donde usa la misma expresión de 12:9, ὁ ὄφις ὁ ἀρχαῖος, i. e., *serpiente antigua*. En otras palabras, vamos a encontrar a la serpiente tres veces en el Apocalipsis simbolizando al diablo o Satanás. En la literatura apocalíptica aparece la figura de la serpiente,[207] pero no hemos encontrado específicamente la analogía que se hace en el Apocalipsis al respecto de Satanás.

---

206. López, J. A. (2019). "La serpiente, el animal maldito del paraíso". *National Geographic*. Enero.

207. En pasajes como 2 Enoc 11:75, Apocalipsis griego de Baruc 4:16, *inter alia*.

Para efecto de nuestro estudio, dejamos constancia de que el redactor del Apocalipsis intencionalmente toma una figura del Génesis, hace la correspondiente analogía y crea la figura de serpiente antigua como símbolo de Satanás.

El árbol de la vida

El árbol de la vida es un simbolismo que aparece en Apocalipsis 22:2, tomado de Génesis 2:9. El símbolo evoca, según Ignacio Rojas Gálvez,[208] los deseos divinos de bienestar para la humanidad y de encuentro con ella. Juan transmite la idea de que hubo un tiempo cuando fue así (Génesis) y habrá nuevamente un tiempo cuando será así (Apocalipsis). De este modo, origen y fin de la humanidad están representados en el símbolo del árbol de la vida, que evoca el hecho de que la humanidad es creada y acompañada por Dios.

Los animales

El simbolismo animal y zoomórfico se encuentra ya en los libros de Ezequiel y Daniel, y luego aparece también en el Apocalipsis de san Juan. Se cree que este simbolismo fue tomado por Israel de las culturas con las que interactuó; estamos hablando de aquellos pueblos de la Mesopotamia con los cuales Israel vivió por causa del exilio. Vamos ahora a centrarnos en los animales de Ezequiel 1 que aparecen reproducidos en Apocalipsis 4:6, 7.

Lo primero que tenemos que señalar es que un animal simboliza una realidad superior al hombre, positiva o negativa, que estimula, incita o mueve. El símbolo de los animales representa las formas sobrehumanas controladas siempre por Dios. Como es lógico, cada animal simboliza su cualidad fundamental: el león simboliza la realeza; el toro, la fuerza; el águila, la velocidad o altura; el dragón, el mal;[209] la serpiente, a Satanás; *inter alia*.

Una vez estudiadas las fuentes veterotestamentarias del simbolismo usadas por san Juan, corresponde estudiar las fuentes paganas del simbolismo usadas por este en su narración apocalíptica.

5.3. Fuentes paganas del simbolismo del Apocalipsis

Parte del lenguaje fantástico que encontramos en la literatura apocalíptica tiene su origen en la mitología de los pueblos de la Mesopotamia con los

---

208. Rojas Gálvez, I. *Qué se sabe de los símbolos del Apocalipsis. Op. cit.*, p. 176.
209. Cf. Del Olmo Veros, R. (2009). "La comunicación simbólica en el Apocalipsis". *RYC*. LV, p. 355.

que Israel estuvo íntimamente ligado por causa del exilio. La asimilación cultural fue notable; no solamente hicieron del arameo su idioma, sino que adoptaron muchas cosas de su cultura. En síntesis, hubo un reciclaje cultural en los descendientes de Abraham.

El género apocalíptico da sus primeros pasos en Mesopotamia; es precisamente en el libro de Ezequiel donde encontramos simbolismos fantásticos que tienen su origen en la mitología de aquellos pueblos. Por ejemplo, esas figuras de toros con cabezas humanas y alas que servían para proteger las ciudades de la Mesopotamia[210] tienen mucha similitud con las descritas en Daniel y Apocalipsis. Hablando del libro de Daniel, el profesor Londoño asevera:

> El corazón de la narración de Daniel 7 tiene su origen en los mitos del Antiguo Medio Oriente. Sin embargo, no posee el carácter mítico de aquellas visiones… afirmando que mito… no debe entenderse como algo que es mentira sino como una narrativa acerca de eventos originarios centrados en la actividad de los dioses en su propio contexto, y que ayudan a contar las realidades presentes en el mundo en que vive el narrador.[211]

La aclaración del profesor Londoño es muy importante ya que, si las figuras de los *seres vivientes* o de las bestias surgen de mitos, el resultado es que todo es un mito o mentira, lo que no es así. Lo cierto es que el narrador toma figuras de la mitología oriental y hace un *midrash* de ellas dentro del contexto judío para crear un lenguaje simbólico que sirve de fuente a la literatura apocalíptica cristiana.

---

210. En la mitología mesopotámica, los *lammasu* eran seres con cabeza de humano (androcéfalos), cuerpo de león o toro y alas. Guardaban las puertas de muchas ciudades y palacios de las civilizaciones mesopotámicas, en particular, las de los asirios, que fueron quienes los representaron con mayores dimensiones, tal y como podemos contemplar en el Museo Británico de Londres, donde se exhiben muchos ejemplares. Se creía que los *lammasu* ahuyentaban tanto a los espíritus maléficos como a los enemigos. Eran representados generalmente en parejas, situados uno a cada lado de la entrada que vigilaban. La iconografía de estas divinidades mitológicas contiene muchos mensajes. En primer lugar, el cuerpo es de toro porque este animal se asociaba al poder. Su cara podía reproducir la del rey que gobernaba cuando se esculpieron, alusión subrayada por una corona en forma de tiara. Las garras eran de toro o de león, y las alas de águila o halcón, aves que se vinculaban al sol, como en el antiguo Egipto. Se recomienda ver el artículo de Schaefer, S. (2021). "Broken Guardians: the *Lamassu* and Fragmented Historical Vision in Nineteenth Century". *Word & Image*. Vol. 37. N. 1, pp. 37:1, 32-49.

211. Londoño, J. E. (2009). "Literatura apocalíptica, literatura fantástica". *VYP*. Vol. 29 (2), p. 127.

En Ezequiel 1:10, leemos: «Las caras de los cuatro seres tenían este aspecto: por delante, su cara era la de un hombre; a la derecha, la de un león; a la izquierda, la de un toro; y por detrás, la de un águila»; y en Apocalipsis 4:7, leemos: «El primero de aquellos seres parecía un león, el segundo parecía un toro, el tercero tenía aspecto humano, y el cuarto parecía un águila volando». Aunque ambos textos son diferentes a los mitológicos *lammasu* de la Mesopotamia, los elementos son los mismos: el toro, el águila, el rostro humano. Resulta difícil creer que Ezequiel desconocía esta iconografía al momento de redactar su escrito.

Lo que se está diciendo en definitiva es que, al haber estado Ezequiel en Mesopotamia como un exiliado, tuvo que haber conocido la iconografía de los *lammasu*, que utiliza *mutatis mutandis* en su escrito y es recuperado luego por el redactor del Apocalipsis. La iconografía pagana fue fuente del lenguaje apocalíptico de Ezequiel y, por ende, de la narración de san Juan posteriormente. Así queda suficientemente probada la existencia de simbología bíblica proveniente del mundo pagano.

5.4. Descodificando el lenguaje simbólico

Al hablar de la descodificación del Apocalipsis estamos llegando a aguas profundas o, si queremos decirlo de otra manera, a una especie de triángulo de las Bermudas, es decir, un lugar misterioso, peligroso y enigmático. Es precisamente aquí donde muchas personas se pierden al tratar de interpretar símbolos y sucesos mencionados en este libro.

Entendemos la importancia de interpretar la simbología y los sucesos del relato. En algunos casos, el mismo texto nos da la interpretación; en otros, debemos recurrir a la literatura apocalíptica; y hay casos específicos en que toca filosofar y sacar conclusiones que nos puedan arrojar luz. En este último caso, debemos tener cuidado de no presentar nuestras conclusiones como verdades esenciales; más bien, debemos siempre reconocer un margen de error en nuestras interpretaciones. Esa es una debilidad muy grande del dispensacionalismo premilenialista[212] o de cualquier otra

---

212. Es quizás la interpretación más común en la actualidad. Considera el Apocalipsis como una obra de profecía no cumplida aún, como una producción literaria escatológica que trata acerca de los eventos relacionados con el fin del mundo, comprendida la venida del Señor, el reino milenario con los santos en la tierra, la derrota de Satán, la segunda resurrección y el juicio del trono blanco. Tal interpretación trasforma el Apocalipsis en un problema de matemáticas celestiales, en el que los cálculos de las cartas del tiempo interesan más que los problemas reales que tocan la vida del hombre; sostiene que los eventos mencionados en los capítulos 4–19 van a desarrollarse en el breve espacio de

interpretación sectaria: sacar conclusiones absolutas de símbolos o sucesos que se prestan para la ambigüedad y que no concuerda con el todo al momento de ver la teología en un sentido amplio.

Antes de comenzar nuestro trabajo de descodificación, es muy importante dejar suficientemente en claro lo siguiente: «Que el Apocalipsis es un libro apocalíptico y que solo en ese contexto puede interpretarse».[213]

Hecha la aclaración anterior, huelga avanzar comenzando por definir qué entendemos por descodificar el lenguaje del Apocalipsis. Descodificar es el acto por el cual procederemos a darle un significado al símbolo utilizado por el redactor de la apocalíptica, partiendo de la misma literatura apocalíptica, tanto canónica como no canónica, así como de la historia, la mitología mesopotámica y la lógica. Es importante aclarar que no somos los primeros en hacerlo; existen trabajos eruditos sobre la descodificación del Apocalipsis. Quizás nuestra contribución al tema sea la forma de presentarlo. Tampoco pretendemos descodificar todo el lenguaje; tal cosa sería muy pretensiosa. Empero sí deseamos presentar un trabajo lo más completo posible que nos permita interpretar la simbología utilizada por Juan en su relato.

---

siete años, que es el período de tribulación correspondiente a la septuagésima semana mencionada en la conocida profecía de Daniel 9:24-27, semana que se considera separada de las otras sesenta y nueve por un período de muchos siglos, ya que vendrá al final de la era cristiana. La visión futurista es literalista en su interpretación y desconoce prácticamente el carácter simbólico del Apocalipsis. Por ejemplo, según el capítulo 11, el templo es medido; la visión futurista afirma que se refiere al templo de Jerusalén, que será reconstruido antes del fin del mundo. En el mismo capítulo, se encuentran los dos testigos, y se sostiene que no se trata de un símbolo, sino de una profecía referente a los dos grandes profetas que aparecerán cerca del fin del mundo). Esta visión futurista es milenarista en su teología: sostiene que después de que el Señor sea revelado desde el cielo en su segunda venida, el juicio final no se verificará inmediatamente, sino que en su lugar sucederá la resurrección de los justos y después Cristo reinará con sus santos durante mil años en la tierra. Esta perspectiva es utilizada por la mayor parte de las iglesias que no pertenecen a ninguna denominación, que suelen afirmar que su método es el único que conservará viva y activa la esperanza en el regreso del Señor, al tiempo que consideran que las demás maneras de ver el Apocalipsis oscurecen esta esperanza y hacen que los hombres vuelvan los ojos a la tierra, más que a las nubes desde donde vendrá Cristo. Afirman que aceptar cualquier punto de vista diferente del antes señalado excluye el esfuerzo evangélico y deja sin sentido la obra de la predicación. Cf. Noratto, J. A. (2000). "Apocalíptica y mesianismos. Tras la interpretación del Apocalipsis de san Juan". *RTX*. Vol. 135, pp. 345 ss.

213. Pikaza, X. *Apocalipsis. Op. cit.*, p. 9.

Ahora, para que este trabajo tenga sentido y sea de utilidad en la interpretación del Apocalipsis, es importante partir de una serie de premisas que le darán norte al exégeta a la hora de hacer su trabajo.

(1) La narración apocalíptica está escrita en lenguaje simbólico; luego, no puede ser interpretada literalmente. Sería un contrasentido atribuirle carácter simbólico a ciertas partes del escrito y a otras no.

(2) Una vez identificado el significado del símbolo en su contexto, lo más sensato es darle una interpretación alegórica, como hicieron la mayoría de los Padres de la Iglesia.

(3) A pesar de la premisa anterior, existen pasajes dentro de la narrativa del Apocalipsis que pueden ser objeto de un estudio histórico-crítico, como el que hemos realizado en el anexo 2 sobre la marca de la bestia.

(4) La descodificación se hará a través de lo que hemos llamado *Diccionario semiológico del Apocalipsis*, un trabajo realizado teniendo como marco referencial la teoría general del signo de Ferdinand de Saussure.[214]

Una vez expuestas las cuatro premisas anteriores, es importante apuntar que el diccionario que a continuación se presenta está dividido en seis elementos: primero, el símbolo; segundo, su significado; tercero, la palabra en el idioma original; cuarto, el lugar donde aparece en el Antiguo Testamento; quinto, el lugar donde aparece en cualquiera de los pseudoepígrafos; y sexto, finalmente, la localización en el Apocalipsis de san Juan. El diccionario nos permitirá ver que antes de la redacción del Apocalipsis, ya existía un lenguaje "apocalíptico" que se había desarrollado en el tiempo y que fue utilizado por san Juan. Se debe señalar, no obstante, que el redactor del Apocalipsis creó muchos neologismos, puesto que el centro de su discurso era Jesucristo: una personalidad que nunca había sido considerada en la apocalíptica judía porque simplemente no existía. Tanto el discurso como el lenguaje del Apocalipsis giran alrededor de la obra de Jesucristo, a partir del cual san Juan crea el símbolo del Cordero degollado,[215] un neologismo dentro del lenguaje apocalíptico.

---

214. Ferdinand de Saussure es considerado el padre de la lingüística. Nacido en Ginebra, Suiza, fue profesor en diversas universidades y su *magnum opus* es el *Curso de Lingüística General*. Véase De Saussure, F. (2007). *Curso de Lingüística General*. Edit. Losada.
215. Apocalipsis 5:12.

Diccionario semiológico del Apocalipsis de san Juan

Signo	Significado	Palabra griega	Antiguo Testamento	Libro pseudoepígrafo	Apocalipsis
Abismo	Lugar de los espíritus malignos	ἀβύσσου[216] (G-12 Strong)	Prov. 1:12; 8:27; Is. 14:15; etc.	IV de Esdras 4:7, 8; 5:25; etc.	Ap. 9:1; 17:8; 20:3
Babilonia la grande	Ámbito de relaciones sin Dios	Βαβυλὼν ἡ μεγάλη[217] (G-897 Strong)	Job 28:14; Sal. 69:15; etc.	IV de Esdras 15:43; 16:1; etc.	Ap. 17:5; 18

216. Abismo es un lugar muy profundo en las partes más bajas de la tierra, utilizado como receptáculo común de los muertos y, especialmente, como morada de los demonios. Ha sido un símbolo adaptado por numerosas culturas como el lugar más terrible; representa lo deleznable, todo aquello que espera a quien no se comporta correctamente. La palabra suele usarse para aludir a un pozo, o sea, el fondo más profundo del océano o del infierno. Procede del griego *sin fondo*. En la Biblia griega, la palabra representa tanto el caos original como el *tehom* hebreo, *oleada de agua profunda*, que se usa en la literatura apocalíptica del Nuevo Testamento para aludir al infierno, el lugar de castigo. En la versión revisada de la Biblia suele usarse para esta idea. De la idea general de profundidad, el termino adquirió el significado de *lugar de los muertos*. En el Apocalipsis, es la prisión de los espíritus malvados, de donde ocasionalmente pueden escapar y donde Satanás está condenado a pasar mil años. En la cosmografía rabínica, el abismo es una región de la Gehena situado bajo el lecho del océano y dividida en tres o siete partes superpuestas una sobre la otra. El cristianismo concibe la figura del abismo unida a la figura del terrible Leviatán, de donde tomará su simbolismo para hacerlo morada del demonio y del infierno a lo largo de la Edad Media. Allí fueron enviados como castigo los ángeles caídos de acuerdo con el libro de Enoc. En el libro de Lucas, se lo considera la morada de los demonios, y en el Apocalipsis el lugar donde se encuentra preso el demonio. Cf. Tesauro. Historia Antigua y mitología. (s/f). *Abismo*. https://www.tesaurohistoriaymitologia.com/es/24574-abismo

217. Alegóricamente, se refiere a Roma, símbolo de la corrupción y la idolatría, y por ende, enemiga del cristianismo. El término "Babilonia" aparece seis veces en el Apocalipsis de Juan, la primera de las cuales en Apocalipsis 14:8. En este texto, se anuncia la caída de Babilonia. El juicio viene a Babilonia en la sexta y la séptima plaga. Apocalipsis 16 describe este juicio bajo la aparición del río Éufrates y cómo este se secará, aludiendo a la caída histórica de Babilonia. En Apocalipsis 17 y 18 aparecen descripciones detalladas de la fase final de Babilonia. Para el prof. Jiménez Milla de la Universidad Peruana Unión, «la identidad, el juicio de Babilonia, actitud hacia el remanente y su relación con la bestia de Apocalipsis 17, revelan que Babilonia es un poder que manifiesta dominio y control sobre el mundo y cuyo reino o poder conduce hacia la corrupción total asumiendo el liderazgo del mundo» [Jiménez Milla, E. & Azevedo Neto, J. (2016). "La identidad de Babilonia la grande en el libro de Apocalipsis". *Muro de la Investigación*. Vol. 1. N. 2, pp. 23 ss.].

Signo	Significado	Palabra griega	Antiguo Testamento	Libro pseudoepígrafo	Apocalipsis
Bestia	Representa un poder político o eclesiástico que persigue a los santos del Señor	θηρίον[218] (G-2342 Strong)	Daniel 7:3 ss.	IV Esdras 8:30[219]	Ap. 13
Bodas del Cordero[220]	Plenitud de la humanidad con Dios	γάμου τοῦ (G-2342 Strong) ἀρνίου[221] (G-721 Strong)			Ap. 19:9

218. Es una metáfora para referirse a un animal brutal u hombre de esas mismas características. La palabra *bestia* aparece 46 veces en la Biblia; cf. Strong, J. (2003). *Strong's Concordance with Hebrew and Greek Lexicons*. Thomas Nelson. Debemos notar que Apocalipsis 13 presenta dos bestias. La primera es la bestia del mar (13:1-10); la segunda es la bestia de la tierra (13:11-18). En Apocalipsis, el término "bestia" (θηρίον) aparece treinta y nueve veces (6:8; 11:7; 13:1, 2, 3, 4 [tres veces], 13:11, 12 [dos veces], 14 [dos veces], 15 [tres veces], 17, 18; 14:9, 11; 15:2; 16:2, 10, 13; 17:3, 7, 8 [dos veces], 11, 12, 13, 16, 17; 18:2; 19:19, 20 [dos veces]; 20:4, 10). Cf. Tipvarakankoon, W. (2017). "The Sea-Beast in Revelation 13:1-10". En *The Theme of Deception in the Book of Revelation: Bringing Early Christian and Contemporary Thai Culture into Dialogue*, 2:89-150, p. 89. Claremont Press. Este mismo autor concluye que «Juan el Vidente expone que la bestia marina/Roma es el agente del dragón/Satanás, no lo divino» y, en segundo lugar, que Juan «también confirma que la bestia marina/Roma está de hecho bajo el control de Dios» (*Ibid.*, p. 148). Lo que llama la atención es que este profesor identifica a la bestia con Roma, que en ese momento es el agente perseguidor.

219. Se lee el siguiente texto: «No te airees contra los que se han mostrado peores que bestias, más antes ama a los que se han siempre confiado en tu justicia, y en tu majestad». Aunque la figura de la bestia en este pseudoepígrafo es diferente a la de Apocalipsis 13, la connotación es exactamente la misma: una persona que tiene una conducta mayor que una bestia. Estamos hablando de violencia, irracionalidad, odio, venganza. Todas estas características calzan a la perfección con el personaje imperial de Apocalipsis 13.

220. Este es un simbolismo exclusivo del Apocalipsis de san Juan, y no podía ser de otra manera, pues la figura del Cordero es la "innovación" en la literatura apocalíptica del Nuevo Testamento.

221. Las *Bodas del Cordero* aparecen dos veces en el Apocalipsis (19:7, 9). Lo primero que debemos tener claro es que estamos frente a una metáfora. La figura del matrimonio se encuentra tanto en el Antiguo como en el Nuevo Testamento. En el libro de Oseas encontramos la metáfora de la relación matrimonial, pero caracterizada por la infidelidad; en el Apocalipsis, sin embargo, encontramos una relación de matrimonio diferente. Aquí estamos hablando de la plenitud de los mártires de la iglesia con Cristo.

Signo	Significado	Palabra griega	Antiguo Testamento	Libro pseudoepígrafo	Apocalipsis
Cordero	Jesucristo	ἀρνίον[222]	Gn. 22:7; etc.		Ap. 5:6, 8, 12, 13; 6:1, 16; 7:9, 10, 14, 17; etc. (25 veces)[223]
Cuerno	Poder temporal representado por un reino o imperio	κέρατα[224] (G-2768 Strong)	Dn. 7:7 ss.	Enoc 76:5; 90:9-12; etc.	Ap. 13:1 ss.

222. La palabra griega se refiere literalmente a una oveja pequeña; es la figura simbólica para referirse a Jesús, en primer lugar, como «el cordero de Dios que quita el pecado del mundo» (Jn. 1:29) y, en Apocalipsis, como el «cordero que fue inmolado» (Apoc. 5:12). El Apocalipsis de san Juan nos presenta un *midrash* de la figura del cordero que se encuentra en la tradición oral y escrita de los primeros años de la iglesia. En segundo lugar, es la forma como Jesús llamó a sus feligreses —τὰ ἀρνία μου, mis ovejas (Jn. 21:15, *inter alia*). Para efectos de nuestro diccionario, el significado simbólico que nos interesa es el primero. La analogía entre un cordero y Jesús es sencillamente perfecta; el símbolo describe lo que el redactor quiere decir: un salvador manso que no presenta ninguna resistencia y que entrega su ser como un sacrificio expiatorio en lugar de toda aquella persona que presenta su vida para que la eficacia de ese sacrificio sea aplicable a su vida. Aunque esta es la interpretación que comúnmente se da, ha existido una controversia sobre este tema, especialmente desde la perspectiva del mundo gnóstico. Uno de los escritos más antiguos que existe en la actualidad sobre la figura del *cordero* se encuentra en el comentario al Evangelio de Juan del maestro gnóstico Heracleón, en el fragmento 12, y en la alusión que de este hace Orígenes cuando se aborda por primera vez en la teología cristiana lo relacionado a Jesús como Cordero pascual, presentando dos posturas antagónicas. Cf. Ciner, P. A. (2015). "La exégesis del Evangelio de Juan en Heracleón y Orígenes: nuevas líneas de investigación acerca de una cuestión controvertida". *Erebea*. Universidad de Huelva. N. 5, pp. 9-18. Sobre este tema también se recomienda el trabajo erudito de Orbe, A. (1985). "Cristo, sacrificio y manjar". *Gregorianum*. Vol. 66, N. 2, pp. 185-239. Aquí analiza la breve exégesis de Heracleón sobre el Cordero pascual, registrada por Orígenes, la cual —según él— adquiere singular interés por ser la más antigua y porque atañe a la inmolación de Jesús, rara vez estudiada en el siglo II. Se pregunta: ¿Habrá modo de arrancarle elementos de doctrina relativos al sacrificio del Salvador?

223. La Biblia está salpicada, desde Génesis hasta Apocalipsis, con la palabra *cordero*, desde una forma literal hasta una simbólica. Aparece registrada por primera vez en Génesis 22:7: «Entonces habló Isaac a Abraham su padre, y dijo: Padre mío. Y él respondió: Heme aquí, mi hijo. Y él dijo: He aquí el fuego y la leña; mas ¿dónde está el cordero para el holocausto?», donde podemos ver la cualidad expiatoria del cordero. Aparece por última vez en Apocalipsis 22:3: «Y no habrá más maldición; y el trono de Dios y del Cordero estará en ella», donde se presenta al Cordero como Dios sentado en su trono; una forma espectacular de cerrar la Biblia en lo que a la figura del cordero se refiere.

224. Dado que los animales (especialmente los toros) se defienden con sus cuernos, la figura del cuerno para los hebreos (y otras naciones) es un símbolo de fuerza y coraje;

Signo	Significado	Palabra griega	Antiguo Testamento	Libro pseudoepígrafo	Apocalipsis
Dragón	El maligno	(G-1404 Strong)	Is. 27:1; Neh. 2:13	Testamento de los 12 patriarcas (Testamento de Aser 7:3)[225]	Ap. 12:3, 9; 20:2
Serpiente	Engaño[226]	ὁ ὄφις (G-3779 Strong)	Gn. 1	3 de Baruc 5:2, 3[227]	Ap. 12:9; 20:2

---

se usa como tal en una variedad de frases (cf. Sal. 88:18; 89:18; 131:17; 132:17; 148:14; 1 S. 2:10; Sir. 47:5, 7, 11; 1 Mac. 2:48; etc.).

225. El Testamento de los doce patriarcas es una obra judía que se escribió en el transcurso de muchos años. La parte principal se estima que data de un período anterior al de los macabeos. Aquí encontramos lo que se llama *testamento de los hijos de Jacob*: el testamento de Rubén, el testamento de Judá, *inter alia*, hasta que llegamos al de Aser, que es el que menciona la figura del dragón, en el que se lee de la siguiente manera: «El Altísimo visitará la tierra y él mismo viene como hombre, comiendo y bebiendo con los hombres, y aplastará sin peligro la cabeza del dragón en el agua. Así salvará a Israel y a todos los pueblos, Dios hablando con el hombre». Este versículo es extraordinariamente interesante porque hace una alusión directa al Mesías y le atribuye una facultad exclusiva: es aplastar la cabeza del dragón (que, como ya sabemos, simboliza al engendro de maldad). Para más información sobre el Testamento de los doce patriarcas y, específicamente, sobre el mensaje de Aser, cf. Navarro, M. A. & Pérez Fernández, M. *Introducción general a los apócrifos del Antiguo Testamento*. Díez Macho, A. (Ed.). *Op. cit.*, pp. 362 ss.

226. Es importante señalar que fue el redactor del Apocalipsis de san Juan quien asoció a la serpiente con Satanás. En primer lugar, debemos tener en claro que al momento de redactar Génesis 1, no existían los conceptos de Satanás o infierno, *inter alia*. Lo hallamos en textos como 2 Corintios 11:3: «Me temo que, así como la serpiente con su astucia engañó a Eva, los pensamientos de ustedes sean desviados». La otra alusión está en 1 Timoteo 2:14, que, aunque no menciona a la serpiente, se está refiriendo al episodio del Huerto, identificando a la serpiente con el engaño y haciéndola así símbolo de este. Es Apocalipsis 12:9 el que identifica al diablo o Satanás con la serpiente, agregando la palabra *antigua*, dando resultado *serpiente antigua*, que también aparece mencionada en Apocalipsis 20:2. El estudio del simbolismo de la serpiente a lo largo de la Biblia solo nos conduce a un resultado: *engaño*. Esto también se puede ver en los relatos fantásticos de los pueblos vecinos, *v. g.*, la epopeya sumeria de Gilgamesh, en la que el héroe protagonista pierde su inmortalidad cuando esta es robada por una serpiente. Del mismo modo sucede con el pecado de Adán y Eva. Véase el artículo de Alonso López, J. (22 de enero del 2019). "La serpiente, el animal maldito del paraíso". *National Geographic*.

227. Hace una alusión directa a la serpiente, llamándola *monstruo*: «Como me dijiste que la serpiente toma un codo del agua del mar al día, ¿qué grande es su estómago, si toma tanto? Y el ángel me dijo: "El monstruo es insaciable. Tanto como 255[?] de plomo, así de grande es su estómago"».

El lenguaje simbólico

Signo	Significado	Palabra griega	Antiguo Testamento	Libro pseudoepígrafo	Apocalipsis
Nueva Jerusalén	Lugar de comunión con Dios[228]	Ἰερουσαλὴμ καινὴν (G- 2419 Strong)		Libro de Enoc XC 28-38; Baruc-Siríaco 4:3[229]	Ap. 21
Lago de fuego	Lugar de rechazo a Dios	λίμνην τοῦ πυρός[230] (G-3041 Strong) (G-4442 Strong)		IV de Esdras 4:8, 41; etc. Enoc 10:13; 25:6; 108:8; 22:11 (versión griega)	Ap. 19:20; 20:10, 15; 21:8

228. Es un concepto propio del género apocalíptico que se desarrolla en el P. I., algo totalmente desconocido en el A. T.

229. Son numerosos los libros apocalípticos que contemplan la figura de la *nueva Jerusalén*. Para una relación completa de libros, cf. Navarro, M. A. & Pérez Fernández, M. *Introducción general a los apócrifos del Antiguo Testamento*. Díez Macho, A. (Ed.). *Op. Cit.*, p. 286.

230. En el Antiguo Testamento, vamos a encontrarnos con el Sheol o Hades, que es el lugar de los muertos. No se nos dice mucho más. El concepto de *infierno*, tal como lo entendemos nosotros, surgió en el P. I. En los Evangelios, vemos que el infierno ya era un dogma bien desarrollado, de manera que cuando llegamos al Apocalipsis, la doctrina del infierno está bien establecida. En el Apocalipsis de san Juan encontramos la expresión «lago de fuego que arde con azufre» cuatro veces. Ahora, el tema a discutir es si el infierno es simbólico o literal, porque hemos afirmado hasta la saciedad que el Apocalipsis está escrito en lenguaje simbólico. Autores como Jan Lambrecht sostienen que «el infierno no es un lugar para ser localizado. Dolor y sufrimiento corporal no deben entenderse como algo real. El infierno debe ser considerado como un estado de completa frustración, ausencia de amor, separación definitiva de Dios» [Lambrecht, J. (2000). "Final Judgments and Ultimate Blessings: The Climactic Visions of Revelation 20,11-21,8". *BIBLICA*. Vol. 81, N. 3, p. 382]. El problema con esta postura es que en los otros escritos del Nuevo Testamento nos encontramos con declaraciones sobre el infierno bien contundentes que no parece considerarlo como algo simbólico, *v. g.*, la declaración de 1 Tes. 1:8, 9: «Dando retribución a los que no conocen a Dios, y a los que no obedecen al evangelio de nuestro Señor Jesús. Estos sufrirán el castigo de eterna destrucción, excluidos de la presencia del Señor y de la gloria de su poder», entre otros pasajes. El mismo Jesucristo lo menciona (Mt. 18:8; 25:46). Por lógica aristotélica, podemos afirmar que en el mundo espiritual no existe la materia, *i. e.*, un lago de fuego; no obstante, existe un castigo para «los que no obedecen al evangelio de nuestro Señor Jesús». Es imposible saber los detalles y para profundizar más en este tema se requeriría un estudio histórico-crítico de la doctrina.

Signo	Significado	Palabra griega	Antiguo Testamento	Libro pseudoepígrafo	Apocalipsis
Número siete	Plenitud		Desde Génesis hasta Zacarías aparece citado 312 veces[231]	Enoc 91:16; 18:6 (aparece 9 veces)	Ap. 1:4; se menciona 55 veces[232]
Prostitución y fornicación	Idolatría, abandono de Dios	ἐπόρνευσαν[233] (G-4203 Strong)		Jubileo 22:16[234]	Ap. 17

231. La forma más confiable de saber la cifra aproximada de veces que se repite el número siete es utilizar herramientas como E-Sword. Al hacer una pesquisa sobre el número siete, nos damos cuenta de que la frecuencia varía según la versión de la Biblia que busquemos —v. g., en la *New American Standard* aparece 391 veces, mientras que en la *King James*, 312—. No es importante tener un número exacto, pero sí saber que son más de 300 veces en el Antiguo Testamento, lo que muestra que el siete del Apocalipsis no es un accidente.

232. En la *Agape Bible Study*, una Biblia católica, se menciona que este número es citado 55 veces. Cf. https://www.agapebiblestudy.com/charts/Chart%20of%207s%20in%20Revelation.htm

233. Literalmente significa tener relaciones sexuales ilícitas, pero metafóricamente significa entregarse a la idolatría y adorar ídolos. La palabra también puede significar dejarse arrastrar a la idolatría. En relación con el símbolo de la prostitución en el Antiguo Testamento, Pablo Alonso señala: «El uso metafórico de "prostitución" se extiende para criticar a ciudades dentro de la convención de personificarlas como mujeres. Así es llamada "prostituta" la fenicia Tiro y sus beneficios comerciales reciben el apelativo de «salario de prostituta» (cf. Is. 23:15-18), reflejando la actitud negativa de una nación agrícola como Israel frente al comercio internacional. Nínive, capital de Asiria, es una "prostituta" que seduce a las naciones y las conduce a su caída (Nah. 3:4-7). También Jerusalén se ha convertido en una ramera según Is. 1:21 al llenarse de inmoralidad e injusticia. Por último, Ezequiel llega también a denominar "prostitución" a las alianzas políticas de Israel con otras naciones (16:26-29) por ser una afrenta para el Señor» [Alonso Vicente, P. (2010). "La prostitución en la Biblia". *RYFE*. Julio-agosto, p. 52]. Como puede verse, *prostitución* y *fornicación* eran conceptos sinónimos, una alusión directa a la idolatría y a todo tipo de inmoralidad e injusticia. Recuérdense los ritos sexuales en los templos paganos; el simbolismo refiere entonces a toda suerte de inmoralidad y desenfreno social. En el Apocalipsis de san Juan, el simbolismo es el mismo y la alusión atañe al Imperio romano que, con su culto al emperador y otras inmoralidades, encaja perfectamente en el simbolismo.

234. El imperativo de separación de los pueblos gentiles es formulado con rotundidad en este versículo: «Apártate de los gentiles, no comas con ellos, no hagas como ellos ni les sirvas de compañero, pues sus acciones son impuras, y todos sus caminos inmundicia, abominación y horror». Aunque no existe la mención de la palabra *prostitución*, el concepto de evitar la idolatría y la fornicación está más que claro. La alabanza y legitimación de la matanza que Simeón y Leví hicieron entre los siquemitas prosélitos les fue registrado en el cielo como obra de justicia, rectitud y venganza contra los

Signo	Significado	Palabra griega	Antiguo Testamento	Libro pseudoepígrafo	Apocalipsis
La gran ramera	Roma, el mal	τῆς πόρνης τῆς μεγάλης[235] (G-4204 Strong) (G-3173 Strong)			Ap. 17:1; 18
Veinticuatro ancianos	Totalidad que alaba a Dios	εἴκοσι τέσσαρας πρεσβυτέρους[236] (G-4245 Strong)			Ap. 4:4
Número 12 mil	El pueblo de Dios en su totalidad[237] y la consumación del reino	δώδεκα[238] (G-1427 Strong)	Ex. 1:1-5 (las 12 tribus de Israel)	El Testamento de los 12 patriarcas	Ap. 21:10-13

pecadores, siéndoles inscrito este acto como bendición, según Jubileos 30:23. Navarro, M. A. & Pérez Fernández, M. *Introducción general a los apócrifos del Antiguo Testamento*. Díez Macho (Ed.). *Op. cit.*, pp. 182-183.

235. Debe entenderse *Roma* como algo que simboliza la maldad, el engaño y el poder hegemónico del mal que persigue a la iglesia (representante de los valores contrarios a ese sistema). Aquí Roma o el sistema de maldad que representa es una gente del dragón, al igual que las dos bestias. Cf. Tipvarakankoon, W. (2017). "The Theme of Deception in the Book of Revelation". *The Theme of Deception in the Book of Revelation: Bringing Early Christian and Contemporary Thai Culture into Dialogue*. Vol. 2, pp. 1-32. Claremont Press.

236. Al ser los números simbólicos, habría que ver qué simboliza el número veinticuatro y no centrarse en los ancianos. Primero que nada, dejar en claro que el número veinticuatro no se halla en ningún otro lugar en la literatura apocalíptica, solo se emplea en este pasaje. Algunos lo han relacionado con las veinticuatro divinidades astrales de la religión babilónica; otros con los veinticuatro turnos sacerdotales en el templo. Lo más seguro es que el número se refiera al pueblo de Dios (representado por las doce tribus de Israel) y los doce apóstoles. Así, el grupo de los veinticuatro ancianos aludiría a la iglesia ideal y total como comunidad de todos los redimidos por Cristo, tanto en el Antiguo como en el Nuevo Testamento. La referencia a la totalidad de los que alaban a Dios es algo que tiene sentido. Cf. Jaramillo Cárdenas, L. *El mensaje de los números. Op. cit.*, ubicación Kindle 2939.

237. El profesor Luciano Jaramillo asegura que el número doce simboliza al pueblo de Dios y que mil simboliza multitud. La ciudad celestial forma un cubo perfecto; sus dimensiones trascienden toda medida: doce mil estadios, concretización de la grandeza y perfección de la ciudad. Cf. *Ibid.*, ubicación Kindle 2891. En este mismo sentido se habla de los doce mil sellados de las doce tribus de Israel, que representan al pueblo de Dios salvo. De ninguna manera se refiere a un número literal; es un mero símbolo de la totalidad del pueblo de Dios.

238. En la descripción de la Jerusalén celestial que se encuentra en Apocalipsis 21:9–22:5. El redactor repite el número doce en múltiples ocasiones cuando describe a la Nueva Jerusalén, conocida también como la ciudad celestial. Nos habla de doce puertas,

LAS FUENTES QUE DIERON ORIGEN AL APOCALIPSIS DE SAN JUAN

Signo	Significado	Palabra griega	Antiguo Testamento	Libro pseudoepígrafo	Apocalipsis
Número 1000	Tiempo de Cristo[239] o tiempo de Dios	χίλια ἔτη (G-5507 Strong)	Salmo 90:4		Ap. 20:1 ss.

Como puede observarse, el diccionario no está completo sencillamente porque hacerlo excede nuestro propósito de investigación. Sin embargo, lo que hemos hecho es de mucha utilidad; primero porque sirve de trabajo pionero para que alguien lo complete y mejore y, en segundo lugar, porque nos da el significado de los 16 símbolos más importantes de la narración de san Juan, que requieren de nuestro entendimiento para una compresión correcta del relato. Nada mejor para cerrar el discurso de este capítulo que citar las palabras del profesor Pikaza Ibarrondo: «El Apocalipsis no ha inventado sus imágenes y tema. Al contrario. En su fondo hay una larga tradición de historia y literatura israelita. Nosotros la hemos olvidado, al menos parcialmente, y por eso se nos hace difícil comprenderlo».[240]

Una vez completado el tema de la simbología de la apocalíptica como fuente de la redacción del Apocalipsis de san Juan, es de suma importancia abordar el tema de la desmitologización del escrito para poder entender la revelación de esta narración de una forma depurada, lo que nos sirve para aplicarlo a cualquier necesidad contextual actual o futura.

---

doce ángeles, doce tribus de los hijos de Israel, de la ciudad que tiene doce cimientos, de los doce nombres de los doce apóstoles, de que la ciudad tiene doce mil estadios y 144 codos (12 al cuadrado), de las doce puertas y doce perlas. Se menciona 9 veces el número doce y una vez el doce al cuadrado (que equivale a 144).

239. En el N.T., la palabra χίλια aparece siete veces: seis en Apocalipsis 20 y una en 2 Pedro 3:8, que es en realidad una cita que el redactor hace del Salmo 89:4 en la Biblia griega (que en nuestras Biblias corresponde al Salmo 90:4), que literalmente se traduce: «Porque mil años en tus ojos son como el día y el ayer que han pasado y una prisión en la noche», y que en 2 Pedro 3:8 se lee de la siguiente manera: «Mas, oh amados, no ignoréis esto: que para con el Señor un día es como mil años, y mil años como un día». Como puede verse la expresión *mil años* no puede entenderse literalmente; es un símbolo que nos indica el tiempo de Dios.

240. Pikaza, X. *Apocalipsis. Op. cit.*, p. 13.

6
La desmitologización del Apocalipsis de san Juan

Sumario:
6.1. La seudonimia del libro. 6.2. El éxtasis de san Juan.
6.3. La edad intercalada. 6.4. La interpretación profética del libro.
6.5. Alusiones a la Iglesia católica.

El título de este capítulo en ningún momento significa que estamos aseverando que el Apocalipsis de san Juan sea un libro mitológico; esta es Palabra de Dios, inspirada por el Espíritu Santo, parte inalienable de nuestro canon. Lo que sí estamos diciendo es que las interpretaciones humanas le han faltado el respeto al Apocalipsis. Primero, porque tratar de entender esta narración desde la infraestructura mental de Occidente es un verdadero absurdo; el fundamento ideológico que le dio origen es oriental, y es el resultado de una realidad sociorreligiosa *sui generis*, irrepetible, como ya hemos afirmado. Las interpretaciones de los personajes y del simbolismo de este relato han creado una teología mitológica que es necesario someter a un proceso de desmitologización.

Mitos son todas aquellas creencias que alteran la verdad de las cosas. En el caso que nos ocupa, son todas aquellas interpretaciones que generan dogmas teológicos que distorsionan y alteran el correcto significado del texto sagrado, y deben, por lo tanto, ser considerados como mitos. La historia de la filosofía nos enseña que el mito es la antesala de la razón. El problema sucede cuando los teólogos no hacen la transición y se quedan enseñando mitos toda su vida.

El *quid* con los mitos es que se han repetido tantas veces que han penetrado profundo en el consciente colectivo de la iglesia hasta convertirse en verdades esenciales. De manera que no habrá que extrañarse cuando algunos indoctos se escandalicen de ciertas aseveraciones efectuadas en esta investigación, pues en muchos casos trastocan ese andamiaje teológico creado irresponsablemente.

Sin más preámbulo, será aquí objeto de estudio una serie de enseñanzas que hemos seleccionado y consideramos mitológicas.

6.1. La seudonimia del libro

Partimos de la premisa de que el Apocalipsis de san Juan es un relato pseudoepígrafo, es decir, se ignora quién lo redactó. Usando el silogismo de Aristóteles, podemos construir el siguiente razonamiento: si la característica de los libros que pertenecen al género apocalíptico es la seudonimia (de ahí los *pseudoepígrafos*), y el Apocalipsis de san Juan pertenece al género apocalíptico, luego el Apocalipsis de san Juan es un libro pseudoepígrafo.

La seudonimia en la literatura apocalíptica es un *habitus*,[241] como bien señala el erudito profesor Xabier Pikaza:

> Lógicamente, para dar autoridad a su mensaje y acentuar su carácter esotérico, los apocalípticos atribuyen sus revelaciones a los personajes míticos más sabios de la antigüedad (Matusalén o Noé, Melquisedec, Daniel o Enoc) o a los grandes fundadores y escribas (los Doce Patriarcas, Moisés, Esdras o Baruc), cuya obra habría quedado escondida y ahora se presenta en su integridad, ofreciendo bases nuevas de conocimiento e interpretación para los sabios del pueblo.[242]

---

241. La seudonimia es una característica toral de los escritos apocalípticos, y lleva implícitos tres elementos, a saber: (1) La ficción del lugar. De la misma manera que el autor debe ser anónimo, así también era necesario ocultar su domicilio; de lo contrario, no tendría sentido la seudonimia. Así que el lugar es ficticio: ni Daniel estaría ya en Babilonia, ni Juan en Patmos. Por otra parte, parece difícil que un exiliado político en esta isla hubiera podido gozar de tiempo libre para escribir una carta tan larga. (2) El autor de un texto apocalíptico busca hacer pasar su escrito por un antiguo libro de enigmas sin interés. Daniel da la impresión de haber sido escrito en el 605 a. C., bajo Nabucodonosor, cuando bien sabemos (por su contenido, idiomas y análisis crítico) que el libro fue escrito durante la rebelión macabea del año 167 aproximadamente. De igual modo, el Apocalipsis busca hacer creer que fue escrito bajo Nerón, siendo que fue compuesto durante la persecución de Domiciano, hacia el año 96, cerca de cuarenta años más tarde. (3) El lenguaje debe ser simbólico, codificado para no ser comprensible para el enemigo, pero sí para sus destinatarios. El lenguaje codificado nos da la ventaja de universalizar e intemporalizar un mensaje concreto. Así, hablar simbólicamente de Babilonia para designar a Roma permitía universalizar el mensaje. Cf. Gutiérrez Velasco, F. (2012). "Claves de lectura del Apocalipsis de san Juan". *Phainomenon*. Vol. 11. N. 1, pp. 128 ss.

242. Cf. Pikaza, X. (1999). *Apocalipsis. Op. cit.*, p. 14. En palabras sencillas, Juan es un seudónimo. El autor del Apocalipsis no es el hijo de Zebedeo, el discípulo de Jesús. Es un texto simplemente anónimo. En este mismo sentido se pronuncia Rubén Bernal cuando afirma que «la apocalíptica es [un] género marcado por... pseudoepigrafía, que consiste en poner como autores y testigos de revelaciones a insignes personajes del pasado... además, la anonimia, como también se le conoce, permite que un lenguaje subversivo... pueda difundirse libremente» (Bernal, R. *Conocer la apocalíptica judía para descubrir el Apocalipsis. Op. cit.*, pp. 20-21).

Algunos de estos libros ya fueron estudiados y ha quedado suficientemente en claro su seudonimia; lo lógico es pensar que el Apocalipsis de san Juan es un libro pseudoepígrafo. Esta afirmación no tiene nada que ver con ser un teólogo liberal o que abre las puertas para negar la inspiración e inerrancia de la Biblia. Nada más alejado de la verdad. La seudonimia del Apocalipsis no afecta en un ápice la inspiración del libro. La paternidad literaria atribuida a Juan, el hijo de Zebedeo, es un mito que hay que desvanecer del consciente colectivo de la iglesia, como bien señala Juan Esteban Londoño:

> El narrador es un personaje presencial dentro de la narración. Cuenta su historia en primera persona, pero no es protagonista, sino un espectador que se siente parte de la visión, que está entre aquí y allá, como un sueño mismo, en el que trata de comprender, pero le es difícil. Es interesante que llama a sus visiones "sueño y visiones de su cabeza", con lo que introduce a los lectores en un mundo fantástico, que existe en su cabeza, pero con ello se demuestra toda la trascendencia en la realidad terrenal y política que puede darse en una experiencia onírica.[243]

Londoño nos describe de una forma exacta lo que ocurre con el trabajo del narrador al momento de plasmar su pensamiento. Como se aseveró anteriormente, esto no demerita en un ápice la inspiración del texto; simplemente nos revela el *modus operandi* de la construcción de estos relatos.

6.2 El éxtasis de san Juan

En Apocalipsis 1:10, 11 se lee: «En el día del Señor vino sobre mí el Espíritu, y oí detrás de mí una voz fuerte, como de trompeta. Escribe en un libro lo que veas y envíalo a las siete iglesias». Si interpretamos literalmente lo que leemos, estamos frente a un éxtasis del personaje autollamado Juan. El problema de esta percepción surge cuando tenemos el escrito en nuestras manos y procedemos al análisis literario del mismo; ahí nos damos cuenta de que tenemos ante nosotros un escrito bien estructurado y bien pensado.

El tema de la estructura del Apocalipsis ha suscito una enorme cantidad de debates a lo largo de la historia. Quizás la forma más sencilla de dividirlo se encuentra en 1:19: (1) Las cosas que has visto; (2) Las cosas que son; y (3) Las cosas que serán después de estas.

Existe otra forma muy popular de estructurar el Apocalipsis dentro de la academia, que tiene un mayor grado de complejidad. Es aquella que se

---

[243]. Cf. Londoño, J. E. "Literatura apocalíptica, literatura fantástica". *Op. cit.*, p. 113.

efectúa a través de septenarios. Los académicos que se decantan por esta forma aseguran que Apocalipsis está organizado en siete secciones, *i. e.*, siete septenarios: (1) El mensaje a las siete iglesias; (2) Los siete sellos contenidos en la visión central del trono y su liturgia; (3) Las siete trompetas; (4) Las siete visiones de la historia —la visión de la mujer y el dragón, la bestia, la segunda bestia, el Cordero sobre Sion, el anuncio del juicio, la siega y la vendimia, y finalmente el cántico de Moisés—; (5) Las siete copas de la ira; (6) La caída de la gran Babilonia —que es la única de las siete divisiones que no tiene, a su vez, siete subdivisiones—; y finalmente, (7) Las siete visiones del fin de los tiempos —la parusía, el llamado, la batalla, la captura de la bestia, los mil años, el juicio final y la nueva creación—. Sobre esta opinión de la heurística del Apocalipsis, el profesor del Nuevo Testamento Ayuch asegura:

> La narración se despliega en siete etapas cuidadosamente estructuradas en grupos de siete, de manera que el siete veces siete acentúe el carácter divino de lo revelado. Solo la sexta etapa no respeta este paradigma debido a la naturaleza y el contenido de su relato: la derrota del caos. La séptima etapa comienza con la parusía y describe la batalla final que culmina con la realización de la nueva creación.[244]

La opinión de los eruditos es que el Apocalipsis ha sido cuidadosamente estructurado. Cuando lo leemos, nos damos cuenta de que detrás de este relato se encuentra un redactor sumamente inteligente, que ha hecho un trabajo heurístico espectacular. Ha tenido sobre su escritorio una serie de documentos, a los que llamamos *fuentes*, entre los que se destacan el libro de Enoc (de los libros de la literatura apocalíptica), además de los libros del *tanaj*, los cuales conoce y utiliza magistral y magisterialmente. Esta realidad echa por tierra la literalidad del texto, que habla de un éxtasis de san Juan en una gruta turística de una iglesia en la isla de Patmos, donde llegan millones de personas al año a emocionarse (para no decir *gastar su dinero*) en un lugar donde realmente no ocurrió nada; sin embargo, el mito y la leyenda ejercen un poder inusitado aun en ateos y agnósticos. En conclusión, los versículos 10 y 11 del capítulo 1 no pueden interpretarse literalmente.

6.3. La edad intercalada

Antes que nada, debemos dejar en claro que la Biblia no es una sirvienta de la teología, sino todo lo contrario: es la teología la que sirve a la Biblia.

---

244. Ayuch, D. (2004). "La instauración del trono en siete septenarios. La macro narrativa y la estructura en el Apocalipsis de san Juan". *BIBLICA* 85. Núm. 2, p. 259.

Dicho en otras palabras, la Biblia es la fuente de la teología. Para darme a entender, utilizaré el tema de las setenta semanas de Daniel y su conexión con el Apocalipsis de san Juan.

> Setenta semanas están determinadas sobre tu pueblo y sobre tu santa ciudad, para terminar la prevaricación, y poner fin al pecado, y expiar la iniquidad, para traer la justicia perdurable, y sellar la visión y la profecía, y ungir al Santo de los santos. Sabe, pues, y entiende, que, desde la salida de la orden para restaurar y edificar a Jerusalén hasta el Mesías Príncipe, habrá siete semanas, y sesenta y dos semanas; se volverá a edificar la plaza y el muro en tiempos angustiosos. Y después de las sesenta y dos semanas se quitará la vida al Mesías, mas no por sí; y el pueblo de un príncipe que ha de venir destruirá la ciudad y el santuario; y su fin será con inundación, y hasta el fin de la guerra durarán las devastaciones. Y por otra semana confirmará el pacto con muchos; a la mitad de la semana hará cesar el sacrificio y la ofrenda. Después con la muchedumbre de las abominaciones vendrá el desolador, hasta que venga la consumación, y lo que está determinado se derrame sobre el desolador.[245]

Lo primero que hacen los intérpretes de las setenta semanas es decir que cada semana representa siete años, razón por la cual se llaman *semanas hebdómadas*. Las primeras siete semanas que encontramos en el v. 25 representan el período que corresponde desde el Edicto de Ciro hasta la construcción del templo. Luego se nos habla de sesenta y dos semanas, el período que va desde la construcción del templo hasta la venida del Mesías. El problema surge con la semana setenta, que es la semana de la consumación o de la eliminación del mal. Al no haber ocurrido esto con la primera venida del Mesías, los teólogos se ven obligados a crear el mito de la edad intercalada, que es el período de la iglesia, que transcurre hasta el comienzo de la gran tribulación en Apocalipsis 6, cuando el Cordero abre el primer sello.[246] Este período durará siete años y después vendrá el Mesías por segunda vez, poniendo fin al mal e inaugurando el reino de Dios, que durará mil años. Todo esto antes de que ocurra la batalla final y el juicio del gran trono blanco al inicio de la eternidad.

---

245. Daniel 9:24-27.

246. La explicación de esta teología puede estudiarse con toda amplitud en Chafer, L. S. *Teología sistemática. Op. cit.*, pp. 447 ss. Entre otras cosas, asevera: «Está implícito en la profecía de Daniel que hay un período considerable entre el fin de los 483 años, o las 69 semanas, y el comienzo de los últimos siete años o septuagésima semana, puesto que incluye dos sucesos separados por 40 años. La última semana se iba a caracterizar por un pacto que se hace con un príncipe futuro relacionado con el pueblo que destruyó la ciudad».

Todo lo anterior es una interpretación fantástica. Bien estructurada, eso sí, pero con una serie de lagunas irreconciliables que la hacen inviable y convierten todo en un mito.[247] ¿Cuál es el problema? El problema es interpretar de forma literal algo que fue diseñado para ser entendido en lenguaje simbólico, para dar luego una interpretación en el futuro, cuando ha quedado bien demostrado que la literatura apocalíptica surgió para dar esperanza al pueblo de Dios en situaciones determinadas de persecución. No ignoramos las posibilidades hermenéuticas que puede tener un pasaje, lo que es hacer un *midrash* para conectar con el presente y, en casos especiales, con el futuro; pero hacer un *midrash* es una cosa e interpretar un texto diciendo «esto es lo que quiere decir» es otra.

Al hacer todo esto creamos una teología mitológica que nos obliga a inventar cosas que no corresponden. Pondré un ejemplo para darme a entender. Se dice que al reino milenial solo entrarán los salvos; los otros irán a un lugar de tormento para esperar el juicio del trono blanco de Apocalipsis 20. Así que, al milenio solo entran los salvos, pero al final de los mil años, Dios libera a Satanás y engaña a un grupo de los salvos que se unan a la causa de Satanás para hacerle la guerra final al Cordero, quien finalmente los sentencia al lago de fuego, incluyendo a los salvos del milenio que se unieron a la causa de Satanás. Está suficientemente claro que eso es lo que leemos en Apocalipsis 20, pero no se puede interpretar de forma literal algo que está escrito en código, porque de lo contrario tendremos un absurdo teológico. ¿A quién se le ocurre pensar que un salvo no es un salvo? Es un sinsentido. Si solo los salvos entran al milenio, pero al final Satanás engaña a un grupo de ellos, luego no eran salvos. El absurdo nos obliga a crear el mito y defenderlo como verdad esencial. Es en este momento cuando convertimos a la Biblia en sirvienta de la teología. Nada más alejado de la verdad.

Lo anterior es un simple ejemplo del sinnúmero de mitos que algunos maestros enseñan como verdades infalibles. La insolencia de estos indoctos llega al extremo de condenar como herejes a los que no concuerdan con sus exabruptos hermenéuticos, cuando al final del día son ellos los

---

247. Cf. Vander Lugt, H. (1983). *There's a New Day Coming*. Harvest House. El pastor Herbert Vander Lugt fue un hombre de Dios, un pastor bautista que estudió en el Instituto Bíblico de Moody en Chicago y en el Seminario Bautista de Grand Rapids. Fue pastor de muchas iglesias y un escritor asiduo en *Nuestro pan diario*; en resumen, un auténtico hijo Dios. No voy a negar que fui impresionado por la forma sencilla y convincente como interpreta el Apocalipsis. Sin embargo, estaba condicionado por una teología fantástica y mitológica, que es a la que nos estamos refiriendo en este momento.

que no tienen la hidalguía de reconocer el sinsentido y hacer los reparos correspondientes.[248]

6.4. La interpretación profética del libro

Una de las prácticas erradas de la iglesia actual es tratar de buscar una explicación a los acontecimientos contemporáneos al relacionarlos con el Apocalipsis de san Juan. Siempre que ocurre algo en Israel o un evento que pone en peligro la paz mundial, la gente acude al Apocalipsis para ver dónde situar lo que está pasando.[249] De manera que, cuando estalló la guerra de Irak y también la de Ucrania, recibí invitaciones para explicar lo que el Apocalipsis decía al respecto.

Nada más absurdo y sinsentido que esto. El Apocalipsis de san Juan no tiene nada que ver con ningún acontecimiento mundial actual, por mucha trascendencia que este tenga. Podemos usar Apocalipsis como fundamento para efectuar un *midrash* que lo conecte con la realidad actual, eso sí es válido, pero lo otro no. De manera que, en el apéndice de este libro, haremos un análisis alegórico del libro de Apocalipsis a la luz de la realidad sociopolítica de América Latina: un *midrash* que tendrá como fundamento el Apocalipsis de san Juan y lo conectará con la realidad sociopolítica de esta área geográfica, con el objetivo de dar sentido a acontecimientos de la vida cotidiana y la realidad del pueblo.[250] Este ejercicio es completamente

---

248. Esa es la experiencia que este servidor experimentó, la cual relato desde la misma presentación de esta investigación. Me tomó años aceptar los sinsentidos de la mitología con la que han envuelto el Apocalipsis; me di cuenta de que lo único que impide hacerlo es el orgullo. Lo correcto es hacer una pausa e iniciar un estudio científico, dejando que la investigación y el ejercicio de la lógica nos vayan aclarando el panorama. Aunque es cierto que viví esta experiencia de reciclaje teológico hace unos pocos años, ha sido recién ahora, con esta investigación sobre las fuentes que dieron origen al Apocalipsis de san Juan, que he solidificado mi conocimiento, dando seguridad a mi discurso (sin afectar en un ápice mi fe en Jesucristo, valga la aclaración).

249. En uno de los artículos del prof. Jonathan Baer, en los que habla de la eterna inminencia del fin en el dispensacionalismo norteamericano, el autor hace un comentario sarcástico en relación con un ataque al corazón del primer ministro Ariel Sharon en 2006. La gente comenzó a dar razones, incluyendo a Pat Robertson, quien aseguró que era un castigo de Dios por haber partido la tierra de Israel y haber sacado a los colonos de Gaza. El prof. Baer dice: «Pero en el extraño mundo del dispensacionalismo, la creencia en las profecías ha sido parte de la dogmática de los fundamentalistas y pentecostales; noticias aparentemente malas como la enfermedad de Sharon son, de hecho, buenas noticias para ellos» [Baer, J. (2007). "American Dispensationalism's Perpetually Imminent End Times". *TJOR*. Vol. 87. N. 2, pp. 248-264].

250. Usando el método alegórico, se puede hacer un *midrash* y mover el péndulo al lado que queramos, respetando los parámetros, para no hacerle perder la esencia al pasaje. Hace ya más de cien años que apareció una especie de Apocalipsis moderno, en cuyo

diferente de tratar de *sacarle punta a una bola de billar*, en otras palabras: tratar de conectar la realidad actual con el Apocalipsis. Tal cosa es un mito.

Voy a poner un ejemplo concreto y muy conocido: la creación del Estado de Israel en 1948. Este acontecimiento desató una euforia escatológica en un sector del cristianismo, que los llevó a efectuar interpretaciones absurdas, producto de mitos que ellos mismos crearon y que millones de personas creyeron y compraron —*v. g.*, el predicador Hal Lindsey,[251] quien en su libro de 1970, *The Late Great Planet Earth*,[252] delineó una notable cadena

---

cuadro imaginario se desarrolla el gran problema, como dice monseñor Benson, que lo concibe entre el individualismo de la religión cristiana, por un lado, y el comunismo del secularismo, por el otro. El resultado es, primero, la purificación de la iglesia a través de la persecución; luego, el triunfo de las fuerzas de este mundo en virtud de su poder físico superior: una visión sombría que podría parecer contradictoria de la fe en un Dios gobernante. Pero esta es solo la etapa preliminar, los *ayes* del fin de la era actual. La consumación llega, como en los viejos apocalipsis, por la intervención directa de Dios: el fin de este mundo material y la introducción de la era venidera, en la que, en un mundo nuevo, no el nuestro, el gobierno de Dios será completo. Con rara habilidad literaria y moderación, se desvela la imagen del futuro. Vemos nuevamente la antigua figura del anticristo, pero con vestimenta moderna, y nos hemos presentado un desarrollo e interpretación modernos de toda la maquinaria del pensamiento apocalíptico. Este sorprendente libro es un buen comentario sobre el Apocalipsis del Nuevo Testamento porque muestra la vitalidad de este tipo de literatura y su idoneidad para la expresión efectiva de una visión autoconsistente de la naturaleza esencial de las grandes realidades espirituales subyacentes, buenas y malas, tal como le parecen a un observador serio. Independientemente de lo que uno pueda pensar sobre la doctrina del padre Benson, para el estudiante del Nuevo Testamento y de la historia de la literatura, su libro es del mayor interés. Cf. Ropes, J. H. "The Reasonable Appeal of the Book of Revelation». *Op. cit.*, p. 412.

251. Harold Lindsey poseía una maestría del Seminario Teológico de Dallas y era especialista en Nuevo Testamento y griego. Sus libros fueron verdaderos éxitos de ventas; solo *The Late, Great Planet Earth* vendió más de 15 millones de copias.

252. Cf. Lindsey, H. (1970). *The Late, Great Planet Earth*. Zondervan Publishing House. Es un tratado que interpreta el Apocalipsis de san Juan de forma literalista, premilenialista y dispensacionalista. Como tal, compara las profecías del fin del mundo con los eventos ocurridos en Israel, en un intento de predecir de forma amplia los futuros escenarios que nos llevan al rapto de los creyentes antes de la tribulación y segunda venida de Cristo para establecer su reino milenial sobre la tierra. Se enfoca en pasajes claves de Daniel, Ezequiel y Apocalipsis. Lindsey originalmente sugirió la posibilidad de que estos eventos climáticos pudieran concretarse en la década de los ochenta del siglo pasado, ya que interpretaba que una generación duraba 40 años y, en este caso específico, empezaba a contar desde la fundación del Estado de Israel en 1948, lo que situaba los años ochenta como el final de esa generación y, por lo tanto, posible fecha del fin del mundo. Como otros muchos libros previos, nos muestra a un anticristo que gobierna a 10 miembros de una confederación europea de diez estados (hoy integrada por veintisiete). También profetizó una invasión rusa a Israel, así como el incremento de calamidades: hambrunas, guerras y terremotos. Aunque Lindsey no aseguró las fechas de los futuros eventos con certeza, sí sugirió que Mateo 24:32-34 indicaba que el regreso de Jesús iba a suceder una generación después del nuevo surgimiento del Estado de

de acontecimientos destinados a culminar en el triunfal retorno de Cristo al final de un año—. Millones de cristianos vieron 1988 (el cuadragésimo aniversario de la creación del Estado de Israel) como la fecha del fin del mundo. Aunque Lindsey nunca mencionó el año, era evidente en sus argumentos que la década de 1980 era la que se describía en el libro de Apocalipsis. Han existido muchísimas personas como Harold Lindsey, gente educada y no educada, que han relacionado el Apocalipsis con eventos de la actualidad social y política.

Primero que nada, hay que tener claro que el Apocalipsis de san Juan está circunscrito dentro de la literatura apocalíptica. Luego, hay que aplicarle todas las características propias de esta literatura, *v. g.*, la seudonimia, el simbolismo, el *Sitz im Leben* de persecusión y, la más importante de todas, la ausencia de profecía. La literatura apocalíptica no es profética, es apocalíptica. Sobre este tema, el erudito profesor Xabier Pikaza enseña: «Lo primero que debemos recordar es que el Apocalipsis es un libro apocalíptico y que solo en ese contexto debe interpretarse».[253]

La literatura apocalíptica tiene sus reglas especiales de interpretación, como las tienen los libros del género sapiencial, las cartas de Pablo o la literatura profética. El mismo profesor Pikaza establece la diferencia entre literatura profética y apocalíptica.

> Los profetas critican la infidelidad del pueblo israelita, porque quieren transformarlo dentro de la historia; los apocalípticos tienden a pensar que la historia ha perdido su sentido, de manera que Dios debe destruirla, creando un mundo nuevo para justos o creyentes. Los profetas apelan a la libertad y responsabilidad humana; los apocalípticos prometen la presencia de agentes sobrehumanos (demonios y ángeles) que decidirán el futuro de la humanidad. Los profetas quieren influir en la obra histórica de Dios y buscan la respuesta fiel de los creyentes; los apocalípticos piensan que la hora final se encuentra decidida de antemano, de manera que los creyentes solo pueden aguardar el tiempo definido para el juicio y fin del mundo.

Luego, si el Apocalipsis de san Juan es un libro apocalíptico, ¿dónde está lo profético? ¿Dónde está el futurismo? Aplicar las reglas especiales de interpretación de la literatura profética a la literatura apocalíptica es un error por vía de ignorancia y un exabrupto hermenéutico que crea una teología mitológica e irracional. Pikaza termina diciendo: «A pesar de esas dife-

---

Israel en el año de 1948 y de la reconstrucción del templo judío. En 1980, en su libro *Countdown to Armageddon*, Lindsey predijo que la década de los ochenta podía ser la última de la historia.

253. Pikaza, X. *Apocalipsis. Op. cit.*, p. 10.

rencias,... podemos y debemos afirmar que la apocalíptica es hija legitima (aunque no única) de la profecía, de manera que las imágenes y temas de una perduran en la otra».[254]

Con esta retórica, queda suficientemente clara la futilidad de hacer predicciones o dar un tinte futurista[255] a algo que no lo tiene. En suma: no tiene sentido relacionar los acontecimientos de la vida sociopolítica del mundo con el Apocalipsis de san Juan.

6.5. Alusiones a la Iglesia católica

Ha sido una práctica inveterada de la Iglesia protestante el identificar a la Iglesia católica con personajes o representaciones del Apocalipsis. Para efectos de nuestro estudio, nos centraremos en dos de ellos: el anticristo y la gran ramera, a la que se da el nombre de *Babilonia*.

El anticristo

Este penoso asunto comienza desde el mismo inicio de la Iglesia protestante, con Martín Lutero,[256] quien tuvo una serie de enfrentamientos con

---

254. *Ibid.*

255. Sobre la interpretación futurista del Apocalipsis, Bernard Hort señala lo siguiente: «La esperanza en un reinado de mil años de felicidad que precede al desenlace de la historia fue, pues, ampliamente compartida por los primeros cristianos, pero procedía de más arriba. Todavía domina claramente en san Ireneo. Será profundamente relativizada a partir del siglo IV en favor de una lectura simbólica del libro del Apocalipsis. Este cambio se efectuará principalmente bajo la influencia de san Agustín... el rechazo a una comprensión literal del Apocalipsis se convirtió entonces en la posición dominante de la iglesia y, luego, después de la Reforma, de las principales iglesias, no sin que el milenarismo reapareciera regularmente, especialmente entre los monjes» [Hort, B. (2000). "Millénarisme ou amillénarisme. Regard contemporain sur un conflit traditionnel". RTL. Vol. 31. N. 1, pp. 35-36]. En el mundo protestante contemporáneo, todo comienza con John Nelson Darby (1800–1882), quien fue un teólogo angloirlandés que organizó un grupo al que pronto se llamó *hermanos de Plymouth*. Hay otros que consideran a Manuel Lacunza (1731-1801), jesuita chileno, como precursor de la teología milenialista dispensacionalista. Sus predicaciones y enseñanzas tenían un alto contenido escatológico, razón por la cual se lo conoce como el padre del dispensacionalismo moderno. Debido a sus múltiples viajes a los Estados Unidos, su doctrina fue ampliamente propagada, especialmente en medio de aquellos grupos conocidos como *fundamentalistas*. Entre las personalidades de aquella época que bebieron hondamente de esta teología se encuentran D. L. Moody, de Chicago, quien a su vez fue el padre espiritual de C. I. Scofield, abogado y teólogo, que comentó la Biblia desde una perspectiva eminentemente dispensacionalista-premilenialista. Este, a su vez, fue el padre espiritual del celebérrimo Lewis S. Chafer, fundador del Seminario Teológico de Dallas en el año 1924; esta institución se convirtió en referente de esta interpretación del Apocalipsis. Cf. Zaldívar, R. (2012). *Apocalipticismo: Creencia, duda, fascinación y temor al fin del mundo*. Editorial CLIE.

256. Aun antes de los reformadores, ya había grupos religiosos que identificaban al papa con el anticristo; los reformadores tomaron este pensamiento y lo popularizaron,

el papa, quien lo había excomulgado; en respuesta, Lutero no se quedó callado. Sobre este tema, José Roso Díaz, profesor de la Universidad de Extremadura, apunta:

> Lutero mantuvo un enfrentamiento frontal con el papado, que se advierte ya de forma enérgica en varios escritos de principios de la década de 1520, como el *Manifiesto a la nobleza cristiana sobre la mejora del estado de la Iglesia*, el preludio de *La cautividad babilónica de la Iglesia* o *Contra la execrable bula del Anticristo*, los tres de títulos muy contundentes y significativos.[257]

No cabe duda de que en aquella época la iglesia cristiana se había corrompido y había perdido el norte hasta caer en los estadios más bajos de corrupción,[258] lo que provocó la indignación de muchas personas, entre ellas Martín Lutero (quien, sin planificarlo, se convirtió en reformador de la iglesia). Esto, como es obvio, provocó la reacción inmisericorde y arrogante de Roma, que lo excomulgó y lo sindicó como el malo de la película hasta el día de hoy. Lutero, un hombre de carácter colérico, no se quedó callado y respondió titulando su respuesta a la bula de excomunión de León X: *Contra la execrable bula del Anticristo*, en referencia al papa. En ella apuntaba:

> ¿Quién sería más feliz ante Dios que Lutero, si fuera condenado por tan altas autoridades a causa de una verdad tan evidente? Pero esta causa requiere un mártir más digno. Yo, con mis pecados, merezco otra cosa. Pero sea quien fuese el autor de esta bula, lo considero como el Anticristo. Doy fe ante Dios, Nuestro Señor Jesucristo, sus santos ángeles y todo el mundo, de que con todo corazón me aparto del juicio de esta bula, a la que repruebo y detesto como sacrilegio y blasfemia con-

---

aunque el concepto de anticristo que utilizaban no era el de un personaje futuro, sino de un individuo que se opone a Dios. Sobre este interesante tema es útil ver Kyle, R. (1984). "John Knox and Apocalyptic Thought". *TSCJ*. Vol. 15. N. 4, pp. 449-469.

257. Roso Díaz, J. (2001). *"Ego sum papa*: iconología del papado y tiempo apocalíptico en la propaganda de la Reforma protestante alemana". *RDEH*. N. 23, p. 356.

258. En este sentido se pronuncia Roso Díaz: «Los excesos del papado, en cualquier caso, hicieron verosímil tan irreverente identificación. La iglesia, en su cabeza y sus miembros, se había separado de los ideales originales y pocos creían que las reformas institucionales podrían mejorar su estado. El gran poder alcanzado por la iglesia hizo casi desaparecer el espíritu evangélico y supuso la aparición de las órdenes mendicantes y las reacciones de otros grupos más radicales, que proponían la vuelta al cristianismo primitivo» (*Ibid.*).

tra Cristo, el Hijo de Dios y Señor Nuestro. Que esta sea mi retractación, ¡oh bula infame![259]

Sobre este comentario es menester efectuar una serie de consideraciones. Primero, que Lutero, al ser católico, interpretaba el Apocalipsis en el contexto del Imperio romano como perseguidor de los cristianos; si queremos usar la jerga teológica actual, Lutero era un amilenialista, como era lógico. Segundo, la atribución del título de anticristo no se refería al concepto que tienen en mente los premilenialistas o las personas que interpretan el Apocalipsis como algo futuro. Lo que ha pasado es que esto sirvió de base para identificar al papa con el anticristo, lo cual es un mito que es necesario desvanecer. Primero, porque Lutero no se refiere al papa como el anticristo de los premilenialistas, sino como aquel que se opone a Dios (un uso semántico del término más acorde con el espíritu del texto). Cualquier otra conexión entre el papa y el anticristo premilenialista es gratuita e infundada, por lo que debe descartarse y sacarse de la ecuación.

Babilonia, la gran ramera

Esta es otra figura simbólica que es preciso desmitologizar, ya que ha sido identificada erróneamente con la Iglesia católica. En Apocalipsis 17:5, leemos: «Babilonia la grande, madre de las rameras y de las abominaciones de la tierra»; sabemos, como ya ha sido expuesto, que se identifica a Roma en la figura de Babilonia,[260] pero que en esencia este es un simbolismo para representar un sistema, ya sea político o religioso (ya que en aquella época estaban íntimamente ligados), caracterizado por la controversia y la confusión. En el caso que nos ocupa, es clara la alusión a Roma y todo lo que Roma representaba tanto en lo político como en lo religioso, *v. g.*, el culto

---

259. Citado en Bainton, R. H. (2003). *Lutero*, pp. 79 ss. Einaudi.

260. El apologista norteamericano David Hunt, graduado de UCLA, quien vivió en Medio Oriente, África, etc., asegura en su libro *A Woman Rides the Beast* [Una mujer cabalga la bestia] que la Iglesia católica es Babilonia, la gran ramera. Hunt desarrolla su trabajo en 28 capítulos, en los que presenta una serie de argumentaciones para probar que las siete colinas del Apocalipsis representan a Roma, donde está la sede de la Iglesia católica. Asegura: «No estamos sugiriendo que los papas, sacerdotes y monjas católicos sean inherentemente más propensos a la promiscuidad que el resto de la humanidad»; sin embargo, su corrupción se origina en «el sistema de privilegio jerárquico, poder y autoridad sobre los laicos», que «fue lo que los pervirtió y la destruyó». Cf. Hunt, D. (1994). *A Woman Rides the Beast*. Harvest Prophesy. Véase también Hislop, A. (1998). *The Two Babylon*. Chick Publication. El autor sostiene que la dogmática de la Iglesia católica no se origina en la Biblia, sino en la antigua religión babilónica, a la que identifica como la gran ramera. Finalmente, véase Woodrow, R. (2008). *Babilonia, misterio religioso*. Evangelistic Association. Este libro es un furibundo ataque contra la Iglesia católica, en el que el autor la identifica con Babilonia.

al emperador y otras prácticas rituales de religiones paganas que predominaban en el vasto Imperio romano. Es precisamente este sistema satánico el que emprendió la persecución contra «los santos del Altísimo» por la negativa de estos a someterse a sus preceptos. En este sentido se pronuncia el prof. Bruns: «La "gran ramera" del capítulo 17, por otra parte, es designada precisamente como "la gran ciudad que reina sobre los reyes de la tierra" (17,18); ella es la personificación de la Roma imperial».[261]

No vamos a negar que la Iglesia católica cayó en una vertiginosa espiral de decadencia y corrupción que provocó una reacción sin precedentes en la historia —la Reforma de Lutero—, pero de eso a afirmar que es la Babilonia del Apocalipsis hay un largo trecho. Al momento de la redacción del Apocalipsis, la Iglesia católica no existía como tal; por lo tanto, el redactor no tenía en mente más que su realidad contextual. Tal conexión con la Iglesia católica es incorrecta y fuera de toda lógica. Tiene más sentido afirmar que se refiere a la Roma imperial, y que la figura de la ramera pudo haber sido tomada de Mesalina, quien fuera mujer del emperador Claudio, conocida en la historia como *la prostituta imperial*.[262] Esto es sugerido por el profesor Edgar Bruns, quien menciona que Mesalina, emperatriz romana, literalmente fue una prostituta que vivió en adulterios y en medio de orgías de licor y sexo.[263]

Después de toda esta exposición, ha quedado suficientemente claro que el Apocalipsis de san Juan debe pasar por un proceso de desmitologización. No es justo seguir enseñando cosas que no pueden probarse o en las que se tiene que recurrir a la ficción para lograr que tengan sentido. Eso cae dentro de la categoría de la especulación y, como consecuencia, es un acto de irresponsabilidad enseñarlas solo porque tienen sentido, sin respetar al *Sitz im Leben* que dio origen a la redacción.

No es mi intención crear una nueva teología o endosar una ya existente. Mi objetivo primigenio es que la majestad del texto sagrado prevalezca a toda costa. Que entendamos de una vez por todas que no podemos comprender con una mentalidad occidental algo que fue construido con

---

261. Bruns, J. E. (1964). "The Contrasted Women of Apocalypse 12 and 17". *TCBQ*. Vol. 26. N. 4, p. 459-63.

262. El poeta Décimo Junio Juvenal narra que «tan pronto como creía que su marido estaba dormido, esta prostituta imperial vestía la capa que llevaba por las noches y salía de la casa acompañada de una esclava, puesto que prefería un lecho barato a la cama real» [Diario el Español. (31 de diciembre 2019). *Mesalina, la esposa ninfómana que engañó al emperador Claudio con 200 hombres en un solo día*. https://www.elespanol.com/cultura/historia/20191231/mesalina-ninfomana-esposa-engano-emperador-claudio-hombres/455954820_0.html]

263. Bruns, J. E. (1964). "The Contrasted Women of Apocalypse 12 and 17". *Op. cit.*, p. 462.

presupuestos ideológicos de una mentalidad oriental hace dos mil años, o que las figuras simbólicas que utilizaron para transmitir un mensaje deben asociarse con instituciones o personas actuales o futuras que no existían al momento de la redacción del escrito. Es un requisito *sine qua non* establecer el *Sitz im Leben* del autor, de la narración, y descodificar el lenguaje utilizado, sin asociarlo con la Iglesia católica, que no existía en ese momento, o con personajes futuros, porque esa no fue la intención de quien redactó el Apocalipsis. Es nuestro trabajo identificar el *kerigma* en la narración, quitarle ese ropaje cultural del escrito y trasladarlo a nuestra realidad, inculturar ese *kerigma* e interpretarlo en nuestro contexto con el objetivo de que la palabra tenga sentido. ¿Dónde está lo malo en esto? ¿En qué afecta a la inspiración del texto? ¿Dónde está el prejuicio teológico? La suma de todo el discurso es no seguir creando más mitos y desvanecer los que ya existen.

Para cerrar con este discurso, es de suma importancia clarificar que con este capítulo no se agota la temática de los mitos; existen otros. Sin embargo, los que aquí se han seleccionado y tratado son suficientes para dejar en claro su realidad, la necesidad de identificar más y desmitificarlos para erradicar esa mala práctica de adjudicarle al Apocalipsis interpretaciones que están fuera de contexto y de toda lógica.

En el próximo capítulo será objeto de estudio la teología del Apocalipsis de san Juan sin los tintes teológicos tradicionales. El objetivo será construir una teología creíble, responsable, pertinente y contextual.

7
Hacia una teología del Apocalipsis sin tintes

Sumario:
7.1. Teología de la dialéctica de la historia aplicada a la apocalíptica.
7.2. Teología pétrea: La deidad de Jesucristo resaltada.
7.3. Teología de la esperanza: El advenimiento de un nuevo orden de cosas. 7.4. Teología política subversiva. 7.5. Teología escatológica.

Uno de los libros más fascinantes y complicados de interpretar de la Biblia es el Apocalipsis de san Juan. Es también uno sobre el que se han escrito incontables comentarios, desde excelentes hasta mediocres. En realidad, son muy pocas personas las que pueden llegar al meollo del asunto y hacer interpretaciones contextuales pertinentes.

Debo reconocer que a quien escribe le pasó lo que a todo mundo le pasa: estudió primero la teología y después la Biblia. Un craso error que la experiencia se encarga de enseñarnos. ¿A qué me refiero? Como muchos, fui seducido por la teología dispensacionalista-premilenialista y me volví un experto —según yo—, teniendo incluso la osadía de hacer un debate teológico con un cura en un hotel de Tegucigalpa. *El anticristo: mitos y sombras de iniquidad* fue el nombre de ese debate. Fue un hecho histórico porque era la primera vez que un teólogo católico aceptaba debatir un tema teológico con un protestante en público. Como era de esperarse, el lugar estaba completamente lleno; el morbo del Apocalipsis estaba latente. ¡Vaya osadía la mía! Hice lo que todo mundo hace: usar la Biblia para probar una teología. Un craso error. Mi exposición fue erudita y bien estructurada, pero sucumbió ante la exposición de un biblista que (a diferencia de este servidor) usó la Biblia para hacer teología y no lo contrario.

Fueron muchos años los que estuve predicando sermones escatológicos y enseñando el curso *Revelaciones-Daniel* en el seminario hasta que llegué a un momento en el que yo mismo me di cuenta de que estaba enseñando mentiras a la gente. No porque fuera mentiroso, sino por la brutal ignorancia en la que vivía, alentada por el contexto irracional que me rodeaba, que caracterizaba (y sigue caracterizando) a la iglesia. De ahí que caí en una "depresión académica" y abandoné por completo todo lo relacionado con el Apocalipsis y su teología. Hasta que en el año 2012, fui invitado a dictar unas conferencias sobre el apocalipticismo[264] en Ecuador, a raíz de la ola que se había levantado en relación con el fin del mundo ese año. A partir de ese momento comencé a estudiar el texto sagrado; ese estudio comenzó a hacer una profilaxis teológica en mí, sin que me diera cuenta, hasta el punto de experimentar una reconversión teológica. Se cumplió aquella frase: «Y conoceréis la verdad, y la verdad os hará libre». Debo dejar en claro que mi conversión no fue del premilenialismo al amilenialismo o del dispensacionalismo a los pactos, de ninguna manera. Mi conversión fue de la irracionalidad a la racionalidad, de la especulación a la ciencia, de usar la teología para probar la Biblia a usar la Biblia para probar la teología. El asunto no es cómo interpreto el Apocalipsis —en el pasado o en futuro—: el asunto es hacer ciencia, es estudiar el texto en griego, es hacer estudios histórico-críticos, es interpretar el texto aplicando correctamente el método alegórico, es descifrar el lenguaje simbólico, es conocer al dedillo el género apocalíptico del P. I. para poder interpretar el Apocalipsis, es reconocer que (a pesar de seguir todo este procedimiento) todo lo que lograremos es una aproximación a la verdad porque para conocer esta a cabalidad, debimos haber estado en la piel de san Juan y eso no es posible. Dos mil años es mucho tiempo para interpretar a cabalidad lo que este quiso decir; es, en realidad, una pretensión muy arrogante. Ese ha sido el pecado de aquellos que han asegurado a pie juntillas que esto es así o asá.

Finalmente, debo admitir que haber entrado en este mundo de las fuentes me llevó, sin que yo lo planificara, al Apocalipsis de san Juan, razón por la cual decidí hacer este estudio para ilustración mía, en primer lugar, y luego también para ilustración del público en general. Al contar toda

---

264. En el célebre artículo de Hanson de 1976, este hace una triple distinción entre *género apocalíptico, escatología apocalíptica* y finalmente *movimientos apocalípticos* (apocalipticismo). Collins, por ejemplo, señala que la *apocalíptica* es el material que encontramos en los apocalipsis; sobre esto hay un debate en la academia en el cual no vamos a entrar. Para Gonzalo Aranda, definir qué es la *apocalíptica* y, en consecuencia, delimitar las obras que se han de considerar parte de la literatura apocalíptica es prácticamente imposible, ya que el término *apocalíptica* se fragua en tiempos modernos, derivando su nombre precisamente del Apocalipsis de san Juan. En el fondo de la apocalíptica late una nueva percepción del poder de Dios en los cielos y en la tierra, y de su actuación —directamente o a través de un intermediario (el Mesías)— con el objetivo de vencer el mal, cuyo origen y fuerza están por encima del hombre, y salvar a los justos tras la muerte. Cf. Aranda Pérez, G. "El libro sagrado en la literatura apocalíptica". *Op. cit.*, p. 323. En segundo lugar, nos referimos a un *apocalipsis* como aquella narración que intenta interpretar las circunstancias del presente terrenal a la luz del mundo sobrenatural y del futuro. Finalmente, hablamos de *apocalipticismo*, el cual definimos como la amplia cosmovisión de los apocalipsis, con la cual muchas ideologías y movimientos pueden identificarse. Cf. Decock, P. B. (1999). "Some Issues in Apocalyptic in the Exegetical Literature of the Last Ten Years". *Neotestamentica.* Vol. 33, N. 1, pp.1-33.

esta historia, di a conocer el *Sitz im Leben* de esta investigación, que ubica a todas las personas que lo leen sobre el porqué estoy haciendo este trabajo.

A continuación, presento una teología, no para probar la Biblia, como hace 35 años atrás, sino como fruto de una reflexión científica sobre el texto (que, por cierto, en ningún momento pretende ser la verdad última y definitiva).

7.1. Teología de la dialéctica de la historia aplicada a la apocalíptica

La historia es dinámica o dialéctica, no estática; se repite una y otra vez, solo que en el marco de una evolución en espiral.[265] Al ser la naturaleza y la idiosincrasia del hombre la misma desde su caída, esto significa que las relaciones humanas dentro de la sociedad se van a regir por la envidia, el orgullo, los celos y la megalomanía, *inter alia*. Luego, lo que ocurrió hace dos mil años, volverá a ocurrir ahora, solo que en contextos diferentes. Al repetirse la historia una y otra vez hasta el infinito (o la parusía del Señor), estamos ante el fenómeno social que llamamos *dialéctica de la historia*.

En el caso que nos ocupa, el Apocalipsis de san Juan, la historia de la persecución de los santos del Altísimo que se dio en ese período ya se ha-

---

265. Una de las leyes de la dialéctica es la ley de la negación de la negación, que enseña que «la esencia de la negación consiste en que en el mundo material tiene lugar un proceso constante de renovación, de perecimiento de los viejos fenómenos y de surgimiento de otros nuevos. La sustitución de lo viejo con lo nuevo es su negación... los nuevos fenómenos que surgen en la naturaleza y en la sociedad recorren también su camino natural: envejecen con el transcurso del tiempo y ceden su puesto a fenómenos y fuerzas más nuevos. Si antes negaban lo viejo, ahora son negados a su vez por algo más joven, nuevo y fuerte. Esto es ya la negación de la negación. Y como en el mundo existe una cantidad infinita de fenómenos, el proceso de negación es constante, infinito, es decir, tiene lugar un proceso ininterrumpido de negación de la negación. En relación con la historia, que es lo que nos interesa... ¿quién no ha escuchado la expresión "la historia se repite"? En ella se señala un rasgo del proceso histórico... el aforismo de que "la historia se repite" abarca correctamente un determinado aspecto del proceso real del desarrollo, pero sería un grave error comprenderlo al pie de la letra. En el desarrollo ascensional de la historia no puede haber dos fases absolutamente idénticas. Como resultado de la negación de la negación, se repiten, renacen en una etapa más elevada solo algunos rasgos y peculiaridades de la forma histórica inicial. Esto prueba que el desarrollo no se produce en círculo» (Yahot, O. *¿Qué es el materialismo dialectico? Op. cit.*, pp. 124 ss.). A esto se lo llama *evolución de la historia en forma de espiral*. En relación con el Apocalipsis, la historia de la persecución de los santos del Altísimo se ha repetido una y otra vez en el pasado remoto, también en el próximo, se repite en el presente y se repetirá en el futuro. La narración del Apocalipsis de san Juan fue pertinente para aquella época, lo sigue siendo hoy y lo seguirá siendo en el futuro; mientras Dios no escriba la letra *omega* en la historia, los santos del Altísimo experimentarán persecución en algún momento de su existencia.

bía dado en épocas anteriores, *v. g.*, la persecución que dio como resultado la deportación del pueblo de Israel a Babilonia, o la que originó el género apocalíptico con el libro de Daniel (la persecución de Antíoco Epífanes en el P. I.). La narración del Apocalipsis es la misma historia de Antíoco; lo único que cambia es el nombre del perseguidor y algunos detalles contextuales, pero en esencia es la misma historia. Es allí donde encontramos la dialéctica de la historia.[266]

Esa misma historia se ha repetido después del Apocalipsis en actos puntuales, como el genocidio de los armenios cristianos en manos de los Jóvenes Turcos, o el holocausto de los judíos durante la Segunda Guerra Mundial (ambos episodios suscitados en el siglo XX). En el caso específico de los cristianos armenios, es la misma trama del Apocalipsis de san Juan, solo cambian los actores humanos y algunos detalles contextuales, pero el engendro de maldad detrás de la trama es el mismo, la motivación perversa es la misma y el resultado final es el mismo. La historia no es lineal, es dialéctica.

Las aseveraciones anteriores nos llevan a una sola conclusión, a saber, que la trama del Apocalipsis puede ocurrir en cualquier momento en que se levante un hombre de pecado, un anticristo, llámese *Adolf Hitler* o *Jóvenes Turcos*, y desate una persecución contra el pueblo de Dios por razones estrictamente religiosas. También sabemos cuál será el resultado final: que las fuerzas del mal sucumbirán ante las del bien. Sobre este tema, el profesor Alegre asegura que lo anterior nos lleva a una conclusión teológica: que el Apocalipsis de san Juan contiene un mensaje que no solamente era

---

266. Este mismo sentido expresa el profesor José Alfredo Noratto cuando asegura lo siguiente: «El Apocalipsis es una extensión de aquellos grandes principios del gobierno de Dios, cuyos efectos pueden observarse en todas las épocas; es una obra que expone los principios en los que se basa la relación de Dios con los hombres de todas las épocas. Se sobreentiende que los símbolos se refieren a fuerzas y tendencias, y pueden repetirse en la medida en que estas fuerzas o tendencias se hacen presentes en la historia. Un ejemplo está en la bestia terrorífica y feroz que emerge del mar, según el capítulo 13, y que se interpreta afirmando que se trata de los poderes antagónicos a la verdadera iglesia, en cualquier tiempo y lugar donde se manifiesten. De manera similar, la segunda Bestia, con cuernos como los del Cordero, pero con voz como de dragón, representa el poder religioso corrupto, que, en alianza con los poderes seculares, también corruptos, intenta perjudicar al pueblo de Dios... No se espera que se cumpla lo que anuncia la apertura de los sellos, por ejemplo, o las trompetas, ya que los sellos representan todo el curso de la historia, y las trompetas cubren el mismo territorio, solo que desde diferentes puntos de vista. Juan revela los grandes principios que siempre están obrando en el mundo, señala la meta final hacia la cual los eventos humanos se orientan... Los principios que rigieron la historia de la época de Juan rigen, por consiguiente, la historia de todos los tiempos, y las realidades simbolizadas son aplicables a cualquier época y circunstancia histórica similar» (Noratto, J. A. "Apocalíptica y mesianismos. Tras la interpretación del Apocalipsis de san Juan". *Op. cit.*, p. 348).

pertinente en el pasado, es decir, en la sociedad para la cual fue escrito, sino que es pertinente siempre que ocurra un evento de persecución contra el pueblo de Dios por razón de su fe.[267]

El razonamiento anterior, a la luz del Apocalipsis, es un pensamiento *sui generis* que aporta nuevos elementos a la teología cristiana y es el resultado directo de una investigación de esta envergadura. Es una demostración palmaria de lo que es la dinámica de la teología y cómo esta se va desarrollando a medida que el hombre va incursionando en su quehacer filosófico, suscitado por las inquietudes que este experimenta. El corolario de todo lo anterior es que la trama del Apocalipsis se ha estado repitiendo cíclicamente en la historia del hombre; por lo tanto, el mensaje que en la narración subyace será pertinente en cualquier época, siempre y cuando el teólogo sea capaz de hacer el *midrash* como corresponde y aplicar las reglas de la alegoría correctamente.

7.2. Teología pétrea: La deidad de Jesucristo resaltada

La deidad de Cristo es el primer elemento teológico que resalta en el Apocalipsis; es, sin duda, el elemento distintivo de todo el discurso de san Juan y la diferencia toral con todos los otros escritos de la apocalíptica judía. Cristo es el centro de la ecuación de este escrito, desde el capítulo uno hasta el veintidós. La primera alusión se encuentra en 1:5, cuando asegura que es «el testigo fiel, el primogénito de los muertos, y el soberano de los reyes de la tierra. El que nos amó, y nos lavó de nuestros pecados con su sangre». Aquí confirma su naturaleza redentora expuesta en las epístolas. El texto más contundente en la confirmación de su deidad es 1:8: «Yo soy el Alfa y la Omega, principio y fin, dice el Señor, el que es y que era y que ha de venir, el Todopoderoso». Semejantes atributos jamás pueden ser adjudicados a la criatura, sino que pertenecen de forma exclusiva e inequívoca al Creador. En 1:17, 18, leemos: «Yo soy el primero y el último... que vivo por los siglos de los siglos... y tengo las llaves de la muerte y del Hades».[268] Una declaración de esta naturaleza es más que contundente.

Aunque no existe en la Biblia la palabra *Trinidad* o un desarrollo teológico preciso de dicha doctrina en las cartas de Pablo, en realidad no hace falta. Escritos como el Apocalipsis nos dejan en claro que Jesucristo no puede ser otra persona más que Dios mismo, actuando en el escenario

---

267. Cf. Alegre, 2002.

268. Como vimos al principio de esta investigación, hubo un sector de la iglesia que no aceptó este libro como inspirado; empero, declaraciones como estas fueron fundamentales para desvanecer cualquier duda y para su aceptación dentro del canon del Nuevo Testamento.

humano con un propósito sabio, soberano y no modificable. La afirmación de que Cristo es el Alfa y la Omega debió llevar paz y esperanza a la Iglesia perseguida y mártir; significaba saber que el acontecer mundial no depende de los políticos, los militares o los economistas, sino de aquel que fue inmolado para el perdón de los pecados y la redención final del hombre. En resumen, en el Apocalipsis, Jesucristo es Dios, y Dios está en control de la historia, y al final de esta todos los poderes temporales sucumbirán ante Él.

El concepto de *Mesías*[269] es un dogma toral en la teología judía, identificado con la expresión idiomática *Hijo del Hombre*,[270] que tiene su origen en la literatura apocalíptica, tanto canónica como pseudoepígrafa. Entre la literatura canónica, encontramos la expresión *Hijo del Hombre* en el libro de Daniel: «Miraba yo en la visión de la noche, y he aquí con las nubes del cielo venía uno como un hijo de hombre, que vino hasta el Anciano de días»;[271] y en la literatura pseudoepígrafa la vamos a encontrar, *inter alia*, en el libro de Enoc, donde el concepto de *Hijo del Hombre* está bien establecido y desarrollado. El *Hijo del Hombre*[272] es un ser extraordinario con

---

269. La profesora Ana Rodríguez Láiz efectúa un interesante estudio sobre el concepto de Mesías partiendo de la expresión *hijo de David*, no *Hijo del Hombre*, que se encuentra en el Evangelio de Marcos. Lo anterior quiere decir que el concepto de Mesías se asoció con varias expresiones idiomáticas. Cf. Rodríguez Láiz, A. (2016). *El Mesías hijo de David. El mesianismo dinástico en los comienzos del cristianismo*. Edit. Verbo Divino.

270. Los autores de los Evangelios, grecoparlantes y conocedores del libro de Daniel en la Septuaginta, enlazaron, por una parte, el mensaje apocalíptico crucial que aparece en Daniel 7:13 sobre la venida de «uno como hijo de hombre», identificado desde el primer momento como el Mesías prometido y liberador, y, por otra, con el uso trivial y cotidiano en arameo de la expresión autorreferencial, dando lugar a la interpretación del Hijo del Hombre como título salvífico o mesiánico. Cf. Sanz Extremeño, I. (2017). "El Hijo del Hombre: del libro de Daniel al Nuevo Testamento". *RCR*. Ediciones complutense. Vol. 22. En este artículo, el autor intenta estudiar, desde los textos, el origen de la expresión en el libro de Daniel y su aparición en la Septuaginta, en algunos textos de los llamados apócrifos y en el Nuevo Testamento.

271. Apocalipsis 1:18.

272. La palabra hebrea que se usa es *barnasha*, que puede traducirse simplemente como *hombre*; sin embargo, existe un concepto atrás de esta palabra, el de "hombre divino", que se cree que es anterior al libro de Daniel. El redactor final del libro de Daniel simplemente tomó la expresión y la adaptó a sus propósitos simbólicos. Para un mejor entendimiento de esta expresión idiomática y cuál es su significado simbólico, es muy útil efectuar un estudio comparativo con otros libros del género apocalíptico, como Enoc etíope (cap. 37–71), 2 Esdras o el Apocalipsis siríaco de Baruc. En esta literatura, el Hijo del Hombre representa una figura escatológica escondida en ese momento, pero que se revelará en el futuro. Esta misteriosa figura experimentó una evolución semántica hasta que, en los círculos judíos, se la adjudicó al Mesías. Cf. Marlow, R. (1966). "The Son of Man in Recent Journal Literature». *TCBQ*. Vol. 28. N. 1, p. 21. En este trabajo, Marlow hace una sinopsis descriptiva de todos los artículos sobre el Hijo del Hombre

autoridad y realeza que hace cosas fuera de lo común. Alrededor de esta figura se construye el concepto de Mesías, el ungido de Dios para liberar a los santos del Altísimo del poder temporal de las tinieblas.

En la época de Cristo, Hijo del Hombre era un concepto consagrado no solamente en el imaginario del pueblo, sino en la teología rabínica. Lo extraordinario de todo esto es que Jesús no tuvo ningún problema ni titubeó en adjudicarse semejante título. Sobre la frecuencia del uso de este título, el profesor Díez Macho afirma:

> Hijo del Hombre figura 82 veces en los Evangelios; 69x en los sinópticos, 13x en Juan. Contando los paralelos como una vez, Hijo del Hombre aparece 38x en sinópticos, más 13x en Juan... Todas las veces que figura en los Evangelios Hijo del Hombre, figura en labios de Jesús. Solo en Hechos 7:56, Esteban menciona al Hijo del Hombre: «Veo al Hijo del Hombre a la diestra de Dios».[273]

Según Díez Macho, existen 82 citas en los Evangelios sinópticos, en las cuales Jesús se adjudicó u otros le adjudican dicho título, lo que equivale a decir que Jesús no tuvo problemas en declararse el Mesías de la literatura apocalíptica; al hacerlo, estaba vindicando su autenticidad. Luego tenemos al redactor del Apocalipsis, que nos dice: «Y en medio de los siete candeleros, a uno semejante al Hijo del Hombre, vestido de una ropa que llegaba hasta los pies... Cuando lo vi, caí como muerto a sus pies. Y él puso su diestra sobre mí, diciéndome: No temas; yo soy el primero y el último; y el que vivo, y estuve muerto; más he aquí que vivo por los siglos de los siglos, amén».[274] Aquí podemos observar dos cosas: primero, que el redactor del Apocalipsis conoce perfectamente el concepto de *Hijo del Hombre*, lo que equivale a decir que conoce la literatura apocalíptica del período intertestamentario; en segundo lugar, vemos la conexión que hace entre *Hijo del Hombre* y Jesucristo. Estas dos operaciones del intelecto son una prueba fehaciente del factor humano en la redacción del Apocalipsis.

Todo lo anterior nos demuestra de una forma palmaria la unidad orgánica de la literatura religiosa canónica y no canónica, cerrando la reve-

---

publicados de 1953 a 1964 (*i. e.*, 11 años). El énfasis de estos artículos es el origen de esta expresión, para lo cual los académicos argumentan una serie de hipótesis, desde aquellas que aseguran que el origen del Hijo del Hombre se encuentra en la mitología de Tiro hasta aquellos que sostienen que es un concepto inventado por el redactor de Daniel.

273. Díez Macho, A. (1982). "Cristología del Hijo del Hombre y el uso de la tercera persona en vez de la primera". *Simposio Internacional de Teología de la Universidad de Navarra*, p. 240. Servicios de Publicaciones de la Universidad de Navarra.

274. Apocalipsis 1:13, 17.

lación especial de Dios con la identificación de Jesucristo con el Hijo del Hombre de Daniel, con el Mesías de la literatura pseudoepígrafa del P. I., con las declaraciones mesiánicas de Jesús en los Evangelios. Todo esto deja más que claro que Jesucristo es la consumación de la revelación de Dios a la humanidad.

7.3. Teología de la esperanza: El advenimiento de un nuevo orden de cosas

Si hay algo que queda absolutamente claro en el Apocalipsis de san Juan es la destrucción del actual sistema cósmico gobernado por Satanás y el advenimiento de un nuevo orden de cosas. En este dogma, todos estamos de acuerdo: el cosmos satánico tiene fecha de caducidad y viene el día en que la autoridad de este engendro será suprimida.

El desacuerdo surge en *cómo* y *cuándo* será; existen las tesis premilenialista-dispensacionalista y amilenialista. No vamos a entrar en ese debate ahora ni a demostrar una o refutar otra; esto sencillamente rebasa el objeto de nuestro estudio. Lo que sí es importante es el relato bíblico que sirve de base para la creación del dogma. En Apocalipsis 21, leemos:

> Vi un cielo nuevo y una tierra nueva; porque el primer cielo y la primera tierra pasaron, y el mar ya no existía más. Y yo Juan vi la santa ciudad, la nueva Jerusalén, descender del cielo, de Dios, dispuesta como una esposa ataviada para su marido... y el que estaba sentado en el trono dijo: He aquí, yo hago nuevas todas las cosas... Y me dijo: Hecho está. Yo soy el Alfa y la Omega, el principio y el fin.[275]

Debe tenerse en claro que no existe tal Nueva Jerusalén descendiendo del cielo; es simplemente una figura retórica y un simbolismo para dejarnos saber que en un futuro habrá un nuevo orden mundial, un nuevo orden de cosas. Esta es la esperanza más grande del cristiano:[276] que un día el Señor regresará por segunda vez a la tierra e instaurará un nuevo orden de cosas

---

275. Apocalipsis 21: 1 y ss.

276. Juan Esteban Londoño, hablando de la esperanza que genera la literatura apocalíptica, señala: «La Nada es la desesperación que destruye este mundo. Las personas que no tienen ninguna esperanza son fáciles de dominar. Por esto, la lucha para mantener vivo el mundo de fantasía es la lucha por la esperanza. Fantasía es el mundo de la fantasía humana. Es la dimensión de los sueños y esperanzas de la humanidad, como también de lo tenebroso y lo monstruoso. Muere cuando los seres humanos pierden sus esperanzas, y los seres humanos mueren cuando estas esperanzas están perdidas. En este sentido, la literatura fantástica es el rostro de esperanza de la humanidad frente a lo bestial» (Londoño, J. E. "Literatura apocalíptica, literatura fantástica". *Op. cit.*, p. 96).

del que nadie puede hablar con propiedad ni detalles. De ahí la expresión «he aquí hago todo nuevo».[277]

Lo anteriormente expresado echa por tierra esa bendita costumbre de los indoctos de relacionar el Apocalipsis con los desastres naturales o las guerras entre las naciones, al igual que ese morbo de andarle buscando el lado tenebroso a este libro, al extremo de haber acuñado frases como *acontecimiento de proporciones apocalípticas* para referirse a un desastre enorme, cuando la realidad de las cosas es que el Apocalipsis es el mensaje de esperanza de Dios para la humanidad. Nada más alejado de la verdad que usar esta narración como un mensaje de desolación al hombre cuando su objetivo es traer esperanza a su vida, especialmente a aquellos que son parte del pueblo de Dios.

7.4. Teología política subversiva

En términos simples, la política es el arte de gobernar, administrar y procurar el bien público de los habitantes de la polis. Los habitantes de la polis tienen la prerrogativa de escoger su forma de gobierno y las leyes que van a regir su forma de vida. En la época del Apocalipsis, la *polis* era el vasto Imperio romano, cuya cabeza era el emperador, que era a su vez considerado como una divinidad. Los romanos tenían un sistema administrativo social bien organizado. Había un senado, que era un órgano consultivo formado por exmagistrados o patricios, que fue evolucionando con el tiempo. Luego estaban los magistrados, encargados de impartir justicia, y los cónsules, que eran quienes gobernaban las diferentes provincias del Imperio. A esto hay que sumarle el ejército —que tenía una estructura impresionante, necesaria para mantener el orden y la paz— y una ingeniosa estructura legal —a la cual se llama el día de hoy *derecho romano*, que ha servido como base para el sistema legal de una gran cantidad de países europeos y latinoamericanos—.

¿Qué tiene que ver toda esta perorata con la narración del Apocalipsis y la teología política subversiva?[278] Pues bien, encontramos aquí una teoría

---

277. Apocalipsis 21:5.

278. El autor del Apocalipsis tenía interés en dar un mensaje cifrado, pues su mensaje debía resultar demasiado revolucionario y subversivo para el Imperio romano. Por ello, si unimos las continuas alusiones al Antiguo Testamento (en principio desconocido para las fuerzas romanas de ocupación y represión) a los números simbólicos que encontramos en Apocalipsis, queda claro que el texto tenía que resultar, de entrada, ininteligible para las fuerzas del Imperio, pero no para la comunidad de Juan. Cf. Alegre, X. "El Apocalipsis memoria subversiva y fuente de esperanza para los pueblos crucificados". *RLAT. Op. Cit.*, p. 219.

política diferente a la que imperaba en aquel momento. Veamos lo que señala Pablo Richard al respecto:

> El eje de la literatura apocalíptica de carácter histórico es la confrontación imperio-pueblo, por eso la teología apocalíptica es siempre teología política. Nace en situaciones de extrema opresión, cuando ya no cabe ninguna posibilidad de cambio al interior del sistema y cuando el imperio actúa como bestia contra el pueblo.[279]

Richard deja en claro que no puede existir la literatura apocalíptica sin que esta contenga teología política.[280] La una va ligada a la otra. Ahora, centrándonos en el Apocalipsis, veamos a continuación cuáles son los elementos relacionados con la teología política.

El sistema político que sirve de fundamento al Imperio romano, formado por un ordenamiento jurídico, social y político gobernado por un emperador títere de un engendro de maldad al que el Apocalipsis llama Satanás.[281]

1) Al ser el Imperio romano un sistema inicuo y perverso, está bajo una sentencia de destrucción, ya que el mal no puede triunfar sobre el bien.

2) El Imperio romano es un sistema político que patrocina una religión llamada *culto al emperador,* así como otras religiones que representan la antítesis de la fe cristiana, que es la religión verdadera. Cuando san Juan declara «digno es el Cordero inmolado de recibir el poder... al que está sentado en el trono, y al Cordero, sean dadas la alabanza, la honra, la gloria y el poder, por los siglos de los siglos», está hiriendo en la cabeza a la serpiente, le está dando un aldabonazo

---

279. Richard, P. "El pueblo de Dios contra el imperio. Daniel 7 en su contexto literario e histórico". *Op. cit.,* p. 22.

280. Richard sostiene que el origen de la teología política es la confrontación entre imperio-pueblo y que dicha confrontación existe en la actualidad: «Confrontación en el campo económico, político y militar, pero sobre todo confrontación en el campo cultural, ético, teológico y espiritual. Confrontación vivida al interior de los movimientos sociales y populares de base. Es en este contexto que re-leemos Daniel y su lectura nos ayuda a discernir el Reino de Dios en nuestra historia» (*Ibid.,* p. 23).

281. El monstruo (Satanás o diablo) del capítulo 12 dio a la bestia su poder (*dynamin*), su trono (*thronon*) y su máxima autoridad (*exousían megálen*). Tenemos aquí una afirmación de teología política de la mayor importancia: el Imperio romano no tiene un poder y una autoridad propios, sino que son dados por Satanás.

certero al Imperio romano. Es una declaración subversiva en toda su dimensión.

3) El emperador romano, además de ser considerado una divinidad, era el omnímodo que concentraba en sí mismo la soberanía del Imperio. Tenía poderes que estaban encima de la misma ley. Por eso, cuando el narrador del Apocalipsis le adjudica a Jesucristo títulos como *Rey de reyes* y *Señor de Señores*, está pulverizando la figura política del emperador: un anticristo que persigue a los cristianos que se niegan a rendirle culto —a la usanza más vulgar del Nabucodonosor de Daniel, que se enciende en ira contra los tres hebreos porque estos se niegan a adorar la imagen del impostor—.

4) La afirmación del narrador del Apocalipsis de que la bestia que se levanta del mar —Babilonia, la madre de todas la rameras— será condenada y raída de la escena humana es un mensaje elocuente que señala que ese sistema político fundamentado en el egoísmo, el orgullo y la miseria humana está predestinado a desaparecer. La razón es sencilla: es el gobierno del enemigo de Dios, que al final de los tiempos perderá todo poder.

Todo lo anteriormente expuesto nos deja en claro que san Juan nos presenta una nueva teoría política, en la que toda la concentración del poder estará en el que está sentado en el trono, y que ese gobierno estará fundamentado en los principios del amor, la unidad, el respeto y la alabanza al Cordero.

7.5. Teología escatológica

El centro de gravedad de la escatología bíblica que encontramos en el Apocalipsis de san Juan es la cristología.[282] Cristo es el centro de la ecuación: su resurrección y su gobierno no contaminado por el mal. No obstante, a nuestro criterio, el dogma escatológico más distintivo de nuestra fe cristiana es la parusía del Señor.[283] Es toda una concatenación de pensamientos:

---

282. Véase el interesante comentario de Pierre Prigent, donde asegura que la escatología del Apocalipsis se caracteriza de tres maneras: «(1) Su centro de gravedad es cristológico; (2) La oración, el culto y la vida sacramental hacen partícipes a los cristianos ahora de esta victoria pascual; (3) El tiempo de la historia y el espacio del mundo ven trastornadas sus categorías» [Prigent, P. (1983). "Apocalypse de Saint Jean". *RTL*. Vol. 12. N. 2, pp. 228-229].

283. Sobre este dogma, se recomienda ver el trabajo del profesor José Alfredo Noratto, quien «explora la riqueza de concepciones cristológicas y escatológicas subyacentes

primero, que Cristo resucitó; este hecho marca el principio de todo lo demás: su segunda venida y su gobierno sin el contrapeso de Satanás.

Encontramos el origen del dogma de la parusía en las declaraciones de Jesús, quien aseguró que «el Hijo del Hombre vendrá cuando menos lo esperen»;[284] también está atestiguado en el libro de los Hechos: «Varones galileos, ¿por qué estáis mirando al cielo? Este mismo Jesús, que ha sido tomado de vosotros al cielo, así vendrá como le habéis visto ir al cielo». El dogma es ratificado en epístolas como Tesalonicenses y, cuando llegamos al Apocalipsis de san Juan, el tema queda suficientemente claro por el contexto de la narración.

Desde el mismo principio del relato encontramos declaraciones como: «Yo soy el Alfa y la Omega, principio y fin, dice el Señor, el que es y que era y que ha de venir, el Todopoderoso». Esto continúa hasta el final, en el capítulo 22, donde tres veces se nos dice lo mismo: «He aquí yo vengo pronto». Hemos de reconocer que el dogma de la parusía es algo exclusivo del cristianismo. Los judíos lo rechazan enfáticamente y no existe ningún indicio en la literatura apocalíptica judía del P. I. de semejante cosa.

Podemos afirmar con toda seguridad que la doctrina de la segunda venida alcanza su verdadera dimensión en el Apocalipsis de san Juan porque en dicho contexto se nos habla del final del cosmos satánico y del nuevo orden de cosas, y de que el requisito para que ocurran todas estas cosas es que Jesucristo, el Cordero inmolado, haga presencia en la escena humana, no como Cordero pascual (como la primera vez), sino como el *Rey de reyes* y *Señor de señores* del que nos habla la literatura apocalíptica del P. I.

---

al lenguaje de la parusía en los textos de la tradición literaria y teológica del cuarto Evangelio. Su originalidad y novedad están representadas por la forma como se han «articulado las distintas referencias a la segunda venida del Señor, con la intención de explicitar los distintos horizontes escatológicos y captar el enorme potencial hermenéutico de ἔρχομαι en su dimensión epifánica, y su extensión en el lenguaje implícito, representado especialmente por los verbos de visión, conocimiento y revelación, y la paradigmática figura del Paráclito». Al referirse a la segunda venida de Cristo en el Apocalipsis, señala que «la parusía del Señor será el detonante de una serie de sucesos cósmicos que llevarán a su cumplimiento todo lo que escribieron los profetas». También asevera que «el Apocalipsis se trata de reconfortar a los cristianos que al experimentar la persecución en el momento presente como la penúltima etapa, preludio de la última, que estará marcada por la destrucción de los impíos y el triunfo de Dios y de los suyos; así se explica la espera impaciente de la parusía, presente a lo largo de todo el libro, pero particularmente explícita en las últimas palabras del Evangelio: "Sí, ven, Señor Jesús" (Apoc. 22:20)» [Noratto, J. A. (2008). "La vuelta de Jesús a los discípulos. Los rostros de la parusía en el cuarto Evangelio". *RTX*. Vol. 58. N. 166, p. 448].

284. Mateo 24:44.

Como ha podido verse, el Apocalipsis de san Juan es un libro teológico, en el que encontramos una serie de dogmas que son de suprema utilidad porque dan forma y contenido a nuestra fe. Es de mucha importancia afirmar que todos los dogmas de esta narración están en perfecta armonía con el resto del Nuevo Testamento; esta es la razón por la que no había un argumento válido para votar en contra de su canonización, aun cuando hubo personas que se opusieron a la misma.

Conclusiones de la investigación

Una vez concluida la investigación sobre las fuentes que dieron origen al Apocalipsis de san Juan, queda suficientemente demostrado que el redactor utilizó fuentes para la elaboración de su trabajo. Las respectivas conclusiones serán presentadas por capítulo.

Capítulo 1

La primera fuente que da origen al Apocalipsis de san Juan es la realidad sociopolítica en la que vivía la persona que redactó la narración. La realidad de aquel momento era una persecución del Imperio romano contra todas aquellas personas que profesaran la religión cristiana.

El mensaje a las siete iglesias del Apocalipsis es en realidad un solo mensaje, no siete, pues ha quedado suficientemente claro que siete es el número que simboliza la totalidad de las cosas, la perfección, si se quiere. Si el epicentro de la persecución imperial era la ciudad de Roma, no tiene mucho sentido que el mensaje fuera a siete ciudades del Asia Menor. Por eso se concluye que lo más seguro es que el Apocalipsis de san Juan sea una narración escrita *prima facie* a la iglesia perseguida de Roma.

Los pecados señalados a las siete iglesias tienen denominadores comunes: el culto al emperador, las prácticas inmorales realizadas en los templos paganos, la infiltración de falsos maestros que desviaban el corazón de los discípulos, etc. Por su parte, entre las virtudes se contaban la resistencia a la persecución de los malos y la preservación de la palabra hasta donde era posible. Finalmente, la exhortación concluye con una palabra de esperanza para todos. Estos elementos mencionados no eran realidades exclusivas de estas iglesias, sino de la iglesia localizada en el Imperio romano, y también ha sido una palabra pertinente para la iglesia de todos los tiempos.

La realidad religiosa de la iglesia localizada en el Imperio romano se convierte *ipso facto* en fuente primigenia para la redacción del Apocalipsis de san Juan. El libro no se da en un *vacivus* sociopolítico.

El detonante de todo ese desastre fue la megalomanía del hombre, en este caso, del emperador romano, que al verse sumergido en un poder casi omnímodo, se creyó dios e incurrió en la insolencia de demandar adoración a los ciudadanos del Imperio. El edicto imperial era de carácter general, obligatorio y coercitivo; por lo tanto, todos aquellos que se rebelaran serían objeto de persecución: les caería todo el peso de la ley. Es la misma historia de Nabucodonosor en el libro de Daniel: un megalómano que se cree dios y demanda adoración. La iglesia tiene bien claro quién es el que *está sentado en el trono* y *es digno de honra,* por lo que no tiene más remedio que oponerse al emperador y provocar las persecuciones, que ocurrieron una y otra vez en el Imperio romano. El culto al emperador es una fuente primigenia que dio origen al Apocalipsis de san Juan.

Los mártires de la iglesia comenzaron a surgir a lo largo y a lo ancho de todo el territorio. La persecución causó desánimo y confusión en el pueblo, por lo que era necesaria la palabra profética de Dios. Fue así como surgió el Apocalipsis: como una esperanza para un pueblo que lo necesitaba, así como ahora necesita escuchar quién es el Alfa y la Omega. De esta manera, los mártires de la iglesia en el Imperio romano se convirtieron en fuentes primigenias que dieron origen al Apocalipsis.

Capítulo 2

La segunda fuente utilizada por el redactor final del Apocalipsis de san Juan son los libros canónicos del *tanaj*. Los escritores del Nuevo Testamento entendían el fenómeno de la progresión en la revelación de Dios, y el hecho de que Jesucristo sea la culminación de esta. En tal sentido, el uso de los libros del Antiguo Testamento es un reconocimiento expreso de su inspiración y canonicidad.

Los libros que fueron objeto de estudio como fuentes veterotestamentarias del Apocalipsis fueron Isaías, Ezequiel y Zacarías, que presentan un patrón que se sigue a la perfección en la narración de san Juan. Esto confirma que el Apocalipsis no se escribe en un vacío literario, sino que tiene sus mismas características.

El hecho de que haya cuarenta y cuatro citas directas de Ezequiel en el Apocalipsis deja en claro que existe una dependencia de san Juan a este libro como fuente literaria para la organización de los materiales utilizados en su obra. Figuras como los cuatro seres vivientes o Gog y Magog son una demostración inequívoca de que san Juan, lejos de estar en éxtasis, está sentado frente a una mesa, desde donde efectúa un *midrash* fantástico alrededor de la personalidad de Jesucristo.

Zacarías es otro de los libros apocalípticos que se convirtió en fuente del Apocalipsis; figuras como los dos olivos o los caballos nos ratifican el lugar de donde san Juan extrajo dichos símbolos para redactar su escrito.

La dependencia de san Juan de libros como Ezequiel y Zacarías es más que evidente. En ningún momento demerita la inspiración del Apocalipsis el hecho de que este haya sido el procedimiento utilizado; la práctica de hacer *midrash* de pasajes de la Escritura era algo común en las escuelas judías de la época.

Capítulo 3

El libro de Daniel es el prototipo de toda la literatura apocalíptica judía, tanto la canónica como la no canónica. En otras palabras, es el paradigma a seguir, el que establece el patrón apocalíptico que se sigue no solamente en la literatura pseudoepígrafa del P. I., sino de todos los pasajes escatológicos que encontramos en el Nuevo Testamento, como Mateo 24 o las cartas a los tesalonicenses. Se convierte también en una fuente primigenia del Apocalipsis de san Juan.

El libro de Daniel es un libro pseudoepígrafo escrito en el P. I., producto de un trabajo de redacción en el cual el redactor final hizo una compilación de una serie de documentos escritos en tres idiomas diferentes. Daniel surge como una reacción a la cruenta persecución que estaba realizando Antíoco Epífanes IV. Es, por ende, un libro subversivo que tuvo que ser escrito en un lenguaje simbólico con el objetivo de que no fuera entendido por todos. En él subyace una teología política que contrarresta el avance del reino, representado por el gobernante sirio. Por este motivo, los judíos lo clasificaron dentro de los Escritos y nunca lo consideraron un libro profético.

Las historias fantásticas narradas en el libro de Daniel, tanto en arameo como en griego, no son históricas, y por tanto requieren de una interpretación alegórica para poder sacar todo el provecho correspondiente de ellas.

Capítulo 4

En el P. I. hubo una proliferación de escritos que pertenecen al género apocalíptico a raíz de los acontecimientos sociopolíticos que estaba experimentando Israel en manos de sus opresores. La literatura fue abundante y llegó a alcanzar un gran prestigio dentro del pueblo judío.

El libro apocalíptico de mayor trascendencia y popularidad fue el libro de Enoc, del que subsisten dos versiones, la etíope y la griega, siendo la primera la más famosa. La Iglesia etíope considera a Enoc como un libro inspirado y lo tiene dentro de su canon.

A los escritos apocalípticos del P. I. se los llama *literatura pseudoepígrafa del P. I.*; en cambio, los católicos los llaman *libros apócrifos del Antiguo Testamento*. Esta literatura fue utilizada por el redactor del Apocalipsis como fuente bibliográfica.

En el libro de Enoc encontramos temas, como el Hijo del Hombre, más desarrollados que en el libro de Daniel y en perfecta conexión con la interpretación de Juan; el abordaje de temas como el juicio, entre otros, dejan en claro que san Juan leyó Enoc. Lo más interesante al respecto tiene que ver con una serie de expresiones que encontramos en Enoc y que se repiten a lo largo de todo el Apocalipsis: «Señor de señores, Dios de dioses, Rey de reyes, [y Dios de los siglos], el trono de Tu gloria [está] por todas las generaciones de los siglos, y ¡Tu nombre santo y glorioso y bendito por todos los siglos! Tú hiciste todas las cosas, y tienes poder sobre todas las cosas: y todas las cosas están desnudas y abiertas a Tus ojos, y Tú ves todas las cosas, y nada puede ocultarse de Ti».

El Apocalipsis de Abraham no tiene la popularidad de Enoc, pero menciona temas puntuales que se repiten en el Apocalipsis de san Juan, *v. g.*, la tribulación, en referencia a los mártires que salen de ella y a su redención. Otro de los temas torales del Apocalipsis de Abraham son las plagas, algo también central en el Apocalipsis de san Juan.

Finalmente, abordamos el libro de Baruc, en el cual encontramos las típicas figuras de los juicios y los libros; empero, se menciona algo muy interesante: la parusía del Mesías. Este tema es toral en el Apocalipsis. Aunque en Baruc el Mesías no es Jesucristo, en el Apocalipsis de san Juan sí lo es. El concepto de la parusía existía en el imaginario colectivo; cuando Jesús declara su mesianismo, habla de la parusía, y luego Pablo la explica teológicamente en las cartas a los tesalonicenses.

Sin duda, los autores de toda esta literatura eran judíos educados en las escuelas rabínicas de la época que hicieron una simbiosis entre la literatura canónica y la realidad sociopolítica que estaban viviendo. En otras palabras, fueron personajes capaces de interpretar los tiempos para traer esperanza al pueblo, pero también para sentar los fundamentos de la teología de su religión.

San Juan había bebido profundamente de toda esta literatura; su marca está en toda la narración del Apocalipsis. Él también fue capaz de leer los tiempos e interpretar la realidad sociopolítica de la época: logró hacer el *midrash* correspondiente y entregó a la iglesia un extraordinario libro que suscitó toda clase de pasiones e interpretaciones, desde las más ridículas hasta las más asombrosas.

Capítulo 5

El símbolo representa un concepto abstracto, invisible, por medio de alguna semejanza o correspondencia. En ese sentido, el Apocalipsis de san Juan no es un libro colmado de símbolos; más bien, el símbolo es el lenguaje mismo en el que fue escrito.

El objetivo de escribir un libro con ese lenguaje es codificarlo, y eso porque es un escrito subversivo, con una teología política ultraterrena que atenta contra la ideología del poder de turno. Ese es el motivo por el cual no está redactado en el lenguaje común y corriente: no quiere que sea entendido por todos.

Escribir en lenguaje codificado no fue un invento de Juan, sino que era el *modus operandi* de este género, que tuvo su origen siglos antes, en el libro de Daniel, que asienta el paradigma que caracterizó la literatura apocalíptica del P. I.

San Juan, como dijimos no escribió en un *vacivus* lingüístico, sino que usó el lenguaje simbólico que sus antecesores habían usado siglos antes. Los símbolos eran entendidos sin mayores problemas por los recipientes del primer siglo, pero después de tanto tiempo, los mismos requieren un trabajo hermenéutico exhaustivo para lograr ser entendidos. En ese sentido, hay diferentes tipos de símbolos: aquellos que el mismo libro especifica qué significan, aquellos que se pueden descifrar después de un trabajo diligente y, finalmente, aquellos sobre los cuales podemos especular o simplemente dejarlos tal cual, ya que no hay manera de saber su significado.

Capítulo 6
A raíz de la ignorancia y la desidia por estudiar la apocalíptica judía con seriedad y científicamente, se han originado una serie de mitos que, aunque tienen cierta lógica, es decir, están correctamente estructurados, no son válidos. Esta realidad nos impone la necesidad insoslayable de desmitologizar el texto.

Aunque circulan en la Iglesia protestante una amplia gama de mitos, para efectos de este estudio se seleccionaron los más representativos, no solo para objetivar lo que se quiere decir, sino sobre todas las cosas para desvanecerlos; no para hacer quedar mal a quienes los exponen, sino más bien para motivar a las personas a estudiar el Apocalipsis con seriedad y de una forma científica.

El primer mito que desvanecemos es el de la seudonimia del libro, como corresponde a cualquier libro del género apocalíptico; está ampliamente demostrado que estos escritos son pseudoepígrafos, aun cuando en la redacción haya una persona que se adjudique su paternidad literaria, como es el caso del Apocalipsis de san Juan.

Siguiendo el mismo orden de ideas, esto nos lleva a la visión, una característica esencial de esta literatura, al igual que la presencia de ángeles. Al demostrar que el redactor del Apocalipsis no escribe con su mente en *tabula rasa*, sino que se vale de una serie de fuentes, queda totalmente claro que una visión *per se* no existe: es sencillamente una forma del lenguaje usada para presentar un documento codificado a un sector de la iglesia que está sufriendo una persecución, como era costumbre en aquella época y como está atestiguado en el P. I.

El trabajo del interprete es identificar el mito y demostrar con argumentos válidos su futilidad, con el objetivo de enderezar en cierto modo el pensamiento torcido al que nos han condenado intérpretes novatos o lecturas fuera de contexto, no científicas, sectarias, que distorsionan la verdad con argumentos bien estructurados, pero con conclusiones incorrectas, ya que las premisas en las que se fundamentan son incorrectas.

Para terminar este tema de la desmitologización, es necesario cortar de una vez por todas con ese patrón erróneo de señalar a la Iglesia católica como Babilonia, madre de todas las rameras, o al papa como la bestia de Apocalipsis 13. El simple hecho de que la Iglesia católica no existiera como tal al momento de la redacción del Apocalipsis de san Juan vuelve absurda tal identificación.

El argumento de que el autor está hablando en el futuro es aún más ridículo, y lo es porque la literatura apocalíptica no es profética. Los judíos crearon este género después del profético para dar una esperanza al pueblo en un momento de persecución. Por tal razón, libros como Daniel no fueron incluidos por los judíos dentro de los proféticos. El género profético es una cosa y el apocalíptico es otra. Esto ha quedado completamente demostrado a lo largo de este estudio.

Principios como el anterior deben regirnos al momento de interpretar el Apocalipsis. Nos mantendrán alejados de las teologías sectarias y apasionadas que nos conducen a errores imperdonables y a una enseñanza que, lejos de abonar para la edificación de la iglesia, la han confundido, creando caos y anarquía en el pensamiento.

Capítulo 7

El Apocalipsis de san Juan es una narración con un alto contenido teológico, como debe ser, en el cual se ratifican todos los dogmas pétreos sobre Jesucristo; esto es lo que valida toda la narración y el motivo que jugó un papel preponderante a la hora de que fuera admitido como parte del canon del Nuevo Testamento.

El primer dogma que queda establecido es la deidad de Jesucristo, uno de los dogmas torales de nuestra fe. Si Jesucristo no es Dios, no hay cristianismo y el Nuevo Testamento pierde totalmente su dignidad.

En el Apocalipsis de san Juan, la deidad es simbolizada con la figura del Cordero, a quien se adjudica una serie de atributos y títulos que corresponden de forma exclusiva a Dios. De una forma tácita, esto está validando la doctrina de la Trinidad, otro de los artículos pétreos de nuestra fe.

Conclusiones de la investigación

El dogma de la destrucción del cosmos satánico y la instauración de un nuevo orden de cosas está latente en toda la narración hasta el momento en que dicho dogma es declarado por el redactor mismo del libro, dejándolo establecido como una de las piedras angulares de nuestra fe.

Huelga señalar que en este trabajo de investigación no abordamos todos los dogmas plasmados en el libro; no es necesario, ya que los que hemos mencionado sirven para demostrar de una forma palmaria que el Apocalipsis es un escrito eminentemente teológico que ratifica toda la teología del Nuevo Testamento y afianza de forma clara y potente todo nuestro andamiaje teológico.

Finalmente, queda claro que el estudio del Apocalipsis debe hacerse de una forma científica y con seriedad, lejos de cualquier apasionamiento teológico y de cualquier romanticismo que le adjudique interpretaciones que no corresponden. Las conclusiones de esta investigación no afectan en un ápice la esencia de la fe cristiana, y redefinir el concepto de inspiración bíblica tampoco demerita la majestad de la Palabra de Dios. Pensar en Apocalipsis como un libro que utiliza fuentes no es exactamente un escenario conocido, pero ha quedado demostrado que esta es su realidad. Rechazo enfáticamente cualquier etiqueta que se me trate de imponer —como teólogo liberal, amilenialista o racionalista— y me ratifico como un hombre de iglesia, respetuoso estudiante de los oráculos de Dios para el ejercicio de un magisterio responsable y efectivo.

Anexo 1
Crítica de redacción en el libro de Apocalipsis

La crítica de redacción está altamente relacionada con la crítica de formas, aunque se mueven en direcciones opuestas.[285] La primera intenta poner las perícopas juntas, en el sentido de mostrar cómo el redactor dio forma final a los materiales.[286] El crítico de redacción o de fuentes las separa para su estudio. Richard Soulen sostiene que la crítica de redacción es «el método de la crítica bíblica que busca dejar desnudas las perspectivas teológicas de un escritor bíblico analizando su redacción y técnicas de composición e interpretaciones empleadas por él en formar y estructurar la tradición oral y escrita disponible».[287]

La definición de Soulen nos está dejando en claro que el redactor de un libro como el Apocalipsis no fue un simple mortal que escribió todo lo que vio en una visión, producto de un éxtasis en el espíritu, sino que apunta a un personaje que efectuó un trabajo heurístico extraordinario. La definición anterior incluye elementos que son dignos de subrayar, como, por ejemplo: (1) Conocer el prejuicio de redacción del autor, que en este caso es traer esperanza al pueblo de Dios perseguido. (2) Análisis de redacción, que se refiere a la heurística del escrito; en el caso que nos ocupa, se estima que el autor organizó sus materiales en septenarios —este segundo punto será el meollo de este anexo: la estructura del escrito para probar el trabajo redaccional e inteligente del autor—. Y (3) Las técnicas de composición, que sin duda están relacionadas con las fuentes que el escritor usó para organizar sus materiales y proceder a la redacción final de su escrito.

El primer aspecto de la definición tiene que ver con desnudar las perspectivas teológicas del autor. ¿Qué hay detrás de esta estructura? ¿Qué

---

285. La crítica de formas guía al pasado y las perícopas que forman un texto en particular; la crítica de redacción también guía al pasado, empero se enfoca en los prejuicios del autor antes de escribir, incluyendo, si se quiere, las fuentes que sirven para la redacción final del documento.

286. Perrin, N. (1979). *Redaction Criticism at Work, a Sample. The Bible and its Literary Milieu*, p. 344. Maier, J. & Tollers, V. (Ed.). William B. Eerdmans Publishing Co.

287. Soulen, R. (1981). *Handbook of Biblical Criticism*, p. 165. John Knox Press.

pretende el escritor con todo esto? Ya hemos dicho esto a lo largo de toda esta investigación, pero no está de más repetirlo: todo lo que el autor pretende es traer un mensaje de esperanza a un pueblo que está siendo perseguido, masacrado, y que está, por lo tanto, confundido. Juan nos habla del juicio, que es la retribución a los perseguidores, mediante el cual Dios interviene y los castiga con el lago que arde con fuego y azufre. La esperanza gloriosa se materializa en un nuevo mundo, que es la esencia misma del mensaje. La característica principal de este Apocalipsis es la figura del Cordero; el autor toma una serie de títulos de la literatura apocalíptica intertestamentaria y se los aplica al Cordero. Por ejemplo, toma el título de Hijo del Hombre o también el de Señor de señores y se los adjudica a Jesucristo. En otras palabras, el autor está haciendo un *midrash* para probar la soberanía, el poder y la gloria del Cordero. La declaración «yo soy el Alfa y la Omega» demuestra la soberanía y deidad de Jesucristo: el ser increado, el eterno, el que no tiene principio ni tiene fin.

El segundo aspecto de la definición tiene que ver con la estructura redaccional del escrito, *i. e.*, cómo Juan organizó sus materiales e hizo la heurística de su trabajo. Sobre este tema, huelga señalar que no todos los académicos se han puesto de acuerdo sobre cómo visualizar correctamente la estructura del libro. Sí existe un consenso en que el libro fue estructurado en septenarios; sobre este tema, el prof. Juan Stam señala lo siguiente:

> Prácticamente todos los comentaristas del Apocalipsis concuerdan en que el libro, a pesar de una primera impresión de desorden y desorganización, tiene una estructura muy bien armada. Es una obra de arte, con una bella simetría en la arquitectura de su construcción literaria. Hay consenso general también en que esa estructura del Apocalipsis, cuidadosamente construida por Juan, es parte de su mismo mensaje e indispensable para entenderlo. Pero, curiosamente, a la hora de formular el bosquejo del libro, no parece haber dos analistas que descubran el mismo "esqueleto" de este cuerpo. Ni siquiera existe consenso en cuanto a todas las divisiones principales del libro. La razón básica parece ser que el pensamiento de Juan es muy dinámico y fluido... Una primera indicación de la estructura del libro es obviamente la serie de septenarios.[288]

Lo primero que hay que resaltar es que el libro es el resultado de un trabajo heurístico, lo que anula *ipso facto* la posibilidad de que esta sea una narración escrita después de un éxtasis. Sería un sinsentido que un ángel le mostrará a Juan una visión con tal simetría; esto simplemente no con-

---

288. Cf. Stam, J. *Apocalipsis.* Comentario Bíblico Iberoamericano. *Op. cit.*, pp. 32-33.

cuerda ni con la práctica de la escritura de la literatura apocalíptica ni con ninguna categoría de la lógica humana.

Existe una serie de académicos que han trabajado en el tema de la estructura del Apocalipsis o la heurística del escrito. Afirman, siguiendo el pensamiento semítico, que el Apocalipsis tiene una estructura concéntrica, llamada también *desarrollo en candelero*.[289] Según este procedimiento, el mensaje central se encuentra en el centro del libro, haciendo alusión a un candelabro, de cuyo centro surgen las ramificaciones. Para explicarlo, el autor juega con una serie de correspondencias entre el comienzo y el final del libro; esto es lo que se conoce como construcción en candelero: la primera rama está ligada orgánicamente a la última, la segunda a la penúltima, la tercera a la quinta, lo que reserva la cuarta posición para el lugar de privilegio.

Todos los comentaristas están de acuerdo en que el número siete juega un papel importante en el Apocalipsis; se menciona 54 veces, mientras que solo aparece 33 en el resto del Nuevo Testamento. El autor habría querido decirnos que el Apocalipsis es el libro de la Alianza reanudada en Jesucristo, pero amenazada por las persecuciones que se ciernen sobre las iglesias. Este número siete es, sin lugar a duda, el que estructura todo el libro: siete iglesias, siete ángeles, siete sellos, siete truenos, siete trompetas, *inter alia*. En unos casos se precisa el contenido del "septenario", como en los siete sellos, a los que siguen una serie de detalles, *v. g.*, «tras la ruptura del primer sello, sucedió...». En otros casos, solo se mencionan, sin demasiados detalles; este es el caso de los siete ángeles.[290]

En resumen, cada académico estructura el Apocalipsis bajo su propio criterio, aunque existe un consenso en la academia al respecto de que la heurística de esta narración está estructurada en septenarios. Unos la dividen en cinco septenarios; nosotros lo hacemos en seis septenarios. Para tener una visión clara de la estructura en la que Juan organizó sus materiales, conviene oír la opinión de Daniel Ayuch:[291] «Sin caer en un rigorismo estructural que resulte repetitivo y previsible para el lector, el libro del Apocalipsis se organiza con libertad y creatividad en una estructura de sie-

---

289. En este mismo sentido se expresa Xavier Alegre, quien observa que «la estructura del Apocalipsis, [es] una estructura concéntrica, muy bien pensada, que ayuda a comprender mejor el mensaje del libro» (Alegre, X. *Memoria subversiva. Op. cit.*, p. 13).

290. Gutiérrez Velasco, F. (2012). "Claves de lectura del Apocalipsis de san Juan". *PHAINOMENON*. Vol. 11, N. 1, pp. 129 ss. Este autor presenta la postura de Pierre Charlier, que estructura el Apocalipsis en cinco septenarios.

291. Ayuch, D. "La instauración del trono en siete septenarios. La macro narrativa y la estructura del Apocalipsis de san Juan". *Op. cit.*, pp. 258-259.

te septenarios de visiones que relatan la fe y la esperanza del autor de que Dios intervendrá diligentemente para poner orden en toda la nación».[292]

A continuación, mostramos los septenarios en los cuales, según creemos, el redactor final del Apocalipsis organizó su trabajo.

Primer ciclo de visiones (1:9–11:19)
(1) Los siete mensajes a las siete iglesias (1:9–3:22)
Introducción: primera aproximación al trono (1:9-20)

Éfeso	Esmirna	Pérgamo	Tiatira	Sardis	Filadelfia	Laodicea
2:1-7	2:8-11	2:12-17	2:18-29	3:1-6	3:7-13	3:14-22

(2) El libro con los siete sellos (4:1–8:1)
Introducción: visión central del trono y su liturgia (4:1–5:14)

1er sello	2do sello	3er sello	4to sello	5to sello	6to sello	7mo sello
6:1, 2	6:3, 4	6:5, 6	6:7, 8	6:9-11	6:12-17	8:1

(3) Las siete trompetas (8:2–11:19)
Primer regreso a la liturgia del trono (8:2-6)

1ra trompeta 8:7	2da trompeta 8:9, 10	3ra trompeta 8:10, 11	4ta trompeta 8:12, 13	5ta trompeta 9:1-12	6ta trompeta 9:13-21	7ma trompeta 11:15-19

Segundo ciclo de visiones (12:1–22:5)
(4) Las siete visiones de la historia (12:1–15:4)
Las siete visiones de la tierra

1ra visión: La mujer y el dragón 12:1-18	2da visión: La primera bestia 13:1-10	3ra visión: La segunda bestia 13:11-18	4ta visión: El Cordero sobre Sion 14:1-5	5ta visión: El anuncio del juicio 14:6-13	6ta visión: La siega y la cosecha 14:14-20	7ma visión: El cántico de Moisés 15:1-4

(5) Las siete copas (15:5–16:21)
Segundo regreso a la liturgia del trono (15:5–16:1)

1ra copa 16:2	2da copa 16:3	3ra copa 16:4-7	4ta copa 16:8, 9	5ta copa 16:10, 11	6ta copa 16:12-16	7ma copa 16:17-21

---

292. *Ibid.*

(6) Caída de la gran Babilonia (17:1–19:10)[293]

(7) Las siete visiones del fin de los tiempos (19:11–22:5)
Tercer regreso a la liturgia del trono y su unificación
definitiva de cielos y tierra

La parusía 19:11-16	El llamado 19:17, 18	La batalla 19:19-21	La captura de la bestia 20:1-3	Los mil años 20:4-10	El juicio final 20:11-15	La nueva creación 21:1–22:5

A pesar de que el cuadro anterior luce bien y parece tener sentido (y lo tiene), es solamente una opinión de los académicos. Lo que sí está claro es que el material está organizado en septenarios; el número siete está desde el principio hasta el final. Sin embargo, hay detalles en su organización que debemos tomar en cuenta.

En cada serie, los cuatro primeros elementos siempre van juntos. Los cuatro primeros sellos son los cuatro caballos y jinetes, con una obvia temática común. Igualmente, las primeras cuatro trompetas son juicios sobre tierra, agua dulce, agua salada y cielo (8:7-12), unidos entre sí y obviamente distintos de las trompetas quinta y sexta. Las cuatro primeras copas (16:1-9) corresponden punto por punto al anterior cuarteto de trompeta.[294]

La acotación del profesor Stam nos muestra la simetría del redactor al poner juntos los cuatro primeros elementos de los primeros siete septenarios. A esto hay que sumar otro aspecto interesante de la redacción de este material:

> Además, Juan inserta dentro del desarrollo de los septenarios una serie de preludios, interludios y paréntesis. Los interludios van típicamente entre el sexto y el último elemento, creando así una tensión dramática de irresistible fuerza. En los capítulos 12 y 13, Juan incorpora toda una alegoría que podemos titular "el drama del dragón", que sigue en el capítulo 17 con el juicio contra la ramera... todos estos relatos intercalados, que a veces parecen estar desconectados del contexto, a

---

293. Como puede verse, el Apocalipsis de san Juan tiene seis septenarios, no siete. La caída de la gran Babilonia puede ser considerado como un interludio. No hay nada que tenga que ver con el número siete en estos tres capítulos.

294. Cf. Stam, J. *Apocalipsis. Comentario Bíblico Iberoamericano. Op. cit.*, p. 33.

menudo se vinculan muy significativamente tanto con lo que los precede como con lo que los sigue. Son clave para entender el libro, aunque complican un poco nuestros afanes de logar nítidos bosquejos.[295]

La identificación de los preludios, interludios y paréntesis a los que se refiere el prof. Stam son de suprema importancia a la hora de estudiar el libro. A pesar de la excelente estructura y simetría del libro, este tipo de digresiones era muy común entre las personas del primer siglo. El apóstol Pablo hace un paréntesis un tanto extenso en la segunda carta a los Corintios.[296] El estudioso debe estar atento a identificarlos; algunas veces se requiere tener ojo clínico.

Para terminar, el tercer y último elemento de la definición se refiere a todo lo relacionado con el uso de las fuentes y las técnicas de composición utilizadas. Como es obvio, no entraremos en este tema, pues el mismo ha sido desarrollado a lo largo de todo este trabajo.

En conclusión, el análisis de crítica de redacción que hemos efectuado en este anexo nos demuestra palmariamente que san Juan no escribió en *tabula rasa* esta narración mientras estaba en éxtasis, ni lo hizo sin pasarlo por el filtro del análisis, la síntesis y la valorización crítica; todo lo contrario: queda clara su sapiencia y capacidad de redacción. Obviamente, la iglesia no estaba lista para recibir un escrito de carácter apocalíptico como este; era una práctica del judaísmo, no de la iglesia. Fue el uso inveterado de este escrito en la iglesia, tanto en su liturgia como en su magisterio, lo que hizo que el Apocalipsis de san Juan apareciera en la lista del canon del Nuevo Testamento.

---

295. *Ibid.*
296. Cf. 2 Corintios 2:12–7:5.

Anexo 2
Análisis histórico-crítico de la marca de la bestia

Son muchísimas cosas las que se han dicho sobre la marca de la bestia y el número seiscientos sesenta y seis, desde las interpretaciones fantásticas de la iglesia hasta los sinsentidos que se dicen en el mundo secular. Se ha dado lugar a mitos, confusión y un concepto errado del pasaje; de ahí surge una pregunta que vale la pena considerar: ¿Cuál es la forma más plausible de dilucidar el enigma? O, para usar el lenguaje de la matemática, ¿cómo despejar la incógnita? Pues bien, hagamos un estudio histórico-crítico del pasaje de Apocalipsis 13:16-18 y veamos qué resulta. Me expreso de esta manera porque nunca he hecho este estudio, por lo que ya dije anteriormente; primero, porque acepté lo que me dijeron sin pasarlo por ningún filtro; luego, porque le tomé aversión a la escatología; por último, porque el tema no me ha interesado para nada. Empero, en esta ocasión no tengo alternativa; estoy investigando sobre las fuentes que dieron origen al Apocalipsis de san Juan, por lo que investigar un pasaje tan controversial y enigmático se constituye en un imperativo insoslayable de la investigación. Debo reconocer que, en este mismo momento, hay una gran expectativa en mí; adrenalina pura es segregada y mi corazón palpita más a prisa. Quiero saber qué voy a descubrir.

Para lograr mi objetivo, seguiré el procedimiento científico que se sigue en estos casos, con el deseo de intentar desentrañar el enigma de este pasaje; haremos para tal efecto un trabajo de crítica bíblica exhaustivo *y veremos qué resulta*.

La crítica textual

La crítica textual es la ciencia que nos da los principios, las reglas y la metodología para determinar cuál de las variantes, entre los diversos manuscritos disponibles, es la que más se acerca al texto original según nuestra opinión. En el caso que nos ocupa, existen al menos tres variantes en el texto objeto de estudio, que es precisamente el que corresponde al número seiscientos sesenta y seis. Esta diversidad de variantes nos obliga a efectuar un trabajo de crítica textual para expresar nuestra mejor opinión[297] al respecto de cuál es la más aceptable.

Para comenzar citaremos el texto griego de Nestle-Aland,[298] que es el *textus receptus* que se utiliza para traducir el Nuevo Testamento. Luego procederemos a citar dos versiones protestantes y dos católicas para luego proceder al análisis textual del pasaje.

Texto Nestle-Aland[299]

καὶ ποιεῖ πάντας, τοὺς μικροὺς καὶ τοὺς μεγάλους, καὶ τοὺς πλουσίους καὶ τοὺς πτωχούς, καὶ τοὺς ελευθέρους καὶ τοὺς δούλους, ἵνα δῶσιν αὐτοῖς χάραγμα ἐπὶ τῆς χειρὸς αὐτῶν τῆς δεξιᾶς ἢ ἐπὶ τὸ μέτωπον αὐτῶν, καὶ ἵνα μή τις δύνηται ἀγοράσαι ἢ πωλῆσαι εἰ μὴ ὁ ἔχων τὸ χάραγμα, τὸ ὄνομα τοῦ θηρίου ἢ τὸν ἀριθμὸν τοῦ ὀνόματος αὐτοῦ. Ὧδε ἡ σοφία ἐστίν· ὁ ἔχων νοῦν ψηφισάτω τὸν ἀριθμὸν τοῦ θηρίου, ἀριθμὸς γὰρ ἀνθρώπου ἐστιν· καὶ ὁ ἀριθμός αὐτοῦ ἑξακόσιοι εξήκοντα ἕξ.[300]

RV 1960

Y hacía que, a todos, pequeños y grandes, ricos y pobres, libres y esclavos, se les pusiese una marca en la mano derecha, o en la frente; y que ninguno pudiese comprar ni vender, sino el que tuviese la marca o el nombre de la bestia, o el número de su nombre pues es número de hombre. Y su número es seiscientos sesenta y seis.

---

297. Es importante señalar que *opinión* no significa *mera opinión*; nos referimos a una conclusión exegética que, aunque no alcanzará el nivel de certeza, estará fundamentada en la aplicación de las reglas que se siguen al realizar este tipo de trabajos científicos.

298. La primera versión del *Novum Testamentum Graece* de Nestle-Aland de 1898 fue construido sobre la base de los trabajos de Tischendorf, Wescott & Hort y Weymouth. La novedad de este trabajo fue la incorporación de un aparato crítico que, para la edición 13 de 1927, apareció con lecturas de los manuscritos originales. Kurt Aland se incorporó al equipo y fue el editor de la edición 21 en 1952. Aland fue la persona responsable de la expansión significativa del aparato crítico de la Biblia. A partir de la edición 26 de 1979, pasó a llamarse *Nestle-Aland. Novum Testamentum Graece*, por la significativa contribución que había hecho Kurt Aland. La edición 28 del 2012, que es la que estamos usando, ha llegado casi a las mil páginas, cien más que la versión anterior, y contiene la increíble cita de doce mil variantes. Cada una de las variantes ha sido objeto de un minucioso estudio y el escrito del Nuevo Testamento ha mejorado. Para un estudio completo sobre la edición 28, se recomienda ver Forte, A. J. (2013). "Observations on the 28th Revised Edition of Nestle-Aland's Novum Testamentum Graece". *Bíblica*. N. 2, pp. 269-270.

299. Apocalipsis 13:16-18.

300. Nestle et Aland. (2012). *Nestle-Aland. Novum Testamentum Graece*. 28 Ed. Sociedad Bíblica Alemana.

Nueva Versión Internacional
Además, logró que, a todos, grandes y pequeños, ricos y pobres, libres y esclavos, se les pusiera una marca en la mano derecha o en la frente, de modo que nadie pudiera comprar ni vender, a menos que llevara la marca, que es el nombre de la bestia o el número de ese nombre. En esto consiste la sabiduría: el que tenga entendimiento, calcule el número de la bestia, pues es número de un ser humano: seiscientos sesenta y seis.

Dios Habla Hoy
Además, hizo que, a todos, pequeños y grandes, ricos y pobres, libres y esclavos, les pusieran una marca en la mano derecha o en la frente. Y nadie podía comprar ni vender, si no tenía la marca o el nombre del monstruo, o el número de su nombre aquí se verá la sabiduría; el que entienda, calcule el número del monstruo, que es un número de hombre. Ese número es el seiscientos sesenta y seis.

Nacar-Colunga
... e hizo que, a todos, pequeños y grandes, ricos y pobres, libres y siervos, se les imprimiese una marca en la mano derecha y en la frente, y que nadie pudiese comprar o vender sino el que tuviera la marca, el nombre de la bestia o el número de su nombre. Aquí está la sabiduría. El que tenga inteligencia calcule el número de la bestia, porque es número de hombre. Su número es seiscientos sesenta y seis.

Antes de dar inicio y cumplir con nuestro cometido, es de suprema importancia clarificar varios puntos:
1. Que el texto del Apocalipsis de san Juan es *sui generis* y completamente disímil al resto del Nuevo Testamento. Sobre esto se pronuncian Kurt y Barbara Aland: «En el libro de Apocalipsis, la escena textual y su historia difiere en gran manera del resto del Nuevo Testamento. En lo que corresponde a la lista "testigos constantes" citados para cada variante es completamente diferente».[301]

    En palabras sencillas, el texto del Apocalipsis es harto complicado y requiere un especial tratamiento.[302] El texto que leemos en

---

301. *Ibid.*

302. Encontramos el Apocalipsis de san Juan en el texto bizantino mayoritario. Este es una especie de *textus receptus* anterior al de Erasmo. Para más información sobre este documento, cf. Spottorno, M. A. (1987). "Texto bizantino del Nuevo Testamento". *Erytheia*. Asociación Cultural Hispano-Helénica. Vol. 8. N. 2. Una de las tradiciones textuales en las que se divide este texto es aquella que contiene los manuscritos con

cualquiera de las versiones está lleno de variantes textuales, por lo que se requiere un estudio muy minucioso. Lo anterior debe servir también como advertencia para aquellas personas que no tengan la experticia para bregar con este libro; es mejor seguir la política de mi antiguo profesor Scott Garber: el oscurantismo privado es mejor que la necedad pública.

2. Que el objeto de análisis crítico de este estudio es el número de la bestia, seiscientos sesenta y seis; en ese número estaremos circunscritos y en nada más.

Efectuadas las aclaraciones anteriores, entramos en materia y comenzamos citando el texto griego ἑξακόσιοι εξήκοντα ἕξ, que se traduce al castellano como seiscientos sesenta y seis, reconocido por el cristianismo y el mundo secular como la marca de la bestia. Como este número no es el mismo en todos los manuscritos, se requiere efectuar una crítica textual del mismo. La variante más conocida y universalizada es ἑξακόσιοι εξήκοντα ἕξ, seiscientos sesenta y seis. Esta variante aparece en el prestigioso Códice Sinaítico.[303]

Existen otros manuscritos en los que se lee ἑξακόσιοι δεκα ἕξ, que se traduce al castellano como seiscientos dieciséis. Esto aparece en el 𝔓[115], conocido como papiro 115.[304] En virtud de su antigüedad, este manuscrito es

---

comentarios del Apocalipsis hechos por Andreas de Cesarea, quien fue obispo de Capadocia, asignado por Krumbacher en la primera mitad del siglo sexto, a pesar de que es ubicado por otros desde el quinto al noveno siglo. Su principal trabajo fue hacer un comentario sobre el Apocalipsis, el cual es considerado de suma importancia, debido a que es el primer comentario del Apocalipsis de san Juan que ha llegado a nuestras manos, y también la fuente en la cual se han basado muchos comentaristas posteriores. El escritor difiere de la mayoría de los comentaristas bizantinos debido a su gran conocimiento de la antigua literatura patrística. Sobre este tema, cf. Nestle-Aland. *Novum Testamentum Graece. Op. cit.*, p. 66. Sobre el comentarista Andreas de Cesarea, puede verse la Enciclopedia Católica Online: https://ec.aciprensa.com/wiki/Andreas_de_Cesarea

303. El Códice Sinaítico es uno de los manuscritos más antiguos y completos que se conocen en la actualidad. Se cree que fue escrito en el s. IV en griego y en letras unciales, *i. e.*, letras mayúsculas. Fue descubierto en el monasterio de Santa Catalina en el Monte Sinaí por Constantino Tischendorf. Sobre este códice, véase Aland, K. & Aland, B. *The Text of the New Testament: An Introduction to the Critical Editions and to the Theory and Practice of Modern Textual Criticism. Op. cit.*, pp. 11-13.

304. El papiro 115, conocido por su nomenclatura 𝔓[115], es un fragmento de un manuscrito del Nuevo Testamento escrito en griego. Consiste de 26 fragmentos de un códice que contienen partes del Apocalipsis de san Juan. Se cree que fue escrito en el siglo III, entre los años 225–275 d. C. Los eruditos piensan que el griego del manuscrito corresponde al estilo alejandrino. Se encuentra actualmente en el Museo Egipcio de El Cairo. Información sobre este papiro puede ser encontrada en Wesley Confort, P. & Barrett, D. (2019). The Text of the Earliest New Testament Manuscripts: Papyri 1-72, Vol.

muy valorado por aquellas personas que hacen crítica textual, pues consideran que es el más cercano al original. El 𝔓115 fue descubierto por Grenfell y Hunt en Oxirrinco, Egipto, en 1910. Además del 𝔓115, el Códice C, mejor conocido como Códice de san Efrén[305] lo traduce de la misma manea, *i. e.*, seiscientos dieciséis.

Existe una tercera variación, que se lee ἑξακόσιοι ἑξήκοντα πεντα, traducido al castellano como seiscientos sesenta y cinco. Esta variante se encuentra en el manuscrito *minúsculo* 2344,[306] que se cree data del s. XI d. C.

Como puede verse, tenemos tres variantes del número que corresponde a la marca de la bestia; toca, por lo tanto, hacer el trabajo de crítica textual para determinar cuál de las tres se acerca más al manuscrito original. Estamos ante un verdadero problema porque los manuscritos que avalan las variantes, al menos en los primeros dos casos, son manuscritos de prestigio y bien cotizados por la academia.

En el caso del universalmente conocido ἑξακόσιοι ἑξήκοντα ἕξ, seiscientos sesenta y seis, viene avalado por el Código Sinaítico, que data del s. IV d. C. En el caso del ἑξακόσιοι δεκα ἕξ, seiscientos dieciséis, viene avalado por dos manuscritos de prestigio, el papiro 115 (𝔓115) y el Códice C; el primero viene del s. III d. C. y el segundo, del s. V d. C. Es importante señalar que el Papiro 115 es anterior al Códice Sinaítico. Finalmente, tenemos la variante ἑξακόσιοι ἑξήκοντα πεντα, atestiguada por el manuscrito minúsculo 2344, que data del s. XI. Según la opinión del erudito profesor Kurt Aland, «el 2344 posee un valor textual muy superior al 𝔓47»; es raro que el

---

1, pp. 79-80. Edit. Kregel Academic; Aland, K. & Aland, B. *The Text of the New Testament: An Introduction to the Critical Editions and to the Theory and Practice of Modern Textual Criticism. Op. Cit.*, p. 97.

305. El Códice Ephraemi Syri Rescriptus, que se cree proviene del s. V, es uno de los cuatro códices unciales que existen en la actualidad, junto al Vaticano, el Sinaítico y el Alejandrino. El nombre viene de san Efrén el Sirio. El actual códice es una traducción al griego y se encuentra en la Biblioteca Nacional de Francia. Se llama *Rescriptus* porque eliminó parcialmente el texto original y se convirtió en un palimpsesto. Finalmente, hay que señalar que el mismo fue descifrado por Constantino Tischendorf. Cf. Aland, K. & Aland, B. *The Text of the New Testament: An Introduction to the Critical Editions and to the Theory and Practice of Modern Textual Criticism. Op. cit.*, p. 109.

306. El manuscrito minúsculo 2344 es un manuscrito minúsculo griego que contiene fragmentos del libro de los Hechos, de las cartas de Pablo y del Apocalipsis de san Juan. Se encuentra actualmente en la Biblioteca Nacional de Francia. Sobre este MSS, Kurt-Aland señala que «posee un valor textual muy superior al de los manuscritos 𝔓47 y ℵ. En resumen, la escena del Apocalipsis es considerablemente (si no completamente) diferente a la de otros textos. Desafortunadamente, no siempre ha sido posible citar las lecturas de los minúsculos 2344 (cuyo mal estado de conservación hace que sea difícil y, con frecuencia, imposible de descifrar)» (Nestle-Aland. *Novum Testamentum Graece. Op. cit.*, p. 247).

profesor Aland diga que el papiro 47, que proviene del s. III, posea menos valor que el 2344, que proviene del s. XI. Esto se debe a que, en la crítica textual, la regla es que el MSS más antiguo tiene más valor que el más reciente. Sobre el manuscrito 2344, señala, sin embargo, que «su pobre estado de preservación hace difícil y frecuentemente imposible descifrarlo».

Ahora, para escoger la mejor variante, es necesario aplicar las reglas de la crítica textual.[307] La primera regla es escoger los MSS en gr. y hb. mejor cotizados; en este caso, es el Códice Sinaítico, que traduce seiscientos sesenta y seis. La segunda regla es escoger la variante más antigua si esta se apega bien al espíritu de la Biblia; en este caso es el papiro 115, porque data del s. III, es decir, es más antiguo que el Código Sinaítico. El manuscrito minúsculo 2344 queda *ipso facto* descartado por provenir de una fecha tardía. La tercera regla es escoger la variante más difícil. En este caso, no se aplica. Ambas variantes están en el mismo nivel de dificultad. La cuarta regla reza escoger la variante más corta. Tampoco aplica, pues ambas están en el mismo rango. Las siguientes reglas —escoger la variante que explique todas las otras, escoger la variante que se ajuste al estilo del autor y escoger la variante que no refleje ninguna parcialidad doctrinal— tampoco son aplicables.

Descartando el manuscrito 2344 por su datación tardía, solo quedan dos variantes: seiscientos sesenta y seis y seiscientos dieciséis. Empero, al ver la situación de ambas, hay un "empate técnico", para usar la jerga del mundo de los deportes. La única conclusión a la que podemos llegar es que cualquiera de las dos variantes puede ser correcta. Por lo tanto, tenemos que seguir el recorrido crítico para ver a qué conclusión llegamos y si el asunto se aclara.

Crítica lingüística

Al ser el Apocalipsis de san Juan una narración de carácter apocalíptico, tiene un carácter lingüístico muy peculiar, pues el mismo se nos presenta en lenguaje codificado, es decir, utiliza toda una simbología que requiere un estudio específico, especialmente ahora, después de tanto tiempo. Para comenzar con el tema, es menester definir qué es la crítica lingüística. John Hayes afirma lo siguiente: «El conjunto de conocimientos a través de los cuales el exégeta buscará crear y entrar en el mundo del pensamiento original y la estructura lingüística del texto».[308]

---

307. Zaldívar, R. (2016). *Técnicas de análisis e investigación de la Biblia*, p. 41. Editorial CLIE.

308. Véase el clásico de Hayes, J. (1934). *Biblical Exegesis*. John Knox Press. El autor desarrolla una profunda reflexión sobre este tema en las pp. 59-68.

En otras palabras, es el intento que hace el crítico por conocer el significado de una palabra, frase o pasaje en el mundo del autor para su correcta interpretación y para poder aplicarla en el mundo actual. Cuando llegamos a este punto, entramos en una de las ramas de la lingüística, la semántica,[309] que estudia el significado de las palabras. También se estudia la estructura lingüística del texto, que es la forma como fueron organizadas las palabras para transmitirnos un mensaje. En el caso que nos ocupa, y como ya lo hemos señalado, tenemos incluido el elemento del lenguaje simbólico. Procedamos entonces al análisis lingüístico del texto en estudio.

E hizo que, a todos, pequeños y grandes, ricos y pobres, libres y siervos, se les imprimiese una marca en la mano derecha y en la frente, y que nadie pudiese comprar o vender sino el que tuviera la marca, el nombre de la bestia o el número de su nombre. Aquí está la sabiduría. El que tenga inteligencia calcule el número de la bestia, porque es número de hombre. Su número es seiscientos sesenta y seis.[310]

Todo el capítulo 13 del Apocalipsis gira alrededor de un personaje al que se llama *la bestia*. En la versión Dios Habla Hoy se lo llama *monstruo*. En este caso específico, no puede entenderse de una forma literal, sino simbólica. Bestia o monstruo, no importa al final, se refiere a un ser humano; el contexto del pasaje lo deja claramente establecido. El estudio de la apocalíptica judía nos mostrará la costumbre de usar animales terribles para simbolizar el poder temporal del hombre, ejercido por un déspota que persigue al pueblo de Dios.

Otro de los aspectos lingüísticos del pasaje es el uso de antónimos por parte del redactor. Para ser exacto usa tres antónimos: *pequeños y grandes*; *ricos y pobres*; y finalmente *libres y siervos*. El paralelismo es un recurso retórico que, además de darle elegancia al discurso, clarifica el mensaje que se quiere transmitir; en este caso, que la totalidad del mundo inconverso no podrá ejecutar ninguna acción a menos que tenga la *marca de la bestia*. Aquí tenemos que detenernos y hacer un estudio semántico de esa expresión.

Para los comentaristas Eliseo Nacar y Alberto Colunga, la imagen de la marca de la bestia se deriva del uso de marcar a los esclavos con el nombre

---

309. *Semántica* es el estudio del significado en una lengua. La lengua es usada para expresar significados que pueden ser entendidos por otra persona; el significado existe en nuestra mente y nosotros podemos expresarlo a través de formas escritas y habladas de la lengua. Para un estudio completo sobre la semántica y la teoría del significado, es de mucha utilidad el siguiente trabajo: Nazarí Bagha, K. (2011). "A Short Introduction to Semantics". *Journal of Language and Research*. Vol. 2. Noviembre. N. 6, pp. 1411-1419.

310. Apocalipsis 13:16-18. Versión Nacar-Colunga.

del señor al que pertenecían. Aseguran los siguiente: «Los adoradores de la bestia son marcados por la bestia para que sean reconocidos, y solo ellos puedan participar de la vida ciudadana. En las persecuciones de Decio y Diocleciano se vino a cumplir esto casi al pie de la letra».[311]

Partiendo de lo que los eruditos profesores nos están diciendo, a la expresión *la marca de la bestia* se le daba un uso semántico muy particular en el Imperio romano. El redactor del Apocalipsis toma este uso para efectuar una analogía y referirse a los vasallos del perseguidor de la iglesia, a quien claramente llama *la bestia*. Es curioso que los profesores de Salamanca se refieran a los perseguidores Decio —quien gobernó el Imperio en los años 249–251 d. C.— y Diocleciano —quien gobernó desde el 284 hasta el año 305 d. C.— como los personajes a quienes este escrito se refiere (*i. e.*, datan esta narración entre el s. III y IV). Utilizo la palabra *curioso* porque los académicos protestantes usualmente ubican el relato a finales del primer siglo, bajo la persecución del emperador Domiciano; en cambio, los profesores de Salamanca ubican el relato del Apocalipsis de san Juan en el s. III o principios del IV.

Ahora entramos en un tema complejo en lo relacionado al número. El texto claramente nos dice: «El que tenga inteligencia calcule el número de la bestia, porque es número de hombre». Sobre este interesante punto, es oportuno citar al profesor Juan Stam, todo un erudito en el tema del Apocalipsis de san Juan.

> Sobre el 666 hay mucho que decir, y lo primero es que no existe como tal. Lo que la Biblia dice no es "6-6-6", sino "seiscientos sesenta y seis", lo que es muy diferente. No es un "triple seis", como sería "666" en la aritmética moderna. El texto bíblico no tiene ese efecto de repetición, una misma cifra tres veces seguidas. El énfasis no cae en los tres dígitos lado a lado, sino en la suma expresada por las tres palabras originales. Cualquiera que sea la interpretación, el significado no puede estar en los tres dígitos que se juntan sino en la cifra como suma total. La gente de los tiempos bíblicos no podría ni imaginarse un número como "666", porque no conocían el sistema decimal. El número tenía que ser "seiscientos sesenta y seis". Además, los antiguos no tenían números, por lo que tenían que emplear las letras del alfabeto para su aritmética, comenzando con "A" como "1", "B" como "2", etc. Por eso tenían que escribir como palabras los números, en este caso "seiscientos

---

311. Nácar, E. & Colunga, A. (1944). *Sagrada Biblia*, p. 1396. Edit. Católica S. A. Eloíno Nácar Fuster y Alberto Colunga fueron dos eminencias de la Universidad de Salamanca, que hicieron la primera traducción de la Biblia de los idiomas originales al idioma castellano.

sesenta y seis", o si no, juntar tres letras distintas, una para 600, otra para sesenta y otra para seis.[312]

Sin duda, la observación del profesor Stam es correcta. En el texto griego se lee ἑξακόσιοι εξήκοντα ἕξ, i. e., seiscientos sesenta y seis, y no 666. La palabra ἑξακόσιοι es seiscientos, εξήκοντα es sesenta, y ἕξ es seis. Como señala el prof. Stam, «el significado no puede estar en los tres dígitos que se juntan sino en la cifra como suma total». Lo anterior es sumamente importante por el uso lingüístico que se le da a los números y a todo el aspecto semántico que está envuelto en todo esto.

Como puede observarse, el trabajo lingüístico que efectúa el crítico lo pone en otra dimensión en relación con el entendimiento, la comprensión y la interpretación de palabras, frases y, en este caso, números. Recordemos que los conceptos y las imágenes que tenían los hagiógrafos son completamente diferentes de las que nosotros tenemos el día de hoy. Esto hace ineludible el estudio semántico de las palabras o números, lo que también lleva implícita la etiología o causa de la palabra, así como la etimología de esta. En conclusión, la marca de la bestia es un número escrito en letras —*seiscientos sesenta y seis* o *seiscientos dieciséis*—, no un número escrito en números, valga la redundancia.

Crítica literaria

Cuando hablamos de crítica literaria nos estamos refiriendo a la paternidad literaria del fragmento que es objeto de estudio. Al haber demostrado la seudonimia de la literatura apocalíptica y el hecho de que el Apocalipsis de san Juan es parte de este género literario, la única conclusión lógica es que este escrito es pseudoepígrafo. En un lenguaje sencillo, no se sabe quién es su autor y no hay forma de saberlo; por lo menos, hasta ahora no se ha efectuado un descubrimiento que nos diga lo contrario.

Lo que sí podemos afirmar es que lo más probable es que su autor fuera un individuo de origen judío, dado el dominio tiene de la literatura apocalíptica. También que vivió en una época de persecución, lo que le sirvió de *Sitz im Leben* para escribir tan extraordinaria narración que posteriormente fue canonizada por la iglesia.

312. Cf. Stam, J. (24 de febrero del 2017). *¡Sorpresa! ¡El 666 no es 666!* https://juanstam.com/posts/sorpresa-el-666-no-es-666. El profesor Juan Stam fue un erudito profesor que estudió en los Estados Unidos y Europa, pero vivió casi toda su vida en Costa Rica. Es el autor de cuatro tomos sobre el Apocalipsis de san Juan, publicados por Ediciones Kairós de Argentina. La redacción de esta obra duró varios años y el resultado fue un trabajo erudito con sabor a Latinoamérica. En virtud de lo anterior, el profesor Stam es considerado una autoridad en el tema.

Crítica de formas o crítica de fuentes

Mientras que a la crítica literaria le interesa el desarrollo de las fuentes, a la crítica de formas le interesa la reconstrucción de la historia de los dichos o unidades en su forma preescrita, lo que supone, como señala el prof. Armerding, tres aspectos fundamentales:

> «1) Cada documento escrito está precedido por algún estado oral de desarrollo. 2) Algo puede ser aprendido del estado o estados a través de un estudio análogo de formas literarias. 3) Que la historia de un estado preliterario arroja luz al producto literario acabado».[313]

Sin lugar a duda, un aspecto tan importante implica una consideración audaz por parte de los teólogos alemanes; y tienen razón en mucho de lo que afirman, en el sentido de que existe algo que puede ser aprehendido en el estado preliterario, arrojando luz para la interpretación del texto.

El contexto en el cual surge la marca de la bestia es la aparición de la bestia misma, *i. e.*, el personaje político que decide perseguir a la iglesia; encontramos esto en el capítulo 13 del Apocalipsis de san Juan. La narración comienza de la siguiente manera:

> Me paré sobre la arena del mar, y vi subir del mar una bestia que tenía siete cabezas y diez cuernos; y en sus cuernos diez diademas; y sobre sus cabezas, un nombre blasfemo. Y la bestia que vi era semejante a un leopardo, y sus pies como de oso, y su boca como boca de león. Y el dragón le dio su poder y su trono, y grande autoridad.[314]

La crítica de formas estudia el estado y el desarrollo oral del texto hasta que este llega a ser canonizado por la iglesia, como ocurre con las perícopas de los Evangelios. De hecho, la crítica de formas surge con el estudio de los Evangelios. En el caso que nos ocupa, sería mejor hablar de crítica de fuentes, que gira alrededor de documentos que sirven de base para hacer una redacción de los pasajes. Podríamos llamar a este proceso *crítica de fuentes*. Todo es igual a la crítica de formas, excepto las fuentes que originan la una y la otra.

En relación con el número *seiscientos, sesenta, seis*, como ya se dijo, no es el típico 666 que escribimos, sino tres palabras con valor numérico. Lo que el redactor está haciendo es usar la gematría para escribir en clave el nom-

---

313. Armending, C. E. (1963). *The Old Testament and Criticism*, p. 44. William Eerdmans House.

314. Apocalipsis 13:1 ss.

bre de la bestia (el perseguidor de los santos) a la que se refiere. Así que, el estado preliterario del número es el número que la gematría le adjudica al personaje a quien el redactor se refiere.

Crítica de redacción

Al respecto del caso que nos ocupa, hemos visto en el anexo 1 cómo el redactor de este libro hizo un trabajo heurístico muy bien pensado. Recordemos que la primera tarea que se impone un escritor antes de iniciar su redacción es cómo va a estructurar su trabajo.

En el caso específico de la marca de la bestia, que es el objeto de estudio en este anexo, se encuentra localizada en el cuarto septenario del libro, es decir, el que contiene las siete visiones de la historia, a saber: (1) La mujer y el dragón (12:1-18); (2) La primera bestia (13:1-10); (3) La segunda bestia (13:11-18); (4) La visión del Cordero sobre Sion (14:1-5); (5) La visión que anuncia el juicio (14:6-13); (6) La visión de la siega y la vendimia (14:14-20); y (7) La visión del cántico de Moisés y el Cordero (15:1-4). El tema de la marca de la bestia se encuentra en la tercera visión de san Juan, la que comienza en el v. 11: «Después vi otra bestia que subía de la tierra».

Lo anteriormente expuesto desnuda las *perspectivas teológicas del escritor*, como diría Richard Soulen,[315] y nos muestra el prejuicio de redacción en el septenario que el redactor escribe. Aquí la figura central del septenario es la obra del arcángel de maldad, a quien se llama *dragón*, y la obra que realiza a través de un emperador romano que se vuelve instrumento de este engendro, pero al final su derrota está asegurada; luego, Juan mira al Cordero de Dios en el capítulo 14 y la redención del pueblo de Dios llega. El juicio se anuncia, la siega se realiza y se celebra la victoria con cánticos: «Grandes y maravillosas son tus obras, Señor Dios Todopoderoso».

Es un septenario bien hilvanado, concatenado perfectamente visión con visión hasta completar las siete del septenario. El resultado final de la redacción es esperanza para los mártires de la iglesia, pues en ese ínterin encontramos la marca de la bestia, en la tercera visión, cuando el segundo emperador romano está en su apogeo.

El análisis de redacción del pasaje que es objeto de estudio nos clarifica el tema y nos deja servida la mesa para la comprensión de todas las implicaciones de lo que se relaciona con la marca de la bestia.

---

315. Soulen, R. *Handbook of Biblical Criticism. Op. cit.*, p. 165.

Crítica histórica

Para comenzar, es de suma importancia señalar que los principios y métodos de la crítica histórica, cuando se aplican a las Sagradas Escrituras, son esencialmente los mismos que se utilizan en los documentos históricos seculares, donde se tienen en cuenta tres aspectos que, según Briggs, son los siguientes: el origen del material, su autenticidad y fiabilidad.[316] Eso es lo que haremos con el pasaje que es objeto de estudio en relación con la marca de la bestia: establecer su autenticidad y determinar si lo relatado es cierto o no. Sobre esto mismo, Briggs es categórico al afirmar que el propósito de la crítica histórica es «eliminar cuidadosamente el mito y la leyenda, y determinar el elemento histórico envuelto y luego estudiar el material a fin de determinar su origen, evolución histórica, autenticidad y fiabilidad».[317]

Una vez clarificado lo que haremos en este apartado, estamos en la etapa final de todo este proceso: la crítica histórica. Lo primero que tenemos que hacer ahora es determinar la cosmovisión religiosa de aquella época que da origen a la visión. Pues bien, el contexto tiene que ver con la persecución de la iglesia. El pueblo estaba siendo perseguido y masacrado; por lo tanto, necesitaba un mensaje de esperanza. Nuestro trabajo será quitarle el ropaje cultural y contextual de la época al pasaje para identificar el *kerigma* y poder aplicarlo en nuestra realidad actual y contextual. El pasaje que se estudia es el siguiente:

> E hizo que, a todos, pequeños y grandes, ricos y pobres, libres y siervos, se les imprimiese una marca en la mano derecha y en la frente, y que nadie pudiese comprar o vender sino el que tuviera la marca, el nombre de la bestia o el número de su nombre. Aquí está la sabiduría. El que tenga inteligencia calcule el número de la bestia, porque es número de hombre. Su número es seiscientos sesenta y seis.

La pregunta es: ¿Ocurrió realmente lo que se nos dice en el pasaje objeto de estudio? ¿Es histórico? ¿Cuál es el ropaje cultural en el que fue envuelto? ¿Cuál es el *kerigma* del pasaje? ¿Podemos aplicarlo a nuestra realidad? Y, como es un pasaje dentro del género apocalíptico, hay una pregunta más:

---

316. Cf. Briggs, C. A. (1978). *The Study of the Scripture*, pp. 511-532. Baker Book House. En este mismo sentido se pronuncia R. K. Harrison, un erudito bíblico, que define la crítica histórica como «la rama de estudio que trata con el contenido histórico actual del texto. Le interesa primariamente establecer la historicidad de tan diversos eventos» [Harrison, R. K. (1978). *The Historical and Literary Criticism of the Old Testament. Biblical Criticism*, p. 3. Zondervan Publishing Co.].

317. Briggs, C. A. *The Study of the Holy Scripture. Op. cit.*, p. 5.

¿Tiene implicaciones para el futuro? Todas estas preguntas son las que trataremos de contestar en la realización de este análisis crítico.

Al envolvernos en el texto y ver el lenguaje simbólico de la narración tal como se presenta, la conclusión lógica es que tal cosa no sucedió; empero, lo que sí sucedió fue que se levantó un emperador romano, a quien Juan llama *la bestia*, que en su relato es una segunda bestia que exige la adoración de los moradores de la tierra. Ese personaje tenía un engranaje político y mucho pueblo que lo adoraba; esas personas que lo reverenciaban eran aquellas que tenían su marca. Esto es simbólico, porque es un contrasentido "herrar" a una persona. El ropaje cultural del escrito es la persecución contra el pueblo que no adoraba a la bestia, lo que equivale a decir que no se sometieron a los preceptos religiosos del culto al emperador. Para unos, esto ocurrió en el período del emperador Domiciano; para otros, como Elóino Nácar y Alberto Colunga, en el período de Decio. El *kerigma* es que todos aquellos que no adoren a los dioses construidos por el ser humano, cualesquiera que estos sean, serán objeto de persecución por esos sistemas perversos que se levantan. Detrás de todo esto se encuentra el arcángel de maldad, atizando el fuego con mentiras y seducciones a políticos mediocres que creen que inventaron el agua caliente, llámense estos Antíoco Epífanes, Nerón, Domiciano, Decio o cualquiera de los que gobiernan en la actualidad. ¿Podemos aplicarlo a nuestra realidad? Claro que sí. Vivimos en una sociedad llena de dioses fabricados y el hombre ha sucumbido ante ellos. En las monarquías islamistas del norte de África o en las teocracias de Oriente, las persecuciones contra los cristianos son tan reales como en los tiempos de Roma,[318] pero en la sociedad occidental, se han fabricado otra clase de dioses, y quienes no los siguen, quedan marginados de la sociedad. La última pregunta es: ¿Tiene implicaciones para el futuro? Yo creo que sí. Siempre se han levantado engendros del infierno que demandan adoración, reverencia y pleitesía. Siempre habrá infraestructuras políticas que perseguirán a los que se opongan. Así que todos los que sucumban ante este sistema son los que tendrán la marca de la bestia. El espíritu del anticristo estará presente hasta la parusía del Mesías.

Conclusiones exegéticas

Una vez hecho el análisis crítico del texto y el contexto de la marca de la bestia, es necesario llegar a las conclusiones del caso.

---

[318]. El islam es un sistema religioso exclusivista que se impone por la fuerza en la sociedad y condena *de jure* al cristianismo a las sombras. Estos sistemas persiguen, asesinan y discriminan a todas aquellas personas que profesan la fe cristiana, lo que obliga a la iglesia *de facto* a ser una subterránea so pena de muerte, encarcelamiento o deportación (si se trata de un extranjero).

1. La bestia es un personaje político que se levanta y demanda adoración. Este individuo tiene una estructura administrativa que le permite coaccionar a la sociedad para demandar su cumplimiento. En el contexto social en el que se levanta este engendro, existe un grupo religioso exclusivista, que son los cristianos. Estos tienen una teología monoteísta y creen a pie juntillas que Jesucristo es el Dios encarnado y el único al que se debe adorar.[319] Al reusarse a someterse a los preceptos del culto al emperador,[320] *ipso facto* se niegan a tener en sus conciencias la marca de la bestia. El rechazo descarado de los cristianos al culto del emperador provocó una reacción violenta por parte del sistema político-religioso, que adoptó una conducta de desquite y persiguió hasta la muerte a los "rebeldes". *Mutatis mutandis*, lo que ocurrió con la santa inquisición en tiempos medievales, cuando los súbditos del papa persiguieron a los "herejes" y los condenaron a muerte.[321]

2. La marca de la bestia no es algo que deba entenderse de forma literal. La expresión es un simbolismo para señalar a todas aquellas personas que sucumbían ante el culto al emperador. Los que estaban alineados con el sistema tenían la marca de la bestia y podían desenvolverse en la sociedad civil sin ningún tipo de problemas.

3. El redactor del Apocalipsis de Juan escribe: «El que tenga inteligencia calcule el número de la bestia»;[322] las personas letradas de aquella sociedad podían hacer lo correspondiente. «Los antiguos no

---

319. Esto está claramente establecido en la escena de la adoración ante el trono del Señor en el capítulo cuatro de Apocalipsis, cuando se declara: «Señor, digno eres de recibir la gloria y la honra y el poder, porque tú creaste todas las cosas». El redactor marca territorio. Solo el Señor es digno de recibir la gloria y la honra. Un cristiano jamás va a adorar a un hombre o a un ídolo.

320. Para todo lo relacionado con el culto al emperador, *vide supra*, el apartado 1.2 del primer capítulo.

321. Tal parece ser que la persecución contra aquellos que no creen o hacen como nosotros en materia de religión y culto es producto de una cultura de intransigencia religiosa, que se ha repetido en la historia y sigue repitiéndose en el presente.

322. La expresión Ὧδε ἡ σοφία ἐστιν ὁ ἔχων νοῦν ψηφισάτω —que aparece en 13:18 y se traduce al castellano como «aquí está la sabiduría, el que tenga entendimiento haga el cálculo»— vuelve a aparecer en 17:9, ὧδε ὁ νοῦς ὁ ἔχων σοφίαν, «esto, para la mente que tenga sabiduría». Son las mismas palabras griegas, solo que en un orden diferente; al final, quieren decir lo mismo. Sin duda, es una declaración en la que el lector letrado de aquella época tenía que hacer sus deberes; *v. g.*, en 17:9 se lee: «Esto, para la mente que tenga sabiduría: Las siete cabezas son siete montes, sobre los cuales se sienta la mujer». ¿Será que está hablando de la ciudad de Roma? Todos sabemos que esta ciudad se asienta en medio de siete colinas o montes. Para determinar esto, habría que hacer todo un estudio histórico-crítico. Por ahora, lo que queremos recalcar es el hecho de que corresponde al lector hacer sus interpretaciones, puesto que el redactor está escribiendo

tenían números, por lo que tenían que emplear las letras del alfabeto para su aritmética, comenzando con "A" como "1", "B" como "2"», etc.[323] De ahí surge una ciencia que se llama gematría, que es un sistema de numerología asirio-babilónico adoptado posteriormente por los judíos, que asigna valor numérico a una palabra o frase.[324] De manera que si tomamos ἑξακόσιοι ἑξήκοντα ἕξ (seiscientos sesenta y seis), transliteramos estas letras griegas al hebreo y le damos un valor numérico a cada letra del hebreo, el resultado sería *César Nerón*,[325] considerado como el primer perseguidor de la iglesia. San Juan nos está diciendo que hagamos el cálculo, y el erudito profesor Juan Stam lo ha hecho, como lo hizo José María Martínez en su época, empero con mucha cautela, dejando la puerta abierta al admitir la posibilidad de una realidad futura.[326]

---

en clave. De ahí que señala que «el que tenga entendimiento», lo que también deja en claro que esta era una potestad de la gente letrada.

323. Sistemas de numeración antiguos utilizan un método alfanumérico. Esto es cierto del sistema latino (romano) que todavía es común hoy en día: I = 1, V = 5, X = 10, L = 50, C = 100, D = 500, M = 1000. Griego y hebreo siguen un método similar, en el que cada letra representa un número. Las primeras nueve letras representan 1-9; la décima representa el 10; la decimonovena representa 100; y así sucesivamente. Cf. De Mar, G. (3 de marzo del 2017). *El número de la bestia. ¿666 o 616?* https://reinoinquebrantable.wordpress.com/2017/03/03/39/

324. En este sentido se expresa José María Martínez cuando asegura que «el uso de las letras de una palabra para expresar por medio de la combinación de sus valores numéricos un nombre o una frase ingeniosa fue denominado gematría». Cf. Martínez, J., *Hermenéutica bíblica. Op. cit.*, p. 189.

325. Cf. Stam, J. *¡Sorpresa! ¡El 666 no es 666! Op. cit.*

326. Según Martínez, «en toda la Biblia se da un solo caso de gematría: el número de la "bestia" (Ap. 13:18). Muchos comentaristas se han inclinado por ver en el 666 —un compuesto de 6— el símbolo del hombre (tal como se indica en el propio texto: "es número de hombre") elevado a la máxima expresión de su imperfección impía (recuérdese que el siete simboliza la perfección). Pero otros han recurrido a la gematría y han asegurado que el número corresponde a Nerón César, cuyas consonantes en hebreo (NRWN-KSR) suman numéricamente 666 (Nun = 50, Resh = 200, Waw = 6, Nun = 50, Kof = 100, Shameckh = 60, Resh = 200; total: 666). Otros intérpretes, sin embargo, siguiendo el mismo sistema, han llegado a diferentes conclusiones. Ireneo vio en este número, un símbolo del Imperio romano, partiendo del término griego *lateinos* (30+1+300+5+10+50+70+200=666). Trajano y Calígula han sido igualmente sugeridos en virtud de combinaciones gemátricas basadas en sus respectivos nombres». Martínez termina su discurso sobre la gematría con mucha cautela, afirmando que es «cierto que cualquiera de estos personajes encarnó en gran parte las características de la "bestia"; pero sería demasiado atrevimiento dogmatizar sobre este número agotando su significado con una persona o con una institución del pasado, sin admitir la posibilidad de una realidad futura como cumplimiento más cabal de lo simbolizado» (Martínez, J. *Hermenéutica bíblica. Op. cit.*, p. 189-190). Con esta declaración, deja la puerta abierta a la posibilidad futura o la creencia de un gobernador mundial que se levantará. En aquella

4. Como muy bien señala Gary de Mar,[327] «el Apocalipsis fue escrito para una audiencia del primer siglo, debemos esperar que los lectores del primer siglo puedan calcular el número con relativa facilidad». Es lo lógico: que aquella generación no tenía problemas en saber quién era la bestia con certeza. El problema para nosotros es que tenemos que hacer todos estos malabares para tener una opinión fundada al menos. Además, otros manuscritos antiguos apuntan al número seiscientos dieciséis. De Mar señala que las letras que corresponden a seiscientos sesenta y seis (666) en hebreo dan como resultado el nombre de *Nerón César*; en cambio, en latín, seiscientos dieciséis (616) da el mismo resultado, *Nerón César*. Por eso, él concluye que alguien lo cambió intencionalmente.[328]

5. La exhortación de san Juan es: «El que tenga inteligencia calcule el número de la bestia, porque es número de hombre. Su número es seiscientos sesenta y seis». Llegamos a la conclusión de que representaba al emperador romano Nerón, que para el momento en que fue escrito el libro, tenía ya muchos años de muerto. Lo anterior nos lleva a hacernos una serie de preguntas: ¿Por qué identificar a la bestia con un personaje que ya había muerto? Nadie puede contestar a esta pregunta con certeza. Todo lo que se puede hacer es especular e intentar dar una respuesta coherente con la lógica. Pues se me ocurre que, al haber sido Nerón el primer perseguidor oficial de la iglesia, según registra la historia, se convirtió en prototipo de todos los perseguidores y de la bestia de Apocalipsis 13. Empero, es solo una especulación. Finalmente, hay que señalar que este tema debía traerse a discusión; si Nerón es la bestia, había que hablar de por qué él y no el emperador de turno, por ejemplo, que también era un perseguidor de la iglesia.

6. La marca de la bestia es un simbolismo que hay que contrastar con el versículo que dice «tenían el nombre de él y el de su Padre escrito en la frente»;[329] esto puede llamarse *la marca del Cordero*. Es otro simbolismo para referirse a sus escogidos, que aquí aparecen bajo la figura de los ciento cuarenta y cuatro mil que no se sometieron al

---

época, el tema era blanco y negro: eras amilenialista o premilenialista. Hoy, mucho de ese discurso está superado. La evidencia nos demuestra palmariamente que Juan nos está hablando en el pasado; luego, la bestia es un personaje del pasado. Sin embargo, ha tenido y seguirá teniendo representaciones humanas en el transcurso de la historia, por lo que es un personaje del pasado con manifestaciones en el presente y en el futuro.

327. Es un académico norteamericano con muchas publicaciones en el área de la escatología.

328. Cf. De Mar, G. *El número de la bestia. ¿666 o 616? Op. cit.*

329. Apocalipsis 14:1.

culto del emperador o, dicho en la jerga apocalíptica, que no adoraron a la bestia.

Como puede verse, el tema de la marca de la bestia no es un asunto sencillo; requiere un estudio científico para no incurrir en exabruptos. El análisis histórico-crítico que hemos efectuado nos ha arrojado la suficiente luz para afirmar que la marca de la bestia es una simple expresión lingüística para simbolizar a todas aquellas personas —del pasado en primer lugar y, por vía análoga, del presente y del futuro— que se someten a los preceptos religiosos o filosóficos que demandan lealtad a un engendro de maldad, al que se llama *la bestia*, y que, como consecuencia de dicha lealtad, pueden desenvolverse en la vida civil normalmente, lo que implica *ipso facto* la persecución contra todos aquellos que rechazan someter su lealtad a la bestia.

Anexo 3
Los caballos del Apocalipsis cabalgan.
Una interpretación alegórica

En el Apocalipsis de san Juan encontramos la figura de los caballos,[330] conocida como *los cuatro jinetes del Apocalipsis*, una alusión directa a personajes que siembran la muerte y la destrucción, y que ejecutan el juicio en tiempos desastrosos para la humanidad.[331] Ahora, la pregunta es: ¿Puede haber tiempos más malos que los que estamos viviendo? Si tomamos a rajatabla la concepción dispensacionalista, los tiempos malos están por venir; entonces la pregunta sería: ¿Cómo llamar al Holocausto judío de la Segunda Guerra Mundial o a las atrocidades que ocurren en la actualidad entre Israel y sus enemigos? Por lo que estamos viendo y viviendo, son tiempos realmente siniestros.

---

330. Recordemos que la figura de los cuatro caballos del Apocalipsis tiene su fuente en la figura de los cuatro jinetes de Zacarías 6:2, 3. Aunque el número de caballos y colores de Zacarías coinciden con los de Juan, ciertamente existe una notable diferencia entre ambas apariciones, ya que los caballos del profeta del Antiguo Testamento son caballos de tiro, y los del vidente de Patmos son caballos de montar. Asimismo, los caballos de Zacarías —según la explicación que da el ángel al profeta— representan los vientos: «Estos son los cuatro vientos del cielo que salen después de presentarse ante el Señor de toda la tierra» (Zac. 6:5). A pesar de todas estas diferencias entre ambos relatos, al final del día el concepto es el mismo.

331. Cf. Pereira Hernández, M. (2015). "Análisis de la simbólica apocalíptica en el arte: los cuatro jinetes". *HDLC*. Vol. 5. N. 9, pp. 103-124. Entre otras cosas, sostiene lo siguiente: «El caballo como símbolo, comparte con el toro los atributos de fuerza y la vitalidad. En algunos relatos míticos se lo asocia al mundo de ultratumba o del más allá. El caballo también es concebido como aquel ser sobre cuyos lomos vienen aquellos que son portadores de vida o de muerte, también es el vehículo que conduce al rey. En *Fedro*, Platón hace referencia a la naturaleza tripartita del alma mediante el mito del carro alado. El alma aparece como el conjunto entre un carro tirado por dos caballos alados y conducidos por la razón a lo que Platón denomina auriga. Uno de los caballos es bueno pues es aliado de la razón y el otro caballo tiende a irse por el mal camino. La dualidad del caballo en el mito del carro alado es de suma importancia porque representa el alma humana, quien participa de algún modo de la naturaleza divina, pero también de un principio opuesto que la pervierte y la hace caer al mundo de la finitud, contingencia y muerte. Cuando las alas del caballo se rompen, en el mito platónico, el alma humana cae a la tierra y se encarna en un cuerpo».

Los jinetes galopando en cuatro corceles son un simbolo de la marcha incontenible de los acontecimientos mundiales, que siembran muerte y destrucción en la humanidad,[332] a tal extremo que el tronar de sus casquillos se vuelve por momentos ruido ensordecedor e insoportable, que no parece disminuir, sino todo lo contrario.

A pesar de las multiples formas de interpretar este enigmatico pasaje, sabemos después de toda esta investigación que el antagonista —"el malo de la película", si se quiere— es el Imperio romano, de manera que a los jinetes del Apocalipsis debemos verlos dentro de ese contexto. Pero quedarnos allí haría esta narración inútil, así que nos hemos decantado por el método alegórico, de manera que en este anexo hemos decidido efectuar una relectura del pasaje de los cuatro jinetes del Apocalipsis. De esta forma, dejaremos en claro dos cosas: primero, que el Apocalipsis de san Juan no es una narración que deba interpretarse en el pasado (preterista-amilenialista) —aunque es de suma importancia conocer el *Sitz im Leben* de la trama— ni en el fututo (futurista-premilenialista), sino en el presente y en el contexto en cual vivimos; y, en segundo lugar, que solo mediante una interpretación alegórica, la narración de la cabalgata de los jinetes puede tener sentido para el ser humano de cualquier tiempo y espacio.

El jinete del caballo blanco que engaña cabalga

El primer caballo es blanco. El color blanco y la corona del jinete son signos de victoria. El jinete es un guerrero que tiene un arco, arma típica de un pueblo bárbaro (posiblemente los partos, pueblo al este del Imperio).[333] El

---

332. El profesor Manuel Aneiros nos hace una sinopsis de una serie de interpretaciones que, a lo largo de la historia, los diferentes comentaristas han efectuado sobre los cuatro jinetes del Apocalipsis, desde aquellas que son simplistas hasta las más fantásticas. A manera de ejemplo citamos algunas: «A juicio de Pilar Rodríguez Marín, el primer jinete encarnaría alegóricamente a los predicadores de la fe, donde el caballo blanco y la flecha simbolizarían las palabras del mensaje... en opinión de Stanislas Giet, los cuatro caballos aluden al nacimiento de la nueva iglesia, que comienza inmediatamente después de Pentecostés y que sale triunfante por medio de la predicación de los apóstoles.... A juicio de otros autores, como Ricardo López y Pablo Richard, los cuatro jinetes estarían relacionados con la situación política del tiempo del Apocalipsis, donde el grupo ecuestre representaría la realidad de la muerte del Imperio romano... Para Elisabeth Schüssler, el primer jinete encarnaría a un militar victorioso que —por el uso del arco— relaciona con los partos, y añade que los primeros cuatro sellos describen varios acontecimientos: la derrota del poder militar expansionista romano, las luchas intestinas que minan la *Pax Romana* decretada por Augusto» (Aneiros Loureiro, M. *Los cuatro jinetes del Apocalipsis de Juan (Ap 6, 1-8): de la teopneustia piadosa a una visión no teándrica de la exégesis. Op. cit.*, p. 29.

333. Cf. Richard, P. (1994). *Apocalipsis, reconstrucción de esperanza*. Edit. DIE. En especial, el apartado 2.2.1, donde se toca el tema de los caballos del Apocalipsis.

jinete salió venciendo y para vencer. Esta es la primera y la más terrible realidad del Imperio romano: era un Imperio triunfante que había avasallado a todo el mundo de aquella época. Esta era también una realidad trágica para los mártires perseguidos.

El primer punto a discutir es lo relacionado con la identidad del jinete de este caballo.[334] Un estudio cuidadoso del pasaje nos muestra que el jinete de este corcel es un espíritu de mentira, que era el que gobernaba al Imperio romano al patrocinar prácticas como el culto al emperador y tratar de imponer a sus pueblos vasallos dicha observancia, *inter alia*. El estudio de la historia de Roma nos muestra que ese espíritu de engaño fue el que prevaleció desde siempre, incluyendo el asesinato de Julio César a manos de los senadores, siguiendo con la treta del incendio de Roma por parte de Nerón y las patrañas de Cómodo por quedarse con el trono de su padre, Marco Aurelio. Podemos seguir, pero creo que queda claro que el hilo conductor que sigue la historia está determinado por el espíritu de engaño, que puede encarnarse en cualquier ser humano que se vuelve instrumento de Satanás para esgrimir una infamia colosal que hace daño a multitudes.

Ese espíritu de mentira ha estado presente en la raza humana desde épocas inmemoriales; sin embargo, el intenso ruido que provoca su galope en este siglo es realmente ensordecedor. Nunca antes la mentira se había enquistado como lo ha hecho ahora en la mente y vida de los seres humanos, especialmente en las nuevas generaciones, que nacen con ese virus.[335]

Si vamos a ser honestos, el problema número uno que tiene la raza humana, la raíz primigenia de todo este desastre, es que el hombre ha sido

---

334. A manera de ejemplo, es importante citar las palabras del profesor Francisco Lacueva, quien hace una interpretación futurista del tema: «Nótese que el arco de este jinete está vacío, no lleva flechas ni las tiene en la aljaba, pues tampoco lleva aljaba. Creo que la identificación del jinete resulta ya fácil: es el Anticristo, quien en los 3 años y medio de la 1ra mitad de la Gran Tribulación inicia su carrera de gran pacificador y solucionador de los problemas financieros de la humanidad. A la vista de la situación actual, a comienzos del siglo XXI, y con base en Daniel 9:26, 27, me aventuro a decir que será él quien arreglará el problema palestino-israelí y el no menos espinoso problema de la moneda común en un mercado común cada vez más universal» (Lacueva, F. *Apocalipsis. Op. cit.* p. 119).

335. Nos referimos al relativismo como filosofía predominante en la sociedad actual. Según este pensamiento, no existen verdades absolutas en ningún ámbito humano —religión, moral, filosofía, *inter alia*—. Al no existir verdades morales, se trastoca *ipso facto* todo sistema de valores y tenemos una sociedad desenfrenada, practicando toda suerte de perversiones, como la nuestra. Resultado de esto son el ateísmo y el agnosticismo. Todo esto gira alrededor de un espíritu de engaño que conecta con lo que representa el jinete que cabalga en el caballo blanco. Para ampliar sobre este tema, se recomienda el ensayo de Flecha Andrés, J. R. (2006). *Relativismo en la sociedad actual*. Instituto Social León XIII. Centro para la Investigación y Difusión de la Doctrina Social de la Iglesia.

engañado. Su arrogancia, orgullo y altivez le impiden ver la verdad. El primer ardid de este jinete ha sido la religión, que ha sido un instrumento de engaño brutal. Existe un *maremágnum* de religiones que lo único que han causado es un caos y una anarquía completa. En el cristianismo mismo tenemos una Babel que ni nosotros mismos entendemos (y los protestantes somos un punto y aparte).[336] Es un verdadero caos y anarquía, al extremo que encontramos calles en los Estados Unidos donde diez iglesias protestantes hacen sus servicios a la misma hora. Hemos sido engañados con teologías atractivas, seductoras, pero al final del día baratas e irrealistas.[337] Hemos creado verdaderos imperios políticos y financieros que defendemos con uñas y dientes; nos hemos vuelto la antitesis de lo que predicábamos cuando nuestro dedo índice apuntaba al Vaticano. El engaño no esta fuera de nosotros, está adentro. Le hemos complicado la vida a millones de seres humanos que andan buscando una luz para anclar sus vidas, mientras nosotros hemos estado irradiando mentira con muchos cosas que decimos en los púlpitos.

A la mentira dentro de la iglesia, hay que sumar toda la agenda de mentira que el jinete de este corcel ejecuta fuera de la iglesia, en los campos de la filosofía de vida, la política, las modas y todas aquellas cosas que tienen potestad de degradar al hombre y reducirlo a un remedo de ser humano. La mentira es el instrumento o la herramienta con la que este jinete ejecuta el juicio contra la humanidad. Esto no será una realidad en el futuro: ya es una realidad en el presente.

---

336. En nuestro libro sobre el *Apocalipticismo* lo llamamos "olas que hacen surfear a la iglesia"; allí se apuntaba lo siguiente: «Tomando la metáfora de las olas gigantes que hacen que los deportistas surfeen en ellas, podemos hablar de olas que se levantan dentro de la iglesia en las cuales los cristianos surfean. Algunas de esas olas, o modas como también podríamos llamarlas, son olas levantadas por el espíritu de engaño del jinete del corcel blanco que lo que provoca es confusión y enfrentamientos estériles entre los miembros del cuerpo de Cristo. Como es obvio, todas las olas tienen su fundamento bíblico y algunas se fundamentan en que yo tengo la razón y los demás están equivocados y mi trabajo es mostrar las bondades de mi doctrina o práctica y la futilidad de todos los demás. El éxito está comprobado por el crecimiento numérico, el poder de convocatoria, la exposición en los medios de comunicación y el poderío del dólar. Los preceptos anteriores son las señales divinas para aquellas personas que suben a estas olas que cuentan con el favor de Dios. Es importante clarificar que el tema de las olas dentro de la iglesia es producto de la naturaleza humana que lleva en sí el germen de la curiosidad y de experimentar con cosas nuevas. En ese contexto es que las olas que se levantan encuentran en la iglesia su asidero o caldo de cultivo, que genera innumerables movimientos u olas» (Zaldívar, R. *Apocalipticismo: Creencia, duda, fascinación y temor al fin del mundo. Op. cit.*, cap. 2, n. 2).

337. Una razón que da este resultado es la ignorancia de las personas que tienen el liderazgo en la Iglesia protestante. La gran mayoría de ellos nunca hicieron estudios teológicos; otros lo hicieron en centros educativos de bajo perfil. Son pocas las personas que han sido responsables con este tema; esta es una causa del caos que tenemos.

Anexo 3

El jinete del caballo rojo que hace la guerra cabalga

El segundo caballo es rojo y la misión de su jinete es quitar la paz de la tierra para que se degüellen unos a otros; tiene una espada grande. Este caballo simboliza la violencia política del Imperio romano. La llamada *Pax Romana* significaba violencia política para los pobres y oprimidos que se negaban a rendir culto al emperador. El verbo *degollar* expresa un grado extremo de violencia. En Apocalipsis 5:9 se habla de Jesús como degollado, que en griego se escribe ἐσφάγης —fuiste degollado—; esto se puede ver en 6:9, 12, y en 13:8, y de la misma manera se aplica este verbo a los mártires en 6:9 y 18:24. Es el Imperio el que los degüella, y el que siembra violencia entre los oprimidos.

La agenda del jinete del caballo rojo se centra en la violencia y todo lo que esta pueda generar en el hombre, como dolor, odio, deseo de venganza, entre muchas otras cosas más.[338] Para ejecutar esta agenda, el jinete tiene sus estrategias bien estructuradas. Una de ellas es la de las ideologías religiosas y políticas, que ponen en el centro de todo la confrontación Este/Oeste u Occidente/Oriente.[339] Una segunda esrategia es lo relacionado con las armas; no hay violencia ni sangre sin armas. En virtud de lo anterior, Satanás ha creado una industria, a la que llamamos *industria maldita* porque no puede ser bendito aquello que sirve para quitar la vida, causar dolor e incrementar el odio a otros seres humanos. Es cierto que un bando considera a esta industria como el estandarte para defender la democracia y la libertad, y otro bando considera a esta industria como el mecanismo para destruir a los infieles y enemigos de Alá. Ambos han sido engañados por Satanás y enfrentados por una causa tonta y sin sentido. Finalmente, hablamos de la violencia que existe a nivel interno en nuestras sociedades, aquella generada por las pandillas y los carteles de droga, que tienen al borde del colapso a muchas ciudades del continente y que, mediante sus macabros hechos, llenan las primeras planas de los periódicos más importantes del mundo.

El jinete que cabalga en este caballo está simbolizando que los acontecimientos que están ocurriendo en el presente, y se intensificarán en el futuro, son juicios que traen muerte y destrucción. Los efectos devastado-

---

338. Estados Unidos es un país que tiene más armas que civiles, y que, por tanto, tiene la más alta tasa de muerte por causa de armas de fuego. Cf. Fox, K. (28 de marzo del 2023). *Cómo se compara la cultura de las armas de Estados Unidos con el resto del mundo*. CNN en español. https://cnnespanol.cnn.com/2023/03/28/cultura-armas-estados-unidos-mundo-trax/. Resulta inverosímil que un país que se ha caracterizado por ser cristiano, que es una superpotencia y que representa el destino preferido de millones de personas que migran todos los días, sea un hervidero de pasiones y un imperio caracterizado por la violencia interna. Aquí el jinete del caballo rojo cabalga con paso firme.

339. Esta confrontación tiene una serie de implicaciones que van desde las religiosas, pasando por las políticas y culturales, hasta las relacionadas con la filosofía de vida.

res son enormes para los impíos; sin embargo, hay una esperanza para los seguidores del Cordero.

El jinete del caballo negro que trae hambre cabalga

El tercer caballo es negro y lo cabalga un jinete que lleva en su mano una balanza, símbolo del poder económico. Es una voz que anuncia un descalabro económico: «El precio del cuartillo de trigo es de un denario y el de tres cuartillos de cebada es de un denario». Un denario era el salario de un día, y con ese salario se podían comprar entre 8 y 10 veces más de trigo y de cebada. Hay una inflación terrible que afecta a los productos de consumo popular, lo que provoca hambre en la población pobre. Por el contrario, el precio de los productos de lujo (aceite y vino) no sufre cambio. El caballo negro simboliza la opresión económica del Imperio romano. Únicamente los ricos gozan de la famosa prosperidad económica del Imperio, así como solo ellos gozan de la *Pax Romana*.

Uno de los aspectos más sensibles que vuelven al ser humano realmente vulnerable es el económico, ya que condiciona su forma de vida. En América Latina, la clase política ha condenado a su población a 100 años de soledad, a vivir en la miseria y conformar las enormes villas miseria de nuestras capitales. Esta espeluznante realidad ha provocado que poblaciones enteras comiencen la ruta de la migración hacia los Estados Unidos como su único camino de redención; el jinete del caballo negro está galopando. Este fenómeno migratorio es motivado por el hambre, la carencia de lo básico, la atmósfera de inseguridad que ha creado el crimen organizado y la mala administración de los políticos. Así que nada más alejado de la realidad que afirmar que, en la tribulación de los siete años, va a ocurrir la cabalgata de este corcel; lo cierto es que ya está cabalgando y el ruido de sus casquillos ensordece. Las diferentes guerras que están ocurriendo en el mundo —en este momento, la de Ucrania y la de la franja de Gaza, pero mañana quién sabe dónde— son una prueba palpable de que este jinete está galopando y pisando fuerte en el escenario humano.

El jinete del caballo amarillo que trae pestilencia y muerte cabalga

El cuarto caballo es amarillo y al jinete que lo monta se le da, a diferencia de los otros, un nombre: θάνατος, *i. e.*, muerte. El texto señala que detrás del jinete de la muerte queda el ᾅδης —*hades* o lugar de los muertos, que en castellano se traduce como *abismo*—. El texto nos sigue diciendo que a este jinete se le dio poder sobre la cuarta parte de la tierra para matar con espada, hambre, peste y fieras salvajes. El jinete que monta este caballo simboliza la realidad global del Imperio romano, sintetiza en cierta manera los tres caballos anteriores. El Imperio romano era uno de muerte; mataba con represión política y opresión económica, además de pasar a cuchillo a millones de seres humanos en el transcurso de su sangrienta cruzada por el mundo. La peste y las fieras son símbolos de la muerte; son las fuerzas mortales de la naturaleza que se desencadenan como consecuencia de la represión y opresión del Imperio.

La muerte es presentada como consecuencia del pecado; es la realidad más temida de todos los hombres, que harán todo lo que corresponde para preservar la vida hasta su último momento. De manera que, cuando este jinete galopa y entra a la escena humana, provoca terror en la población mundial. Los santos del Altísimo estaban siendo perseguidos y degollados por causa de su fe, como señala el texto. Esta realidad está atestiguada en los manuales de historia de la iglesia, que cuentan la historia de mártires insignes, muertos por el Imperio romano, como Policarpo de Esmirna, Justino Mártir y Blandina, entre muchos otros.[340] Empero ahora, en los países gobernados por el islam o el comunismo, donde existe una antipatía manifiesta hacia los cristianos, se les persigue y, si es posible, se les quita la vida. Para entrar a la catedral de san Marcos en Alejandría hay que pasar estrictos controles de seguridad dados los atentados mortales sufridos una y otra vez por cristianos de mano de musulmanes.

El jinete cuyo nombre es *muerte* sigue galopando y sembrando el terror a través de su paso por los cuatro confines de la tierra.

El galope de estos jinetes es parte de la agenda de Dios; los jinetes deben galopar, deben cumplir con su misión de sembrar el caos y la anarquía en la raza humana, porque su paso devastador nos muestra la necesidad de la redención. Dicho de otra manera, sin persecución de los santos no hay Apocalipsis, sin Antíoco Epífanes no hay libro de Daniel; por eso, sin jinetes que cabalguen ni bestia de Apocalipsis 13, no hay Cordero.[341] Una cosa lleva a la otra y se producen los contrastes que generan equilibrio: vida-muerte, cielo-infierno, bien-mal, bestia-Cordero. Esos antagonismos y realidades provocan caos y a la vez equilibrios; se vuelven estrictamente necesarios para la vida y el desarrollo social del hombre, a pesar de todo el daño que causan. Para entenderlo de otra manera, no conoceríamos la profundidad de la declaración «de tal manera amó Dios al mundo» si el hombre no hubiera caído. La obra redentora de Cristo es el resultado del pecado, así que la maldición se convirtió en bendición para muchos, a los

---

340. Cf., entre muchos otros manuales de historia de la iglesia, Varetto, J. C. (1970). *Marcha del cristianismo*. Junta de Publicaciones.

341. No debe entenderse literalmente; Dios tiene existencia independiente de cualquier criatura o realidad.

que, conforme a su propósito, son llamados, a los que les dio la «potestad de ser llamados hijos de Dios».[342] De modo que lo que es malo se vuelve necesario porque nos muestra lo bueno y el poder de Dios, que nos permite amarlo y someternos a Él.

Conclusiones

1. La cabalgata de los jinetes del Apocalipsis simboliza el desarrollo de los acontecimientos mundiales desde siempre.
2. Los caballos del Apocalipsis con sus cuatro jinetes tienen un carácter mítico-simbólico, que representa cuatro dimensiones del Imperio romano en la época de escritura de la narración, pero representa las mismas dimensiones de cualquier superpotencia de la actualidad, con los mismos puntos y comas.
3. Los jinetes del Apocalipsis simbolizan las potencias políticas que siembran la muerte y la destrucción, y que ejecutan el juicio en tiempos desastrosos para la humanidad. Cuando un Estado se levanta contra otro para sembrar el caos y la anarquía, el titular de ese Estado está desatando los cuatro jinetes del Apocalipsis.
4. Las cuatro dimensiones que simbolizan los caballos del Apocalipsis son aquellas en las que se mueven las superpotencias que han gobernado, gobiernan y gobernarán el mundo, a saber, el engaño, la violencia, la economía y la muerte.
5. Lejos de ir disminuyendo, el galope de los corceles aumenta de forma vertiginosa a medida que el tiempo pasa.
6. Interpretar el simbolismo de los cuatro jinetes del Apocalipsis en el pasado, como un acontecimiento bajo el sello de *cosa juzgada*, es miopía bíblica, e intepretarlo como un acontecimiento de un periodo de tribulación de siete años es como una fantasía de una película de Walt Disney. Los jinetes del Apocalipsis simbolizan las dimensiones en las que se mueven los poderes que gobiernan esta tierra.
7. Lo que sí tenemos que reconocer es que los estragos que estos causan a la raza humana van *in crescendo,* de manera que la metáfora que usamos —«el ruido de los casquillos se vuelve cada vez más ensordecedor»— muestra nuestra opinión de que los acontecimientos que simbolizan los caballos del Apocalipsis aumentan en la medida en que la segunda venida del Señor se acerca.

---

342. Juan 1:12.

Anexo 4
El Apocalipsis y la ironía del destino

El Apocalipsis de san Juan nos presenta la más grande ironía de la Biblia y todo lo relacionado con ella. Antes que nada, es necesario explicar el uso semántico que damos a la expresión *la ironía del destino*.[343] Nos referimos a un acontecimiento inesperado, cuyo resultado es exactamente el contrario de lo que se esperaba; dicho de una manera sencilla, es hacer algo para lograr un objetivo y que, al final, resulte exactamente lo que se procuraba evitar. Dicho lo anterior, entramos en materia.

Hemos asegurado a lo largo de toda esta investigación que el *Sitz im Leben* de esta narración es la persecución del Imperio romano contra los cristianos del primer siglo que se negaban a sucumbir ante la religión del Estado y sus preceptos paganos. La bestia de siete cabezas y diez cuernos representa la cabeza del Imperio romano, y Babilonia, la madre de todas las rameras, simboliza el sistema religioso del Estado. Pues bien, en el año 313 se promulgó el edicto de Milán, en el que se proclamó la libertad de culto.[344] A partir de ese momento, y de forma oficial, los santos del Altísi-

---

[343] En el lenguaje coloquial, se trata de un acontecimiento en el que el destino o la vida misma se burlan de alguien o le gastan una broma cruel haciendo exactamente lo contrario de lo que se procuraba.

[344] Después de que Constantino derrotara a Majencio en el 312, en el mes de febrero del año siguiente se reunió en Milán con el emperador de Oriente, Licinio. Entre otras cosas, trataron el tema de los cristianos y acordaron publicar nuevas disposiciones en su favor. El resultado de este encuentro es lo que se conoce como *Edicto de Milán*, aunque probablemente no existió un edicto promulgado en Milán por los dos emperadores. Lo acordado allí se conoce por el edicto publicado por Licinio para la parte oriental del Imperio. El texto nos ha llegado por una carta escrita en el 313 a los gobernadores provinciales, que recogen Eusebio de Cesarea (*Historia eclesiástica* 10.5) y Lactancio (*De mortibus persecutorum* 48). En la primera parte se establece el principio de libertad de religión para todos los ciudadanos y, como consecuencia, se reconoce explícitamente el derecho de los cristianos a gozar de esa libertad. El edicto permitía practicar la propia religión no solo a los cristianos, sino a todos, cualquiera fuera su culto. En la segunda parte, se decreta restituir a los cristianos sus antiguos lugares de reunión y culto, así como otras propiedades que habían sido confiscadas por las autoridades romanas y vendidas a particulares en la pasada persecución. Sobre este tema, se recomienda la siguiente bibliografía: Jiménez Pedrajas, R. (1979). "Milán, Edicto de". *GER*. XV, pp.

mo dejaron de ser perseguidos, lo que despertó en la atmósfera cristiana un cierto aire de triunfo: al final, había sido el Imperio romano el que había sucumbido ante el cristianismo.

Al final del día y después de un estudio reposado y desapasionado de la historia, nos damos cuenta de que lo que ocurrió fue un cambio de estrategia por parte del engendro de maldad. A partir del Edicto de Milán, la iglesia comenzó un proceso de corrupción que la llevó a alcanzar los más bajos estadios de moral y espiritualidad hasta la venta de indulgencias en el s. XVI. Hubo un matrimonio con el Estado, y la iglesia misma se volvió un Estado con ejércitos, incurriendo en nepotismo, simonía, asesinatos, adulterios, entre otros. La administración de los Borgia[345] y los Médici[346] en la curia romana fue simplemente nefasta; la iglesia cayó en descrédito.

La ironía está en que el Apocalipsis nos habla de los mártires del Altísimo, que ahora son los verdugos de los santos; el Apocalipsis nos habla de la bestia, que ahora es una aliada de la iglesia, a quien esta bendice.[347] El Apocalipsis nos habla de la caída de Babilonia; empero, la iglesia ha

---

816-817. Rialp; Forlin Patrucco, M. (1991). "Edicto de Milán". Diccionario patrístico y de la Antigüedad cristiana, p. 664. Edit. Sígueme; Fraschetti, A. (1999). La conversione. Da Roma pagana a Roma cristiana. Laterza; finalmente, el artículo de Morales, X. 2023. "What did Constantine Learn in 325? Constantine's Theological Declarations Before, At and After Nicaea". *ADHI*. Vol. 32, pp. 159-188.

345. Cuando Alfonso de Borja, Calixto III, fue elegido papa, llamó a su sobrino a Italia para que terminara en lá prestigiosa universidad de Bolonia sus estudios de Derecho canónico; en tres años, ya lo había hecho cardenal de la iglesia. Allí italianizó su nombre como Rodrigo Borgia, en un intento de ser mejor aceptado. La bibliografía acerca de este personaje es realmente abundante. Aquí citaremos dos fuentes de la academia: Hillgarth, J. N. (1996). "The Image of Alexander VI and Cesare Borgia in the Sixteenth and Seventeenth Centuries". *Journal of the Warburg and Courtauld Institutes*. Vol. 59, pp. 119-29; Gordon, A. (2011). *La Vie Du Pape Alexandre Vi Et De Son Fils César Borgia*. Vol. 2. Nabu Press.

346. Giovanni di Lorenzo de Médici nació en Florencia en el año 1475. Fue el segundo hijo de Lorenzo el Magnífico y, al no ser primogénito, según la tradición noble de la época, en vez de seguir la carrera política o militar, su carrera sería la eclesiástica. Con una cuna como la de Giovanni, su ascenso fue rápido y alcanzó el puesto de cardenal siendo aún un adolescente.

347. El 25 de diciembre del año 800, el rey franco Carlomagno fue coronado como emperador de los romanos en la Basílica de san Pedro en Roma. Con este gesto, el papa buscaba restaurar la autoridad de la cristiandad occidental en la figura de un nuevo líder, transfiriendo de nuevo a Roma el poder efectivo y simbólico que había perdido en favor de Constantinopla. La historia del nuevo emperador y el papa León III es la historia del nivel de degradación en el que había caído la iglesia. Usando el simbolismo del Apocalipsis, y sin atribuirle un sentido literal, sino más bien uno alegórico, esta fue la boda de la bestia con la iglesia. Lo que de ahí se derivó fue vergonzoso. Una sinopsis amena y bien redactada es la escrita por G. M., A. (2020). "La coronación de Carlomagno como emperador". *National Geographic*. Diciembre.

construido una Babilonia, con la cual los reyes de la tierra han fornicado. El Apocalipsis nos habla de que viene el día del juicio, empero la iglesia hizo su juicio y todos aquellos que no fueron encontrados en sus libros, fueron quemados vivos, como Savonarola y Juan Hus, solo por mencionar a dos de los miles que fueron asesinados. El Apocalipsis nos habla de las Bodas del Cordero, es decir, las Bodas de Cristo con su iglesia, pero esta dejó a Cristo y se casó con la bestia del Apocalipsis. Puedo seguir, pero considero que he dejado mi punto bien claro. A todo esto lo llamo *una ironía del destino*. Entiendo que todo esto ha llevado a muchos teólogos a identificar a la Iglesia católica con todo ese simbolismo del Apocalipsis; y a llamar al papa, *la bestia*; y a la Iglesia católica, *Babilonia*. Y con justa razón; sin embargo, no es correcto por todo lo que explicamos en el capítulo 6, cuando nos referimos a las alusiones a la Iglesia católica. Además, el sistema religioso mundial no se circunscribe a la Iglesia católica; existen otras religiones más numerosas que la Iglesia católica, con las cuales fornican los gobernantes de esta tierra. Además, dentro de la Iglesia protestante también se cuecen habas, y por todas las maldades que hemos hecho, nos podrían identificar con el simbolismo del Apocalipsis sin ningún problema. Por lo tanto, en lugar de escupir para arriba, es mejor hacer teología sin apasionamiento ni sesgos, sino de una forma científica y madura.

Algún inteligente dirá: *Apocalipsis se interpreta en el futuro, todo lo que está ahí no era para los cristianos del primer siglo, sino para los de los últimos tiempos*. Pero no se puede explicar que una persona que hace una narración, usando fuentes del mismo género, la construya con cosas que ocurrirán en el futuro. Sencillamente no tiene sentido.

Entonces, ¿cómo explicar la ironía del destino con el Apocalipsis? No tengo una respuesta científica; todo lo que podemos hacer sobre este tema es filosofar y poner algunos argumentos sobre la mesa para iniciar un diálogo. Primero, que los apocalipsis son escritos para una época determinada, llámense Daniel, Apocalipsis de Abraham o Apocalipsis de san Juan.[348] Una vez que termina la persecución, el Apocalipsis pierde su efecto para el contexto en que fue escrito. A esto se lo llama *principio del rebus sic stantibus*, *i. e.*, cuando las circunstancias que le dieron vida al acuerdo (en este caso, al Apocalipsis), desaparecen, entonces el texto pierde su efectividad para esas personas, pero no su vigencia. Eficacia y vigencia son dos cosas diferentes. Cuando los cristianos se casan con la bestia, se acabó el Apocalipsis, *i. e.*, perdió eficacia para ellos, y solo para ellos, pero no vigencia. Al ser sancionado el Apocalipsis de san Juan por la iglesia como Palabra de

---

348. Daniel fue escrito para la persecución de Antíoco Epífanes; Apocalipsis de Abraham fue escrito para la persecución romana que acabó con el segundo templo en el año 70; el Apocalipsis de san Juan fue escrito para la persecución de la época de Domiciano, según propone la mayoría de profesores de la academia.

Dios, esta no pierde vigencia nunca; el día en que otra bestia apocalíptica o anticristo se levante, como muchas veces se ha levantado, entonces el Apocalipsis de san Juan será eficaz para ese contingente humano. Eso es a lo que consideramos la vigencia y la eterna frescura de la Palabra. Cobran sentido las palabras de Jesús al afirmar que «los cielos y la tierra pasarán, mis palabras no pasarán».[349]

En resumen, no se puede estudiar el Apocalipsis de san Juan sin considerar esta ironía del destino, que desnuda la naturaleza humana y muestra su vergüenza en la historia. Se podría afirmar que se trata de una traición de la iglesia a su redentor. Es una afirmación grosera y hasta cruel, pero ¿cómo llamar a una iglesia que se casa con el Estado? La única palabra es *adulterio*, que en este caso es sinónimo de traición. La iglesia se casa con la bestia del Apocalipsis, haciendo una alusión al libro de Oseas, donde el profeta se casa con una mujer adultera para simbolizar la moral de un pueblo que había abandonado a su Dios para ir detrás de los ídolos; *mutatis mutandis*, tenemos a la novia del Cordero haciendo un pacto con Carlomagno, solo por mencionar a un hombre. La única explicación plausible es el *modus operandi* del acontecer del hombre, a lo que ya hemos llamado *dialéctica de la historia*, i. e., la historia siempre se repite, solo que en forma de espiral, no de manera circular. Un apocalipsis tiene vigencia en el período de tiempo en el que hay persecución; una vez que esta acaba, ya no tiene sentido. Así que, cuando la Unión Soviética se levantó contra el cristianismo, su líder político se convirtió *ipso facto* en el anticristo, y la iglesia subterránea en los santos del Altísimo perseguidos. Entendemos que todo esto suscite dudas y opiniones encontradas; empero, si alguien tiene una mejor opinión para poner sobre la mesa, yo soy el primero en querer escucharla. El Apocalipsis es una ironía del destino que se repite una y otra vez en la historia, sin que esto menoscabe en un ápice su inspiración y carácter sagrado *in saecula saeculorum*.

---

349. Mateo 24:35.

Bibliografía

Libros de referencia

1. Berkhof, L. (1995). *Teología sistemática*. Edit. Libros Desafío.
2. Box, G. H. (1919). *The Apocalypse of Abraham*. Society for Promoting Christian Knowledge.
3. Chafer, L. S. (1986). *Teología sistemática*. Edit. Publicaciones Españolas. 2 Vols.
4. Charlesworth, J. (1983). *The Old Testament Pseudepigrapha. Apocalyptic Literature and Testament*. Double Day. 2 Vols.
5. Díez Macho, A. (1982–1984). *Apócrifos del Antiguo Testamento*. 4 Vols. Ediciones Cristiandad.
6. Forlin Patrucco, M. (1991). "Edicto de Milán", en Di Berardino, A. (Ed.), Diccionario patrístico y de la Antigüedad cristiana. Sígueme.
7. Grau, J. (2013). *Escatología final de los tiempos*. Curso de Formación Teológica, Tomo VII. Editorial CLIE.
8. Jiménez Pedrajas, R. (1979). "Milán, Edicto de", en *Gran Enciclopedia Rialp*, XV. Rialp.
9. Lacueva, F. (2008). *Escatología II*. Curso de Formación Teológica, Tomo IX. Editorial CLIE.
10. Navarro, M. A. (1984). *Introducción general a los apócrifos del Antiguo Testamento*. Alejandro Díez Macho (Ed.). Ediciones Cristiandad.
11. Nestle et Aland. (2012). *Novum Testamentum Graece*. XXVIII. Ed. Sociedad Bíblica Alemana.
12. Piñero, A. (2007). *Los Apocalipsis: 45 textos apocalípticos, apócrifos judíos, cristianos y gnósticos*. Edit. Edaf.
13. Pirot, L.; Robert, A. & Cazelles, H. (1957). *Dictionnaire de la Bible. Supplément*, V. Letouzey et Ané.
14. Ropero, A. (Ed.). (2013). *Gran Diccionario Enciclopédico de la Biblia*. Editorial CLIE. Viladecavalls.
15. Strong, J. (2003). *Strong's Concordance with Hebrew and Greek Lexicons*. Thomas Nelson.

16. Zaldívar, R. (2006). *Teología sistemática desde una perspectiva latinoamericana.* Editorial CLIE.

Biblias de estudio

1. Aland, K. & Aland, B. (1995). *The Text of the New Testament: An Introduction to the Critical Editions and to the Theory and Practice of Modern Textual Criticism.* William B. Eerdmans Publishing Company.
2. Nacar, E. & Colunga, A. (1944). *Sagrada Biblia.* Edit. Católica S. A.
3. The Scofield Study Bible. (2013). *The Holy Bible Containing the Old and New Testaments.* Authorized King James Version.

Comentarios especializados

1. Abrego, J. M. (2011). *Ezequiel.* Comentarios a la nueva Biblia de Jerusalén. Desclée de Brouwer.
2. Carballosa, E. L. (1997). *Apocalipsis. La consumación del plan eterno de Dios.* Editorial Portavoz.
3. Charles, R. H. (1920). *The International Critical Commentary.* Revelations. 2 Vols. T&T Clark.
4. Lacueva, F. (2001). *Apocalipsis.* Editorial CLIE.
5. Pikaza, X. (1999). *Apocalipsis.* Verbo Divino.
6. Stam, J. (1993, 2003, 2009, 2014). *Apocalipsis.* Comentario Bíblico Iberoamericano. 4 Vols. Ediciones Kairós.
7. Towner, W. S. (1984). *Daniel. Interpretation: A Bible Commentary for Teaching and Preaching.* John Knox Press.

Libros especializados

1. Barclay, W. (2001). *Letters to Seven Churches.* Westminster Knox Press.
2. Baron, D. (1918). *Visions, and Prophecies of Zachariah.* Morgan and Scott Ltd.
3. Bernal, R. (2022). *Conocer la apocalíptica judía para descubrir el Apocalipsis.* Editorial CLIE.
4. Ciucurescu, C. A. (2021). *La escatología apocalíptica en las Sagradas Escrituras. Un estudio sobre los escritos apocalípticos y bíblicos veterotestamentarios y neotestamentarios y su repercusión en el cristianismo.* Tesis doctoral. Universidad de Comillas, Madrid.
5. Davidson, I. E. (1969). *Readings in Revelation.* Barbican Book Room.

6. Díez Macho, A. (1982). "Cristología del Hijo del Hombre y el uso de la tercera persona en vez de la primera". Simposio Internacional de Teología de la Universidad de Navarra. Servicios de Publicaciones de la Universidad de Navarra.
7. DiTommaso, L. (2021). "The Four Kingdoms of Daniel in the Early Mediaeval Apocalyptic Tradition". En Perrin, A. B.; Stuckenbruck, L. T.; Bennett, S. & Hama, M. (Eds.), *Four Kingdom Motifs Before and Beyond the Book of Daniel*. Brill.
8. Ehrman, B. E. (2003). *The Lost Christianities: The Battles for Scripture and the Faiths We Never Knew*. Oxford University Press.
9. Elliot, J. K. (2005). *The Apocryphal New Testament*. Oxford University Press.
10. Frisch, A. (2021). "The Four (Animal) Kingdoms: Understanding Empires as Beastly Bodies". En Perrin, A. B.; Stuckenbruck, L. T.; Bennett, S. & Hama, M. (Eds.), *Four Kingdom Motifs Before and Beyond the Book of Daniel*. Brill.
11. González Herrero, M. (2020). *El culto imperial en el mundo romano*. Edit. Síntesis.
12. Gruen, E. S. (2016). "Hellenism and Persecution: Antiochus IV and the Jews", *The Construct of Identity in Hellenistic Judaism: Essays on Early Jewish Literature and History*. De Gruyter.
13. Hislop, A. (1998). *The Two Babylon*. Chick Publication.
14. Hunt, D. (1994). *A Woman Rides the Beast*. Harvest Prophesy.
15. Jaramillo Cárdenas, L. (2012). *El mensaje de los números*. Editorial Vida.
16. Martínez, J. M. (1984). *Hermenéutica bíblica*. Editorial CLIE.
17. Mateo Donet, M. A. (2016). *La ejecución de los mártires cristianos en el Imperio romano*. Publicaciones Cepoat.
18. Ochoa Vega, C. A. (1999). *Apocalipsis, la batalla de Dios*. Ediciones Universidad de Valladolid.
19. Osborne, G. (2002). "Revelation". *Baker Exegetical Commentary on the New Testament*. Baker Book House.
20. Pentecost, J. D. (1965). *Things to Come*. Zondervan Publishing House.
21. Ramsay, W. M. (2010). *Letters to the Seven Churches*. Kessinger Publishing, LLC.
22. Rojas Gálvez, I. (2013). *Qué se sabe de los símbolos del Apocalipsis*. Verbo Divino.
23. Tipvarakankoon, W. (2017). "The Sea-Beast in Revelation 13:1-10". *The Theme of Deception in the Book of Revelation: Bringing Early Christian and Contemporary Thai Culture into Dialogue*, 2:89-150. Claremont Press.

24. Wiesse León, A. (2014). *La visión del Hijo del Hombre y las cartas a las siete iglesias. Análisis exegético y retórico de Ap. 1,9–3,22*. Tesis doctoral. Universidad Pontificia de Comillas, Madrid.
25. Woodrow, R. (2008). *Babilonia misterio religioso*. Evangelistic Association.
26. Zając, B.; Jurkiewicz, A.; Koczwara, P. & Jellonek, S. (2017). "Neokoroi: Propaganda of the Imperial Cult on the Coins of Pergamum During the Reigns of Augustus, Trajan, and Caracalla". En *Pecunia Omnes Vincit. The Coins as Evidence of Propaganda, Reorganization, and Forgery*. Conference Proceedings of the Second International Numismatic Conference. Krakow, 29–30 mayo 2015. Kraskow.
27. Zaldívar, R. (2016). *Técnicas de análisis e investigación de la Biblia*. Editorial CLIE.
28. Zaldívar, R. (2020). *Las fuentes que dieron origen al Nuevo Testamento*. Editorial CLIE.
29. Zaldívar, R. (2024). *Las fuentes griegas que dieron origen a la Biblia y a la teología cristiana*. Editorial CLIE.

Artículos de revista

1. Alegre, X. (1992). "El Apocalipsis, memoria subversiva y fuente de esperanza para los pueblos crucificados". *RLDT*. Vol. 9. N. 26. Año IX.
2. Alegre, X. (2002). "Resistencia cristiana y esperanza profética. Lectura del Apocalipsis de Juan desde las víctimas". *RLAT*. Vol. 19. N. 55.
3. Alegre, X. (2004). "Poble de Déu i escatologia en l'apocalipsi de Joan. El llibre de l'esperanca i de la resistencia cristiana en un món injust". *RCatT*. Vol. 29. N. 1.
4. Allen, G. (2017). "Zechariah's Horse Visions and Angelic Intermediaries: Translation, Allusion, and Transmission in Early Judaism". *TCBQ*. Vol. 79.
5. Alonso Vicente, P. (2010). "La prostitución en la Biblia". *RYFE*. Madrid. Julio-agosto.
6. Aneiros Loureiro, M. (2017). "Los cuatro jinetes del Apocalipsis de Juan (Ap 6, 1-8): de la *teopneustia* piadosa a una visión no teándrica de la exégesis". *VEGUETA*. Vol. 17.
7. Antaramián, C. (2016). "Esbozo histórico del genocidio armenio". *RMCPS*. Vol. 61. N. 228.
8. Aranda Pérez, G. (1998). "El destierro de Babilonia y las raíces de la apocalíptica". *ESTUDIOS BÍBLICOS*. Universidad San Dámaso. Vol. 56.

9. Aranda Pérez, G. (2003). "El libro sagrado en la literatura apocalíptica". *SCRIPTA*. Vol. 35. N. 2.
10. Aune, D. (1990). "The Form and Function of the Proclamations to the Seven Churches". *NTS*. Vol. 35, N. 2. Cambridge.
11. Aune, D. (1998). "Revelation 6-16". *World Biblical Commentary* 52B. Thomas Nelson.
12. Ausín, S. (2001/3). "La escatología en el Antiguo Testamento". *SCRIPTA*. Vol. 33.
13. Ayuch, D. (2004). "La instauración del trono en siete septenarios. La macro narrativa y la estructura en el Apocalipsis de san Juan". *Bíblica* 85. Núm. 2.
14. Baer, J. (2007). "American Dispensationalism's Perpetually Imminent End Times". *TJOR*. Vol. 87. N. 2.
15. Bandera, A. (2001). «La iglesia de Roma en el Apocalipsis: un proyecto que espera desarrollo». *Angelicum* 78, No. 1.
16. Barnes, T. D. (1970). "The Chronology of Montanism". *JTS*. Vol. 11.
17. Barry, P. (1910). "Antiochus IV, Epiphanes". *Journal of Biblical Literature*. Vol. 29. N. 2.
18. Beasley-Murray, G. R. (1983). "The Interpretation of Daniel 7". *TCBQ*. Vol. 45. N 1.
19. Bezalel Bar-Kochva (2016). "The Religious Persecutions of Antiochus Epiphanes as a Historical Reality". *Tarbiz*. Mandel Institute for Jewish Studies. N. 3.
20. Boismard, M. E. (1949). «L'apocalypse, ou leś apocalypses de S. Jean». *RB*. N. 4.
21. Boyarin, D. (2012). "Daniel 7, Intertextuality, and the History of Israel's Cult". *THTR*. Vol. 105, N. 2.
22. Brody, L. (2001). "The Cult of Aphrodite at Aphrodisias in Caria". *KERNOS*. N. 14.
23. Bruns, J. E. (1964). "The Contrasted Women of Apocalypse 12 and 17". *TCBQ*. Vol. 26, N. 4.
24. Calmes, P. Th. (1903). «Les symboles de l'apocalypse». *RB*. N. 1, pp. 52-68.
25. Campillo, A. (2016). "Animal político. Aristóteles, Arendt y nosotros". *ARETE*. Vol. 39. N. 2. Universidad Complutense.
26. Carbullanca Núñez, C. (2013). "Arrebato al cielo y justicia de Dios. Estudio del imaginario del ascenso". *ADT*. Vol. 15. N. 1.
27. Cheyne, T. K. (1888). "The Origin of the Book of Zechariah". *JQR*. N. 1.

28. Ciner, P. A. (2015). "La exégesis del Evangelio de Juan en Heracleón y Orígenes: nuevas líneas de investigación acerca de una cuestión controvertida". *Erebea*. Universidad de Huelva. N. 5.
29. Collins, J. J. (1979). "Towards a Morphology of Genre". *Semeia*. The Society of Biblical Literature. N. 14.
30. Costa Grillo, J. G. (2015). "El culto imperial romano y el cristianismo inicial, algunas consideraciones". *Mundo Antigo*. Año IV, V. 4, N. 08. Diciembre.
31. Courtray, R. (2007). «Jérôme, Traducteur Du Livre de Daniel». *Pallas*, No. 75.
32. Dávila Newman, G. (2006). "El razonamiento inductivo y deductivo dentro del proceso investigativo en ciencias experimentales y sociales". *Laurus*. Año 12.
33. Decock, P. B. (1999). "Some Issues in Apocalyptic in the Exegetical Literature of the Last Ten Years". *Neotestamentica*. Vol. 33, N. 1.
34. Del Agua Pérez, A. (1982). "El derás cristológico". *SCRIPTA*. Vol. 14. N. 1.
35. Del Agua Pérez, A. (1998). "Interpretación del Nuevo Testamento y métodos". *REE*. Vol. 73.
36. Del Olmo Veros, R. (2009). "La comunicación simbólica en el Apocalipsis". *RYC*. LV.
37. Del Valle, C. (1975). "Aproximaciones del método alegórico de Filón de Alejandría". *Helmantica*. Universidad Pontificia de Salamanca. Tomo 26, N. 79-81.
38. Driessen, W. C. H. (1961). «Un commentaire arménien d'Ézéchiel: faussement attribué a saint Cyrille d'Alexandrie». *RB*. Vol. 68, N. 2.
39. Feuillet, A. (1953). «Le fils de l'homme de Daniel et la tradition biblique». *RB*. Vol. 60. N. 2.
40. Feuillet, A. (1967). «Les 144.000 Israélites Marqués d'un Sceau». *Novum Testamentum*. Vol. 9. N. 3.
41. Forte, A. J. (2013). "Observations on the 28th Revised Edition of Nestle-Aland's Novum Testamentum Graece". *BIBLICA*. N. 2.
42. Friesen, S. J. (2005). "Satan's Throne, Imperial Cults and the Social Settings of Revelation". *JSNT*. 23:7.
43. G. M., A. (2020). "La coronación de Carlomagno como emperador". *National Geographic*. Diciembre.
44. Gilbert, G. H. (1895). "The Originality of the Apocalypse. II». *TBW*. Vol. 5, N. 2.

45. Gutiérrez Velasco, F. (2012). "Claves de lectura del Apocalipsis de san Juan". *Phainomenon*. Vol. 11. N. 1.
46. Haupt, P. (1913). "The Visions of Zechariah". *JBL*. Vol. 32. N. 2.
47. Hayes, D. A. (1905). "The Letters to the Seven Churches of Asia, and Their Place in the Plan of the Apocalypse". *TBW*. The University of Chicago Press. Vol. 26, No. 1. Julio.
48. Hillgarth, J. N. (1996). "The Image of Alexander VI and Cesare Borgia in the Sixteenth and Seventeenth Centuries". *JWCI*. Vol. 59.
49. Hort, B. (2000). «Millénarisme ou amillénarisme. Regard contemporain sur un conflit traditionnel». RTL. Vol. 31. N. 1.
50. Jiménez Milla, E. & Azevedo Neto, J. (2016). "La identidad de Babilonia la grande en el libro de Apocalipsis". *Muro de la Investigación*. Vol. 1. N. 2.
51. Kyle, R. (1984). "John Knox and Apocalyptic Thought". *TSCJ*. Vol. 15. N. 4.
52. Lambrecht, J. (2000). "Final Judgments and Ultimate Blessings: The Climatic Visions of Revelation 20,11-21,8". *BIBLICA*. Vol. 81, N. 3.
53. Londoño, J. E. (2009). "Literatura apocalíptica, literatura fantástica". *VYP*. Vol. 29 (2).
54. López, J. A. (2019). "La serpiente, el animal maldito del paraíso". *National Geographic*. Enero.
55. Marlow, R. (1966). "The Son of Man in Recent Journal Literature". *TCBQ*. Vol. 28. N. 1.
56. Martin, F. (2004). *L'Apocalypse. Lecture sémiotique*. Profac. France. Recensions fait dans *RDSR*. Vol. 80. N. 1.
57. Mathews, M. D. (2012). "The Function of Imputed Speech in the Apocalypse of John". *TCBQ*. V. 74, N. 2.
58. May, H. G. (1938). "A Key to the Interpretation of Zechariah's Visions". *JBL*. 57. N. 2.
59. Morales, X. (2023). "What did Constantine Learn in 325? Constantine's Theological Declarations Before, At and After Nicaea". *ADHI*. Vol. 32. Universidad de Navarra.
60. Morgan, M. G. (1990). "The Perils of Schematism: Polybius, Antiochus Epiphanes and the 'Day of Eleusis'". *Historia: Zeitschrift Für Alte Geschichte*. Vol. 39. N. 1.
61. Moskala, J. (2007). "Toward the Fulfillment of the Gog and Magog Prophecy of Ezekiel 38–39". *JATS*. Vol. 18, N. 2.

62. Navarro, D. (2022). "Análisis de los géneros literarios a través de la literatura comparada". *Cátedra*. Universidad de Panamá. N. 19.
63. Noratto, J. A. (2000). "Apocalíptica y mesianismos. Tras la interpretación del Apocalipsis de san Juan". *RTX*. Vol. 135.
64. Noratto, J. A. (2008). "La vuelta de Jesús a los discípulos. Los rostros de la parusía en el cuarto Evangelio". *RTX*. Vol. 58. N. 166.
65. Orbe, A. (1985). "Cristo, Sacrificio y Manjar". Vol. 66, No. 2.
66. Paciorek, P. (2001). «Les diverses interprétations patristiques des quatre vivants d'Ézéchiel 1,10 et de l'apocalypse 4,6-7 jusqu'au XII e siècle". *Augustiniana*. Vol. 51. N 1/2.
67. Pereira Hernández, M. (2015). "Análisis de la simbólica apocalíptica en el arte: los cuatro jinetes". *HDLC*. Vol. 5. N. 9.
68. Petersen, D. L. (1984). "Zechariah's Visions: A Theological Perspective". *VTS*. N. 34. N. 2.
69. Pierantoni, C. (2000). "El fin del mundo en san Agustín". *TYV*. Vol. 41. N. 1.
70. Poirier, J. C. (2004). "The Ouranology of the Apocalypse of Abraham". *JFSJ*. Vol. 35. N. 4.
71. Price, I. M. (1899). "The Book of Daniel". *The Biblical World*. The University of Chicago. Vol. 14, N. 1.
72. Prigent, P. (1983). «Apocalypse de Saint Jean». *RTL*. Vol. 12. N. 2.
73. Raurell, F. (2006). «Midrash i literatura apòcrifa». *CAatT*. Vol. 31. N. 2.
74. Ribas Rebaque, F. (2011). "Teología política en el cristianismo primitivo". *Estudios Eclesiásticos*. Vol. 86. N. 337.
75. Richard, P. (1994). *Apocalipsis, reconstrucción de esperanza*. Edit. DIE. San José de Costa Rica.
76. Richard, P. (2000). "El pueblo de Dios contra el imperio. Daniel 7 en su contexto literario e histórico". *RIBLA*. N. 7.
77. Ropes, J. H. (1919). "The Reasonable Appeal of the Book of Revelation". *THTR*. Vol. 12, N. 4.
78. Roso Díaz, J. (2001). "*Ego sum papa*: iconología del papado y tiempo apocalíptico en la propaganda de la reforma protestante alemana". *RDEH*. N. 23.
79. Sabatier, A. (1887). «Le problème des origines littéraires et de la composition de l'apocalypse de Saint Jean». *RTEDP*. Vol. 20.
80. Sadurní, J. M. (2021). "El genocidio armenio". *National Geographic*. 22 de abril.

81. Sanz Extremeño, I. (2017). "El Hijo del Hombre: del libro de Daniel al Nuevo Testamento". *RCR*. Ediciones complutense. Vol. 22.
82. Schaefer, K. R. (1993). "Zechariah 14 and the Composition of the Book of Zechariah". *Revue Biblique*. N. 3.
83. Schaefer, S. (2021). "Broken Guardians: the *Lamassu* and Fragmented Historical Vision in Nineteenth Century". *Word & Image*. Vol. 37. N. 1.
84. Scholtus, S. (2013). "Los seres vivientes del Apocalipsis. Posibles relaciones de tiempo entre las escenas segunda y cuarta". *DL*. Vol. XII. N. 1-2.
85. Sicre Díaz, J. L. (2007). "La profecía en la época de la restauración". *Proyección*. Año LIII. N. 227.
86. Sieveking, J. (1903). «Portraits d'Antiochus IV Épiphane». *Revue Archéologique*. Vol 1.
87. Spottorno, M. A. (1987). "Texto bizantino del Nuevo Testamento". *Erytheia*. Asociación Cultural Hispano-Helénica. 8:2.
88. Stuckenbruck, L. T. (2010). "The 'Epistle of Enoch': Genre and Authorial Presentation". *Dead Sea Discoveries* 17. No. 3, pp. 358-88.
89. Ureña, L. (2011). "El diálogo dramático en el Apocalipsis de Ezequiel, el trágico, a Juan, el vidente de Patmos". *GREGORIANUM*. V. 92.
90. Vanhoye, A. (1962). «L'utilisation du livre d'Ézéchiel dans l'apocalypse». *Bíblica* 43. N. 3.
91. Vriezen, Th. C. (1953). "Prophecy and Eschatology". *VTS*. I.
92. Von Harnack, A. (1923). "The Sect of the Nicolaitans and Nicolaus, the Deacon in Jerusalem". *TJR*. Vol. 3, No. 4. Julio.
93. Zossi, M. (2023). "Daniel 4 y sus lectores (de ayer y de hoy). Un mensaje arraigado en su historia". *RB*. Vol. 85.

Otras fuentes

1. Almeida de, A. (1989). *Israel, Gog y el anticristo*. 7ma ed. Editorial Vida.
2. Armending, C. E. (1963). *The Old Testament and Criticism*. William Eerdmans House.
3. Bacon, F. (1902). *Novum Organum*. Joseph Devey (Ed.). P. F. Collier & Son.
4. Baiton, R. H. (2003). *Lutero*. G. Einaudi.
5. Beale, G. K. (1999). *The Book of Revelation*. Eerdmans Publishing House.
6. Briggs, C. A (1978). *The Study of the Holy Scripture*. Baker Book House.

7. Carballosa, E. L. (1979). *Daniel y el reino mesiánico.* Edit. Publicaciones Portavoz Evangélico.
8. Collins, J. J. (1979). *Towards the Morphology of a Genre.* Society of Biblical Literature.
9. Comisión Económica para América Latina (CEPAL). (2022). *Panorama Social de América Latina. Informe del año 2022.* Naciones Unidas.
10. Daniélou, J. (1958). *Théologie du judéo-christianisme. Histoire des doctrines chrétiennes avant Nicée 1.* Desclée et Co.
11. Davidson, S. (1877). *The Canon of the Bible. Its Formation, History, and Fluctuations.* Peter Eckler Publishing Co.
12. De Saussure, F. (2007). *Curso de Lingüística General.* Editorial Losada.
13. Del Agua Pérez, A. (2019). *El método midrásico y la exégesis del Nuevo Testamento.* Verbo Divino.
14. Flecha Andrés, J. R. (2006). "Relativismo en la sociedad actual". Instituto Social León XIII. Centro para la Investigación y Difusión de la Doctrina Social de la Iglesia.
15. Fraschetti, A. (1999). La conversione. Da Roma pagana a Roma cristiana. Laterza.
16. Galeano, E. (1970). *Las venas abiertas de América Latina.* Siglo XXI Argentina.
17. Graham, B. (1984). *Approaching Hoofbeats. The Four Horsemen of the Apocalypse.* Word Books.
18. Goldscheider, C. (2002). *The Arab-Israeli Conflict.* Greenwood Press.
19. Gordon, A. (2011). *La Vie Du Pape Alexandre Vi Et De Son Fils César Borgia.* Vol. 2. Nabu Press.
20. Hagee, J. (1996). *Principio del fin.* Betania.
21. Harms, G. (2005). *The Palestine Israel Conflict.* Pluto Press.
22. Harrison, R. K. (1978). *The Historical and Literary Criticism of the Old Testament. Biblical Criticism.* Zondervan Publishing Co.
23. Hayes, J. (1934). *Biblical Exegesis.* John Knox Press.
24. Hunt, D. (1990). *Global Peace & the Rise of Antichrist.* Edit. Harvest House Publishers.
25. James, E. C. (1994). *Arab, Oil & Armageddon.* 8va Ed. Moody Press.
26. Labriolle, P. (1913). *La crise montaniste.* Bibliothèque de la Fondation Thiers.
27. Labriolle, P. (2018). *Les sources de l'histoire du Montanisme.* Forgotten Books.

28. LaHaye, T. (2002). *The Rapture*. Harvest House Publishers.
29. Legarda, A. (2005). *El verdadero Pablo, sangre, traición y muerte*. Ediciones Dipon.
30. Lindsey, H. (1970). *The Late, Great Planet Earth*. Zondervan Publishing House.
31. Lindsey, H. (1974). *The Liberation of the Planet Earth*. Zondervan Publishing House.
32. Lindsell, H. (1981). *The Gathering Storm*. 2da Ed. Tyndale House Publishers Inc.
33. Marx, K. (2000). *El capital*. Fondo de Cultura Económica de México.
34. Oswalt, N. J. (1998). *The Book of Isaiah: Chapters 40–66*. William Eerdmans Publishing Co.
35. Palacios Echeverría, A. (1 de marzo de 2015). "La historia se repite en espirales". *Diario El País*. Costa Rica.
36. Pentecost, D. J. (1966). *Prophecy for Today*. 6ta Ed. Zondervan Publishing House.
37. Pentecost, D. J. (1985). *Eventos del porvenir*. Editorial Vida.
38. Perrin, N. (1979). *Redaction Criticism at Work, a Sample. The Bible and Its Literary Milieu*. Maier, J. & Tollers, V. (Eds.). William B. Eerdmans Publishing Co.
39. Ramírez Rodríguez, M. & Bolívar Perilla, J. C. (2017). *El razonamiento analógico y el desarrollo de la habilidad inferencial en las asignaturas de física y química, en el marco de las competencias científicas, de los grados 10° y 11° de educación media*. Tesis de Maestría de la Universidad Javeriana, Bogotá.
40. Reporteros de Televisa. (2004). *La Nueva Guerra. Objetivo Saddam*. Editorial Grijalbo.
41. Rodríguez Láiz, A. (2016). *El Mesías hijo de David. El mesianismo dinástico en los comienzos del cristianismo*. Edit. Verbo Divino.
42. Roleff, T. (Ed.) (2004). *The War on Drugs*. Greenhaven Press.
43. Soulen, R. (1981). *Handbook of Biblical Criticism*. John Knox Press.
44. Taylor, A. (1982). *Arab Balance of Power*. Syracuse University Press.
45. Tipvarakankoon, W. (2017). "The Theme of Deception in the Book of Revelation". *The Theme of Deception in the Book of Revelation: Bringing Early Christian and Contemporary Thai Culture into Dialogue*. Vol. 2. Claremont Press.
46. Tenney, M. C. (1989). *Nuestro Nuevo Testamento. Estudio panorámico del Nuevo Testamento*. Edit. Portavoz.

47. Vanden, H. & Prevost, G. (2009). *Politics of Latin America. The Game of Power.* Oxford University Press.
48. Vander Lugt, H. (1983). *There's a New Day Coming.* Harvest House.
49. Varetto, J. C. (1970). *Marcha del cristianismo.* Junta de Publicaciones.
50. Walvoord, J. F. & Walvoord, J. E. (1981). *Armagedón.* 5ta ed. Edit. Vida.
51. Wesley Comfort, P. & Barrett, D. (2019). The Text of the Earliest New Testament Manuscripts: Papyri 1-72. Vol. 1 Edit. Kregel Academic.
52. Yahot, O. (1978). *¿Qué es el materialismo dialectico?* Ediciones de Cultura Popular.

Páginas de internet

1. Agape Bible Study. (s/f). *The List of Sevens in Revelation.* https://www.agapebiblestudy.com/charts/Chart%20of%207s%20in%20Revelation.htm
2. Cirilo de Jerusalén. (s/f). *Catequesis 4,36.* https://sumateologica.files.wordpress.com/2010/02/cirilo_de_jerusalem_catequeses.pdf
3. De Mar, G. (3 de marzo del 2017). *El número de la bestia. ¿666 o 616?* https://reinoinquebrantable.wordpress.com/2017/03/03/39/
4. Diario el Español. (31 de diciembre 2019). *Mesalina, la esposa ninfómana que engañó al emperador Claudio con 200 hombres en un solo día.* Diario el Español. https://www.elespanol.com/cultura/historia/20191231/mesalina-ninfomana-esposa-engano-emperador-claudio-hombres/455954820_0.html
5. Enciclopedia Católica Online. (s/f). *Andreas de Cesarea.* https://ec.aciprensa.com/wiki/Andreas_de_Cesarea
6. Eusebio de Cesarea. (s/f). *Historia Eclesiástica.* Tomo III. Capítulo 39. https://www.eltestigofiel.org/index.php?idu=pa_12839
7. Fox, K. (28 de marzo del 2023). *Como se compara la cultura de las armas de Estados Unidos con el resto del mundo.* CNN en español. https://cnnespanol.cnn.com/2023/03/28/cultura-armas-estados-unidos-mundo-trax/
8. Rocha, J. L. (Agosto 2006). *Mareros y Pandilleros ¿Nuevos insurgentes, criminales?* http://www.envio.org.ni/articulo/3337
9. Stam, J. (24 de febrero de 2017). *¡Sorpresa! ¡El 666 no es 666!* https://juanstam.com/posts/sorpresa-el-666-no-es-666
10. Tesauro. Historia Antigua y mitología. (s/f). *Abismo.* https://www.tesaurohistoriaymitologia.com/es/24574-abismo